中学校学習指導要領(平成29年告示)解説

数学編

平成29年7月

文部科学省

まえがき

　文部科学省では，平成29年3月31日に学校教育法施行規則の一部改正と中学校学習指導要領の改訂を行った。新中学校学習指導要領等は平成33年度から全面的に実施することとし，平成30年度から一部を移行措置として先行して実施することとしている。

　今回の改訂は，平成28年12月の中央教育審議会答申を踏まえ，

① 　教育基本法，学校教育法などを踏まえ，これまでの我が国の学校教育の実績や蓄積を生かし，子供たちが未来社会を切り拓くための資質・能力を一層確実に育成することを目指すこと。その際，子供たちに求められる資質・能力とは何かを社会と共有し，連携する「社会に開かれた教育課程」を重視すること。

② 　知識及び技能の習得と思考力，判断力，表現力等の育成のバランスを重視する平成20年改訂の学習指導要領の枠組みや教育内容を維持した上で，知識の理解の質を更に高め，確かな学力を育成すること。

③ 　先行する特別教科化など道徳教育の充実や体験活動の重視，体育・健康に関する指導の充実により，豊かな心や健やかな体を育成すること。

を基本的なねらいとして行った。

　本書は，大綱的な基準である学習指導要領の記述の意味や解釈などの詳細について説明するために，文部科学省が作成するものであり，中学校学習指導要領第2章第3節「数学」について，その改善の趣旨や内容を解説している。

　各学校においては，本書を御活用いただき，学習指導要領等についての理解を深め，創意工夫を生かした特色ある教育課程を編成・実施されるようお願いしたい。

　むすびに，本書「中学校学習指導要領解説数学編」の作成に御協力くださった各位に対し，心から感謝の意を表する次第である。

　平成29年7月

文部科学省初等中等教育局長

髙　橋　道　和

目次

- 第1章　総　説 …………………………………………… 1
  - 1　改訂の経緯及び基本方針 ………………… 1
  - 2　数学科改訂の趣旨及び要点 ……………… 6
- 第2章　数学科の目標及び内容 ……………………… 20
  - 第1節　数学科の目標 ……………………………… 20
    - 1　教科の目標 ……………………………… 20
    - 2　学年の目標 ……………………………… 30
  - 第2節　数学科の内容 ……………………………… 32
    - 1　内容構成の考え方 ……………………… 32
    - 2　各領域の内容の概観 …………………… 40
- 第3章　各学年の目標及び内容 ……………………… 62
  - 第1節　第1学年の目標及び内容 ………………… 62
    - 1　第1学年の目標 ………………………… 62
    - 2　第1学年の内容 ………………………… 65
      - A　数と式 ……………………………… 65
      - B　図形 ………………………………… 74
      - C　関数 ………………………………… 82
      - D　データの活用 ……………………… 87
      - 〔数学的活動〕 ………………………… 94
  - 第2節　第2学年の目標及び内容 ……………… 100
    - 1　第2学年の目標 ………………………… 100
    - 2　第2学年の内容 ………………………… 102
      - A　数と式 ……………………………… 102
      - B　図形 ………………………………… 108
      - C　関数 ………………………………… 117
      - D　データの活用 ……………………… 120
      - 〔数学的活動〕 ………………………… 125

- 第3節　第3学年の目標及び内容 …………………… 131
  - 1　第3学年の目標 …………………………… 131
  - 2　第3学年の内容 …………………………… 133
    - A　数と式 …………………………………… 133
    - B　図形 ……………………………………… 143
    - C　関数 ……………………………………… 152
    - D　データの活用 …………………………… 154
    - 〔数学的活動〕 ……………………………… 158

- 第4章　指導計画の作成と内容の取扱い ……………… 162
  - 1　指導計画作成上の配慮事項 ……………… 162
  - 2　内容の取扱いについての配慮事項 ……… 166
  - 3　数学的活動の取組における配慮事項 …… 171
  - 4　課題学習とその位置付け ………………… 174

- 付　録 ………………………………………………… 177
  - 付録1：学校教育法施行規則（抄） ……………… 178
  - 付録2：中学校学習指導要領　第1章　総則 …… 183
  - 付録3：中学校学習指導要領　第2章　第3節　数学 …… 190
  - 付録4：小学校学習指導要領　第2章　第3節　算数 …… 199
  - 付録5：中学校学習指導要領　第3章　特別の教科　道徳 … 220
  - 付録6：「道徳の内容」の学年段階・学校段階の一覧表 … 224

第1章　総説

● 1　改訂の経緯及び基本方針

(1) 改訂の経緯

　今の子供たちやこれから誕生する子供たちが，成人して社会で活躍する頃には，我が国は厳しい挑戦の時代を迎えていると予想される。生産年齢人口の減少，グローバル化の進展や絶え間ない技術革新等により，社会構造や雇用環境は大きく，また急速に変化しており，予測が困難な時代となっている。また，急激な少子高齢化が進む中で成熟社会を迎えた我が国にあっては，一人一人が持続可能な社会の担い手として，その多様性を原動力とし，質的な豊かさを伴った個人と社会の成長につながる新たな価値を生み出していくことが期待される。

　こうした変化の一つとして，人工知能（AI）の飛躍的な進化を挙げることができる。人工知能が自ら知識を概念的に理解し，思考し始めているとも言われ，雇用の在り方や学校において獲得する知識の意味にも大きな変化をもたらすのではないかとの予測も示されている。このことは同時に，人工知能がどれだけ進化し思考できるようになったとしても，その思考の目的を与えたり，目的のよさ・正しさ・美しさを判断したりできるのは人間の最も大きな強みであるということの再認識につながっている。

　このような時代にあって，学校教育には，子供たちが様々な変化に積極的に向き合い，他者と協働して課題を解決していくことや，様々な情報を見極め知識の概念的な理解を実現し情報を再構成するなどして新たな価値につなげていくこと，複雑な状況変化の中で目的を再構築することができるようにすることが求められている。

　このことは，本来，我が国の学校教育が大切にしてきたことであるものの，教師の世代交代が進むと同時に，学校内における教師の世代間のバランスが変化し，教育に関わる様々な経験や知見をどのように継承していくかが課題となり，また，子供たちを取り巻く環境の変化により学校が抱える課題も複雑化・困難化する中で，これまでどおり学校の工夫だけにその実現を委ねることは困難になってきている。

　こうした状況を踏まえ，平成26年11月には，文部科学大臣から新しい時代にふさわしい学習指導要領等の在り方について中央教育審議会に諮問を行った。中央教育審議会においては，2年1か月にわたる審議の末，平成28年12月21日に「幼稚園，小学校，中学校，高等学校及び特別支援学校の学習指導要領等の改善及び必要な方策等について（答申）」（以下「中央教育審議会答申」という。）を示した。

　中央教育審議会答申においては，"よりよい学校教育を通じてよりよい社会を創

る"という目標を学校と社会が共有し，連携・協働しながら，新しい時代に求められる資質・能力を子供たちに育む「社会に開かれた教育課程」の実現を目指し，学習指導要領等が，学校，家庭，地域の関係者が幅広く共有し活用できる「学びの地図」としての役割を果たすことができるよう，次の6点にわたってその枠組みを改善するとともに，各学校において教育課程を軸に学校教育の改善・充実の好循環を生み出す「カリキュラム・マネジメント」の実現を目指すことなどが求められた。

① 「何ができるようになるか」（育成を目指す資質・能力）
② 「何を学ぶか」（教科等を学ぶ意義と，教科等間・学校段階間のつながりを踏まえた教育課程の編成）
③ 「どのように学ぶか」（各教科等の指導計画の作成と実施，学習・指導の改善・充実）
④ 「子供一人一人の発達をどのように支援するか」（子供の発達を踏まえた指導）
⑤ 「何が身に付いたか」（学習評価の充実）
⑥ 「実施するために何が必要か」（学習指導要領等の理念を実現するために必要な方策）

これを踏まえ，平成29年3月31日に学校教育法施行規則を改正するとともに，幼稚園教育要領，小学校学習指導要領及び中学校学習指導要領を公示した。小学校学習指導要領は，平成30年4月1日から第3学年及び第4学年において外国語活動を実施する等の円滑に移行するための措置（移行措置）を実施し，平成32年4月1日から全面実施することとしている。また，中学校学習指導要領は，平成30年4月1日から移行措置を実施し，平成33年4月1日から全面実施することとしている。

(2) 改訂の基本方針

今回の改訂は中央教育審議会答申を踏まえ，次の基本方針に基づき行った。

①今回の改訂の基本的な考え方

ア 教育基本法，学校教育法などを踏まえ，これまでの我が国の学校教育の実践や蓄積を生かし，子供たちが未来社会を切り拓くための資質・能力を一層確実に育成することを目指す。その際，子供たちに求められる資質・能力とは何かを社会と共有し，連携する「社会に開かれた教育課程」を重視すること。

イ 知識及び技能の習得と思考力・判断力・表現力等の育成のバランスを重視する平成20年改訂の学習指導要領の枠組みや教育内容を維持した上で，知識の理解の質を更に高め，確かな学力を育成すること。

ウ 先行する特別教科化など道徳教育の充実や体験活動の重視，体育・健康に関する指導の充実により，豊かな心や健やかな体を育成すること。

②育成を目指す資質・能力の明確化

　中央教育審議会答申においては，予測困難な社会の変化に主体的に関わり，感性を豊かに働かせながら，どのような未来を創っていくのか，どのように社会や人生をよりよいものにしていくのかという目的を自ら考え，自らの可能性を発揮し，よりよい社会と幸福な人生の創り手となる力を身に付けられるようにすることが重要であること，こうした力は全く新しい力ということではなく学校教育が長年その育成を目指してきた「生きる力」であることを改めて捉え直し，学校教育がしっかりとその強みを発揮できるようにしていくことが必要とされた。また，汎用的な能力の育成を重視する世界的な潮流を踏まえつつ，知識及び技能と思考力，判断力，表現力等をバランスよく育成してきた我が国の学校教育の蓄積を生かしていくことが重要とされた。

　このため「生きる力」をより具体化し，教育課程全体を通して育成を目指す資質・能力を，ア「何を理解しているか，何ができるか（生きて働く「知識・技能」の習得）」，イ「理解していること・できることをどう使うか（未知の状況にも対応できる「思考力・判断力・表現力等」の育成）」，ウ「どのように社会・世界と関わり，よりよい人生を送るか（学びを人生や社会に生かそうとする「学びに向かう力・人間性等」の涵養）」の三つの柱に整理するとともに，各教科等の目標や内容についても，この三つの柱に基づく再整理を図るよう提言がなされた。

　今回の改訂では，知・徳・体にわたる「生きる力」を子供たちに育むために「何のために学ぶのか」という各教科等を学ぶ意義を共有しながら，授業の創意工夫や教科書等の教材の改善を引き出していくことができるようにするため，全ての教科等の目標及び内容を「知識及び技能」，「思考力，判断力，表現力等」，「学びに向かう力，人間性等」の三つの柱で再整理した。

③「主体的・対話的で深い学び」の実現に向けた授業改善の推進

　子供たちが，学習内容を人生や社会の在り方と結び付けて深く理解し，これからの時代に求められる資質・能力を身に付け，生涯にわたって能動的に学び続けることができるようにするためには，これまでの学校教育の蓄積を生かし，学習の質を一層高める授業改善の取組を活性化していくことが必要であり，我が国の優れた教育実践に見られる普遍的な視点である「主体的・対話的で深い学び」の実現に向けた授業改善（アクティブ・ラーニングの視点に立った授業改善）を推進することが求められる。

　今回の改訂では「主体的・対話的で深い学び」の実現に向けた授業改善を進める際の指導上の配慮事項を総則に記載するとともに，各教科等の「第3　指導計画の作成と内容の取扱い」において，単元や題材など内容や時間のまとまりを見通して，その中で育む資質・能力の育成に向けて，「主体的・対話的で深い学び」の実現に

向けた授業改善を進めることを示した。

その際，以下の6点に留意して取り組むことが重要である。

ア　児童生徒に求められる資質・能力を育成することを目指した授業改善の取組は，既に小・中学校を中心に多くの実践が積み重ねられており，特に義務教育段階はこれまで地道に取り組まれ蓄積されてきた実践を否定し，全く異なる指導方法を導入しなければならないと捉える必要はないこと。

イ　授業の方法や技術の改善のみを意図するものではなく，児童生徒に目指す資質・能力を育むために「主体的な学び」，「対話的な学び」，「深い学び」の視点で，授業改善を進めるものであること。

ウ　各教科等において通常行われている学習活動（言語活動，観察・実験，問題解決的な学習など）の質を向上させることを主眼とするものであること。

エ　1回1回の授業で全ての学びが実現されるものではなく，単元や題材など内容や時間のまとまりの中で，学習を見通し振り返る場面をどこに設定するか，グループなどで対話する場面をどこに設定するか，児童生徒が考える場面と教員が教える場面をどのように組み立てるかを考え，実現を図っていくものであること。

オ　深い学びの鍵として「見方・考え方」を働かせることが重要になること。各教科等の「見方・考え方」は，「どのような視点で物事を捉え，どのような考え方で思考していくのか」というその教科等ならではの物事を捉える視点や考え方である。各教科等を学ぶ本質的な意義の中核をなすものであり，教科等の学習と社会をつなぐものであることから，児童生徒が学習や人生において「見方・考え方」を自在に働かせることができるようにすることにこそ，教師の専門性が発揮されることが求められること。

カ　基礎的・基本的な知識及び技能の習得に課題がある場合には，その確実な習得を図ることを重視すること。

④各学校におけるカリキュラム・マネジメントの推進

各学校においては，教科等の目標や内容を見通し，特に学習の基盤となる資質・能力（言語能力，情報活用能力，問題発見・解決能力等）や現代的な諸課題に対応して求められる資質・能力の育成のためには，教科等横断的な学習を充実することや，「主体的・対話的で深い学び」の実現に向けた授業改善を，単元や題材など内容や時間のまとまりを見通して行うことが求められる。これらの取組の実現のためには，学校全体として，児童生徒や学校，地域の実態を適切に把握し，教育内容や時間の配分，必要な人的・物的体制の確保，教育課程の実施状況に基づく改善などを通して，教育活動の質を向上させ，学習の効果の最大化を図るカリキュラム・マネジメントに努めることが求められる。

このため総則において,「生徒や学校,地域の実態を適切に把握し,教育の目的や目標の実現に必要な教育の内容等を教科等横断的な視点で組み立てていくこと,教育課程の実施状況を評価してその改善を図っていくこと,教育課程の実施に必要な人的又は物的な体制を確保するとともにその改善を図っていくことなどを通して,教育課程に基づき組織的かつ計画的に各学校の教育活動の質の向上を図っていくこと(以下「カリキュラム・マネジメント」という。)に努める」ことについて新たに示した。

⑤**教育内容の主な改善事項**

このほか,言語能力の確実な育成,理数教育の充実,伝統や文化に関する教育の充実,体験活動の充実,外国語教育の充実などについて総則や各教科等において,その特質に応じて内容やその取扱いの充実を図った。

2 数学科改訂の趣旨及び要点

　平成 28 年 12 月の中央教育審議会答申では，各教科の目標や内容等に関する主な改善事項が示されており，このたびの中学校数学科の改訂は，これを踏まえて行われたものである。

　中学校数学科においては，数学的に考える資質・能力を育成する観点から，現実の世界と数学の世界における問題発見・解決の過程を学習過程に反映させることを意図して数学的活動の一層の充実を図った。また，社会生活などの様々な場面において，必要なデータを収集して分析し，その傾向を踏まえて課題を解決したり意思決定をしたりすることが求められており，そのような能力を育成するため，統計的な内容等の改善・充実を図った。

(1) 現行学習指導要領の成果と課題

　中央教育審議会答申では，算数科・数学科における平成 20 年改訂の学習指導要領の成果と課題について，次のように示されている。

○　現行の学習指導要領により，ＰＩＳＡ２０１５では，数学的リテラシーの平均得点は国際的に見ると高く，引き続き上位グループに位置しているなどの成果が見られるが，学力の上位層の割合はトップレベルの国・地域よりも低い結果となっている。また，ＴＩＭＳＳ２０１５では，小・中学生の算数・数学の平均得点は平成 7 年（1995 年）以降の調査において最も良好な結果になっているとともに，中学生は数学を学ぶ楽しさや，実社会との関連に対して肯定的な回答をする割合も改善が見られる一方で，いまだ諸外国と比べると低い状況にあるなど学習意欲面で課題がある。さらに，小学校と中学校の間で算数・数学の勉強に対する意識に差があり，小学校から中学校に移行すると，数学の学習に対し肯定的な回答をする生徒の割合が低下する傾向にある。

○　さらに，全国学力・学習状況調査等の結果からは，小学校では，「基準量，比較量，割合の関係を正しく捉えること」や「事柄が成り立つことを図形の性質に関連付けること」，中学校では，「数学的な表現を用いた理由の説明」に課題が見られた。また，高等学校では，「数学の学習に対する意欲が高くないこと」や「事象を式で数学的に表現したり論理的に説明したりすること」が課題として指摘されている。

　今回の改訂では，これらの課題に適切に対応できるよう改善を図った。

(2) 数学科の目標の改善
①目標の示し方

今回の改訂では，算数科・数学科において育成を目指す資質・能力を，「知識及び技能」，「思考力，判断力，表現力等」，「学びに向かう力，人間性等」の三つの柱に沿って明確化し，各学校段階を通じて，実社会との関わりを意識した数学的活動の充実等を図っている。中学校数学科の目標についても，「知識及び技能」，「思考力，判断力，表現力等」，「学びに向かう力，人間性等」の三つの柱で整理して示した。

②数学科における「数学的な見方・考え方」

「数学的な見方・考え方」については，これまでの学習指導要領の中で，「数学的な見方や考え方」として教科の目標に位置付けられたり，評価の観点名として用いられたりしてきた。

今回の改訂では，「見方・考え方」を働かせた学習活動を通して，目標に示す資質・能力の育成を目指すこととした。これは，中央教育審議会答申において，「見方・考え方」は，各教科等の学習の中で働き，鍛えられていくものであり，各教科等の特質に応じた物事を捉える視点や考え方として整理されたことを踏まえたものである。中学校数学科では，「数学的な見方・考え方」については，「事象を数量や図形及びそれらの関係などに着目して捉え，論理的，統合的・発展的に考えること」であると考えられる。

数学の学習では，「数学的な見方・考え方」を働かせながら，知識及び技能を習得したり，習得した知識及び技能を活用して探究したりすることにより，生きて働く知識となり，技能の習熟・熟達につながるとともに，より広い領域や複雑な事象の問題を解決するための思考力，判断力，表現力等や，自らの学びを振り返って次の学びに向かおうとする力などが育成され，このような学習を通じて，「数学的な見方・考え方」が更に確かで豊かなものとなっていくと考えられる。

③数学的活動の一層の充実

資質・能力を育成していくためには，学習過程の果たす役割が極めて重要である。算数科・数学科においては，中央教育審議会答申に示された「事象を数理的に捉え，数学の問題を見いだし，問題を自立的，協働的に解決し，解決過程を振り返って概念を形成したり体系化したりする過程」といった数学的に問題発見・解決する過程を学習過程に反映させることが重要である。生徒が，目的意識をもって事象を数学化し，自ら問題を設定し，その解決のために新しい概念や原理・法則を見いだすことで，概念や原理・法則に支えられた知識及び技能を習得したり，思考力，判断力，表現力等を身に付けたり，統合的・発展的に考えて深い学びを実現したりすることが可能となる。さらには，数学を既成のものとみなしたり，固定的で確定的なものとみなしたりせず，数学に創造的に取り組もうとする態度を養うことも期待される。

そこで，今回の改訂では，主として日常生活や社会の事象に関わる過程と，数学の事象に関わる過程の二つの問題発見・解決の過程を重視した。また，これらの各場面において言語活動を充実し，それぞれの過程を振り返り，評価・改善することとした。算数科・数学科において，このような数学的活動は，小・中・高等学校教育を通じて必要なものであり，数学的活動を通して，数学的に考える資質・能力を育成することを目指すことについて目標の柱書に示した。

(3) 数学科の内容の改善
①数学科の領域構成と数学的活動

今回の改訂では，小・中・高等学校を通じて資質・能力を育成する観点から，従前の「資料の活用」の領域の名称を「データの活用」に改め，領域の構成は「数と式」，「図形」，「関数」及び「データの活用」の四つの領域とした。なお，各学年の内容に〔数学的活動〕を従前どおり位置付けており，その指導に関わる配慮事項を「第3 指導計画の作成と内容の取扱い」に示した。

中学校数学科の内容の構成については，「知識及び技能」の学年別，領域別の概略を図1（12，13ページ）で示し，小学校算数科の内容の構成についても，図2（14～17ページ）で示している。また，小学校算数科・中学校数学科を通した資質・能力（「思考力，判断力，表現力等」，「学びに向かう力，人間性等」）についても，図3（18，19ページ）で示している。

②内容の示し方

中央教育審議会答申では，算数科・数学科の指導内容の示し方の改善について，次のように示されている。

> ○ 「内容」に関しては，育成を目指す「知識・技能」，「思考力・判断力・表現力等」がより明確となり，それらを育成するための学習過程の改善が図られるよう，どのような「数学的な見方・考え方」を働かせて数学的活動を行い，どのような「知識・技能」及び「思考力・判断力・表現力等」を身に付けることを目指すのかを示していくことが必要である。その上で，「内容」の系統性，「内容」と育成される資質・能力とのつながり及びこれまでに明らかになっている課題などを意識した「内容」の構成，配列にすることが求められる。

このことを踏まえ，数学科の内容については，生徒が身に付けることが期待される資質・能力を三つの柱に沿って整理し，「知識及び技能」，「思考力，判断力，表現力等」については指導事項のまとまりごとに内容を示した。また，「学びに向か

う力，人間性等」については，指導事項のまとまりごとに内容を示すことはせず，教科の目標及び学年目標において，まとめて示した。

なお，今回の改訂では，主として日常生活や社会の事象に関わる過程と，数学の事象に関わる過程の二つの問題発見・解決の過程を重視したため，「思考力，判断力，表現力等」を身に付けるに当たり，多くの場合でこの二つの過程が活動を通して実現されるよう示し方を工夫した。また，「思考力，判断力，表現力等」は，数量や図形などに関する問題場面について思考する過程や，その結果得られた事実や方法，判断の根拠などを数学的な表現を用いて伝え合う等の言語活動を通じて身に付けることとし，それらによって養われる力は，「～を考察し表現すること」や「～を具体的な場面で活用すること」などの表現を用いて示した。なお，「具体的な場面」とは，日常生活や社会の事象及び数学の事象における様々な場面を含んでいる。

③内容の充実

中央教育審議会答申では，算数科・数学科の教育内容の改善・充実について，次のように示されている。

○　算数・数学を学ぶことは，問題解決の喜びを感得し，人生をより豊かに生きることに寄与するものと考えられる。また，これからの社会を思慮深く生きる人間を育成することにも大きく貢献すると考えられる。このため，数学と人間との関わりや数学の社会的有用性についての認識が高まるよう，十分に配慮した内容としていくことが求められる。

○　これからの時代を生き抜くため，米国等ではＳＴＥＭ（Science, Technology,Engineering and Mathematics）教育の推進が図られており，その基盤に数学が位置付けられている。数学には，諸事象に潜む数理を見いだし，それを的確に表現することへの大きな期待が寄せられている。また，ＰＩＳＡ調査の読解力の定義が，読むテキストの形式として物語，論説などの「連続テキスト」と，表，図，ダイヤグラムなどの「非連続テキスト」があり，両者を含めて読む対象とするとして，より広い言語観に立って規定されているなど，言語としての数学の特質が一層重視されてきており，このことに配慮する必要がある。

○　また，社会生活などの様々な場面において，必要なデータを収集して分析し，その傾向を踏まえて課題を解決したり意思決定をしたりすることが求められており，そのような能力を育成するため，高等学校情報科等との関連も図りつつ，小・中・高等学校教育を通じて統計的な内容等の改善について検討していくことが必要である。

そこで，中学校数学科では，引き続き，言葉や数，式，図，表，グラフなどの数学的な表現を用いて，論理的に考察し表現したり，その過程を振り返って考えを深めたりする学習活動を重視した。

また，急速に発展しつつある情報化社会においては，多くの人が，様々なデータを手にすることができるようになってきており，データを用いて問題解決する場面も多くみられるようになってきている。そこで，データを用いて問題解決するために必要な基本的な方法を理解し，これを用いてデータの傾向を捉え説明することを通して，問題解決する力を養うことができるようにする必要がある。

今回の改訂において，小学校算数科では，度数分布を表やグラフに表したり，データの平均や散らばりを調べるなどの活動を通して，統計的に考察したり表現したりすることとしている。また，量的データの散らばりの様子や代表値の意味を捉えやすくするための方法としてドットプロットが導入され，ドットプロットからデータの特徴や傾向を読み取ったり，最頻値や中央値を見付けたりできるようにしている。

そこで，中学校数学科では，上述を踏まえて統計的な内容を充実させた。具体的には，第1学年で，従前どおりヒストグラムや相対度数を扱うとともに，第2学年で，四分位範囲や箱ひげ図を新たに扱うこととし，収集したデータから次第に情報を縮約することによって，大量のデータや複数の集団の比較が可能となるよう構成した。また，それぞれの学年において学んだ統計的な表現を関連付けながら統計的に問題解決することによって，より深い統計的な分析が可能となるように構成した。さらに，確率の学習内容についても，第1学年は，多数の観察や多数回の試行によって得られる確率，第2学年は，場合の数を基にして得られる確率を扱い，第3学年においては，標本調査のアイデアを導入することで，統計的なデータと確率的なばらつきを統合した形で確率の理解を深めることができるようにした。

このように，中学校の各学年で統計的なデータと確率を学習することによって，統計的に問題解決する力を次第に高めていくことができるよう構成した。

④具体的な内容の移行について

基礎的・基本的な知識及び技能の習得と思考力，判断力，表現力等の育成を図るために，小学校算数科において学習したことを素地（そじ）として中学校において活用できるようにするとともに統計教育を充実させたことなどを踏まえて，一部の内容の指導時期を改めた。小・中学校間で移行された内容，中学校において学年間で移行された内容及び中学校において新たに指導することになった内容は次のとおりである。

中学校数学科における移行された内容及び新たに指導する内容

第1学年	◇用語「素数」　←小学校第5学年から ○自然数を素数の積として表すこと　←中学校第3学年から ◆用語「平均値，中央値，最頻値，階級」　→小学校第6学年へ ◎用語「累積度数」 ○多数の観察や多数回の試行によって得られる確率　←中学校第2学年から ○誤差や近似値，$a \times 10^n$ の形の表現　→中学校第3学年へ
第2学年	◎用語「反例」 ◎四分位範囲や箱ひげ図 ○多数の観察や多数回の試行によって得られる確率　→中学校第1学年へ
第3学年	○自然数を素因数に分解すること　→中学校第1学年へ ○誤差や近似値，$a \times 10^n$ の形の表現　←中学校第1学年から

注意：○…中学校の学年間で移行する内容
　　　◎…中学校で新規に指導する内容
　　　◆…中学校から小学校へ移行する内容
　　　◇…小学校から中学校へ移行する内容

中学校数学科の内容の構成（下線は新設の内容を示す。）（図１）

	A　数と式	B　図形
第１学年	正の数・負の数 ・正の数と負の数の必要性と意味 ・正の数と負の数の四則計算 ・正の数と負の数を用いて表すこと 　（用語に「素数」を追加）（←小５） 　(内容の取扱いに，自然数を素数の積として表すことを追加) 　(←中３) 文字を用いた式 ・文字を用いることの必要性と意味 ・乗法と除法の表し方 ・一次式の加法と減法の計算 ・文字を用いた式に表すこと 一元一次方程式（比例式） ・方程式の必要性と意味及びその解の意味 ・一元一次方程式を解くこと	平面図形 ・基本的な作図の方法 ・図形の移動 ・作図の方法を考察すること 空間図形 ・直線や平面の位置関係 ・基本的な図形の計量 ・空間図形の構成と平面上の表現
第２学年	文字を用いた式の四則計算 ・簡単な整式の加減及び単項式の乗除の計算 ・文字を用いた式で表したり読み取ったりすること ・文字を用いた式で捉え説明すること ・目的に応じた式変形 連立二元一次方程式 ・二元一次方程式の必要性と意味及びその解の意味 ・連立方程式とその解の意味 ・連立方程式を解くこと	基本的な平面図形と平行線の性質 ・平行線や角の性質 ・多角形の角についての性質 ・平面図形の性質を確かめること 図形の合同 ・平面図形の合同と三角形の合同条件 ・証明の必要性と意味及びその方法 　(用語に「反例」を追加)
第３学年	平方根 ・平方根の必要性と意味 ・平方根を含む式の計算 ・平方根を用いて表すこと 　(内容の取扱いに，誤差，近似値，$a\times 10^n$ の形の表現を追加 　(←中１) 式の展開と因数分解 ・単項式と多項式の乗法と除法の計算 ・簡単な式の展開や因数分解 　(内容の取扱いから，自然数を素因数に分解することを削除) 　(→中１) 二次方程式 ・二次方程式の必要性と意味及びその解の意味 ・因数分解や平方完成して二次方程式を解くこと ・解の公式を用いて二次方程式を解くこと	図形の相似 ・平面図形の相似と三角形の相似条件 ・相似な図形の相似比と面積比及び体積比の関係 ・平行線と線分の比 円周角と中心角 ・円周角と中心角の関係とその証明 三平方の定理 ・三平方の定理とその証明

第１章
総　説

C　関数	D　データの活用 ←現行「D資料の活用」の名称を変更	〔数学的活動〕
比例，反比例 ・関数関係の意味 ・比例，反比例 ・座標の意味 ・比例，反比例の表，式，グラフ	データの分布の傾向 ・ヒストグラムや相対度数の必要性と意味 多数の観察や多数回の試行によって得られる確率 ・多数の観察や多数回の試行によって得られる確率の必要性と意味（←中2） <u>（用語に累積度数を追加）</u> （用語から，代表値，（平均値，中央値，最頻値），階級を削除）（→小6） （内容の取扱いから，誤差，近似値，$a\times10^n$の形の表現を削除（→中3）	各領域の学習やそれらを相互に関連付けた学習において，次のような数学的活動に取り組むものとする。 ア　日常の事象を数理的に捉え，数学的に表現・処理し，問題を解決したり，解決の過程や結果を振り返って考察したりする活動 イ　数学の事象から問題を見いだし解決したり，解決の過程や結果を振り返って統合的・発展的に考察したりする活動 ウ　数学的な表現を用いて筋道立てて説明し伝え合う活動
一次関数 ・事象と一次関数 ・二元一次方程式と関数 ・一次関数の表，式，グラフ	データの分布の比較 ・<u>四分位範囲や箱ひげ図の必要性と意味（追加）</u> ・<u>箱ひげ図で表すこと（追加）</u> 場合の数を基にして得られる確率 ・確率の必要性と意味 ・確率を求めること （「確率の必要性と意味」を一部移行（→中1））	各領域の学習やそれらを相互に関連付けた学習において，次のような数学的活動に取り組むものとする。 ア　日常の事象や社会の事象を数理的に捉え，数学的に表現・処理し，問題を解決したり，解決の過程や結果を振り返って考察したりする活動 イ　数学の事象から見通しをもって問題を見いだし解決したり，解決の過程や結果を振り返って統合的・発展的に考察したりする活動 ウ　数学的な表現を用いて論理的に説明し伝え合う活動
関数 $y=ax^2$ ・事象と関数 $y=ax^2$ ・いろいろな事象と関数 ・関数 $y=ax^2$ の表，式，グラフ	標本調査 ・標本調査の必要性と意味 ・標本を取り出し整理すること	

小学校算数科の内容の構成（下線は主な新設の内容を示す）（図２）

	A 数と式	B 図形
第1学年	1 数の構成と表し方 　個数を比べること／個数や順番を数えること／数の大小，順序と数直線／2位数の表し方／簡単な場合の3位数の表し方／十を単位とした数の見方／まとめて数えたり等分したりすること 2 加法，減法 　加法，減法が用いられる場合とそれらの意味／加法，減法の式／1位数の加法とその逆の減法の計算／簡単な場合の2位数などの加法，減法	1 図形についての理解の基礎 　形とその特徴の捉え方／形の構成と分解／方向やものの位置
第2学年	1 数の構成と表し方 　まとめて数えたり，分類して数えたりすること／十進位取り記数法／数の相対的な大きさ／一つの数をほかの数の積としてみること／数による分類整理／$\frac{1}{2}$，$\underline{\frac{1}{3}}$など簡単な分数 2 加法，減法 　2位数の加法とその逆の減法／簡単な場合の3位数などの加法，減法／加法や減法に関して成り立つ性質／加法と減法との相互関係 3 乗法 　乗法が用いられる場合とその意味／乗法の式／乗法に関して成り立つ簡単な性質／乗法九九／簡単な場合の2位数と1位数との乗法	1 三角形や四角形などの図形 　三角形，四角形／正方形，長方形と直角三角形／正方形や長方形の面で構成される箱の形
第3学年	1 数の表し方 　万の単位／10倍，100倍，<u>1000倍</u>，$\frac{1}{10}$の大きさ／数の相対的な大きさ 2 加法，減法 　3位数や4位数の加法，減法の計算の仕方／加法，減法の計算の確実な習得／ 3 乗法 　2位数や3位数に1位数や2位数をかける乗法の計算／乗法の計算が確実にでき，用いること／乗法に関して成り立つ性質 4 除法 　除法が用いられる場合とその意味／除法の式／除法と乗法，減法との関係／除数と商が1位数の場合の除法の計算／簡単な場合の除数が1位数で商が2位数の除法 5 小数の意味と表し方 　小数の意味と表し方／小数の加法，減法 6 分数の意味と表し方 　分数の意味と表し方／単位分数の幾つ分／簡単な場合の分数の加法，減法 7 数量の関係を表す式 　□を用いた式 8 そろばん 　そろばんによる数の表し方／そろばんによる計算の仕方	1 二等辺三角形，正三角形などの図形 　二等辺三角形，正三角形／角／円，球

	C　測定	D　データの活用	〔数学的活動〕
第1学年	1　量と測定についての理解の基礎 　量の大きさの直接比較，間接比較／任意単位を用いた大きさの比べ方 2　時刻の読み方 　時刻の読み方	1　絵や図を用いた数量の表現 　絵や図を用いた数量の表現	ア　身の回りの事象を観察したり，具体物を操作したりして，数量や形を見いだす活動 イ　日常生活の問題を具体物などを用いて解決したり結果を確かめたりする活動 ウ　算数の問題を具体物などを用いて解決したり結果を確かめたりする活動 エ　問題解決の過程や結果を，具体物や図などを用いて表現する活動
第2学年	1　長さ，かさの単位と測定 　長さやかさの単位と測定／およその見当と適切な単位 2　時間の単位 　時間の単位と関係	1　簡単な表やグラフ 　簡単な表やグラフ	ア　身の回りの事象を観察したり，具体物を操作したりして，数量や図形に進んで関わる活動 イ　日常の事象から見いだした算数の問題を，具体物，図，数，式などを用いて解決し，結果を確かめる活動 ウ　算数の学習場面から見いだした算数の問題を，具体物，図，数，式などを用いて解決し，結果を確かめる活動 エ　問題解決の過程や結果を，具体物，図，数，式などを用いて表現し伝え合う活動
第3学年	1　長さ，重さの単位と測定 　長さや重さの単位と測定／適切な単位と計器の選択（メートル法の単位の仕組み（←小6）） 2　時刻と時間 　時間の単位（秒）／時刻や時間を求めること	1　表と棒グラフ 　データの分類整理と表／棒グラフの特徴と用い方（内容の取扱いに，最小目盛りが2，5などの棒グラフや複数の棒グラフを組み合わせたグラフを追加）	ア　身の回りの事象を観察したり，具体物を操作したりして，数量や図形に進んで関わる活動 イ　日常の事象から見いだした算数の問題を，具体物，図，数，式などを用いて解決し，結果を確かめる活動 ウ　算数の学習場面から見いだした算数の問題を，具体物，図，数，式などを用いて解決し，結果を確かめる活動 エ　問題解決の過程や結果を，具体物，図，数，式などを用いて表現し伝え合う活動

	A 数と計算	B 図形
第4学年	1 整数の表し方 　億，兆の単位 2 概数と四捨五入 　概数が用いられる場合／四捨五入／四則計算の結果の見積り 3 整数の除法 　除数が1位数や2位数で被除数が2位数や3位数の除法の計算の仕方／除法の計算を用いること／被除数，除数，商及び余りの間の関係／除法に関して成り立つ性質 4 小数の仕組みとその計算 　小数を用いた倍／小数と数の相対的な大きさ／小数の加法，減法／乗数や除数が整数である場合の小数の乗法及び除法 5 同分母の分数の加法，減法 　大きさの等しい分数／分数の加法，減法 6 数量の関係を表す式 　四則を混合した式や（　）を用いた式／公式／□，△などを用いた式 7 四則に関して成り立つ性質 　四則に関して成り立つ性質 8 そろばん 　そろばんによる計算の仕方	1 平行四辺形，ひし形，台形などの平面図形 　直線の平行や垂直の関係／平行四辺形，ひし形，台形 2 立方体，直方体などの立体図形 　立方体，直方体／直線や平面の平行や垂直の関係／見取図，展開図 3 ものの位置の表し方 　ものの位置の表し方 4 平面図形の面積 　面積の単位（cm^2, m^2, km^2）と測定／正方形，長方形の面積（メートル法の単位の仕組み（←小6）） 5 角の大きさ 　回転の大きさ／角の大きさの単位と測定
第5学年	1 整数の性質 　偶数，奇数／約数，倍数 2 整数，小数の記数法 　10倍，100倍，1000倍，$\frac{1}{10}$，$\frac{1}{100}$などの大きさ 3 小数の乗法，除法 　小数の乗法，除法の意味／小数の乗法，除法の計算／計算に関して成り立つ性質の小数への適用 4 分数の意味と表し方 　分数と整数，小数の関係／除法の結果と分数／同じ大きさを表す分数／分数の相等と大小 5 分数の加法，減法 　異分母の分数の加法，減法 6 数量の関係を表す式 　数量の関係を表す式	1 平面図形の性質 　図形の形や大きさが決まる要素と図形の合同／多角形についての簡単な性質／正多角形／円周率 2 立体図形の性質 　角柱や円柱 3 平面図形の面積 　三角形，平行四辺形，ひし形及び台形の面積の計算による求め方 4 立体図形の体積 　体積の単位（cm^3, m^3）と測定　立方体及び直方体の体積の計算による求め方（メートル法の単位の仕組み（←小6））
第6学年	1 分数の乗法，除法 　分数の乗法及び除法の意味／分数の乗法及び除法の計算／計算に関して成り立つ性質の分数への適用（分数×整数，分数÷整数（←小5）） 2 文字を用いた式 　文字を用いた式	1 縮図や拡大図，対称な図形 　縮図や拡大図／対称な図形 2 概形とおよその面積 　概形とおよその面積 3 円の面積 　円の面積の求め方 4 角柱及び円柱の体積 　角柱及び円柱の体積の求め方

	C 変化と関係	D データの活用	〔数学的活動〕
第4学年	1 伴って変わる二つの数量 　変化の様子と表や式，折れ線グラフ 2 簡単な場合についての割合 　<u>簡単な場合についての割合</u>	1 データの分類整理 　二つの観点から分類する方法／折れ線グラフの特徴と用い方<u>（内容の取扱いに，複数系列のグラフや組み合わせたグラフを追加）</u>	ア　日常の事象から算数の問題を見いだして解決し，結果を確かめたり，日常生活等に生かしたりする活動 イ　算数の学習場面から算数の問題を見いだして解決し，結果を確かめたり，発展的に考察したりする活動 ウ　問題解決の過程や結果を，図や式などを用いて数学的に表現し伝え合う活動
第5学年	1 伴って変わる二つの数量の関係 　簡単な場合の比例の関係 2 異種の二つの量の割合 　速さなど単位量当たりの大きさ(速さ(←小6)) 3 割合（百分率） 　<u>割合</u>／百分率	1 円グラフや帯グラフ 　円グラフや帯グラフの特徴と用い方／<u>統計的な問題解決の方法（内容の取扱いに，複数の帯グラフを比べることを追加）</u> 2 測定値の平均 　平均の意味	ア　日常の事象から算数の問題を見いだして解決し，結果を確かめたり，日常生活等に生かしたりする活動 イ　算数の学習場面から算数の問題を見いだして解決し，結果を確かめたり，発展的に考察したりする活動 ウ　問題解決の過程や結果を，図や式などを用いて数学的に表現し伝え合う活動
第6学年	1 比例 　比例の関係の意味や性質／比例の関係を用いた問題解決の方法／反比例の関係 2 比 　比	1 データの考察 　代表値の意味や求め方（←中1）／度数分布を表す表やグラフの特徴と用い方／<u>目的に応じた統計的な問題解決の方法</u> 2 起こり得る場合 　起こり得る場合	ア　日常の事象を数理的に捉え問題を見いだして解決し，解決過程を振り返り，結果や方法を改善したり，日常生活等に生かしたりする活動 イ　算数の学習場面から算数の問題を見いだして解決し，解決過程を振り返り統合的・発展的に考察する活動 ウ　問題解決の過程や結果を，目的に応じて図や式などを用いて数学的に表現し伝え合う活動

資質・能力(「思考力,判断力,表現力等」「学びに向かう力,人間性等」)(図3)

小学校	A 数と計算	B 図形	C 測定
第1学年	ものの数に着目し,具体物や図などを用いて数の数え方や計算の仕方を考える力	ものの形に着目して特徴を捉えたり,具体的な操作を通して形の構成について考えたりする力	身の回りにあるものの特徴を量に着目して捉え,量の大きさの比べ方を考える力
第2学年	数とその表現や数量の関係に着目し,必要に応じて具体物や図などを用いて数の表し方や計算の仕方などを考察する力	平面図形の特徴を図形を構成する要素に着目して捉えたり,身の回りの事象を図形の性質から考察したりする力	身の回りにあるものの特徴を量に着目して捉え,量の単位を用いて的確に表現する力
第3学年	数とその表現や数量の関係に着目し,必要に応じて具体物や図などを用いて数の表し方や計算の仕方などを考察する力	平面図形の特徴を図形を構成する要素に着目して捉えたり,身の回りの事象を図形の性質から考察したりする力	身の回りにあるものの特徴を量に着目して捉え,量の単位を用いて的確に表現する力
	A 数と計算	B 図形	
第4学年	数とその表現や数量の関係に着目し,目的に合った表現方法を用いて計算の仕方などを考察する力	図形を構成する要素及びそれらの位置関係に着目し,図形の性質や図形の計量について考察する力	
第5学年	数とその表現や計算の意味に着目し,目的に合った表現方法を用いて数の性質や計算の仕方などを考察する力	図形を構成する要素や図形間の関係などに着目し,図形の性質や図形の計量について考察する力	
第6学年	数とその表現や計算の意味に着目し,発展的に考察して問題を見いだすとともに,目的に応じて多様な表現方法を用いながら数の表し方や計算の仕方などを考察する力	図形を構成する要素や図形間の関係などに着目し,図形の性質や図形の計量について考察する力	
中学校	A 数と式	B 図形	
第1学年	数の範囲を拡張し,数の性質や計算について考察したり,文字を用いて数量の関係や法則などを考察したりする力	図形の構成要素や構成の仕方に着目し,図形の性質や関係を直観的に捉え論理的に考察する力	
第2学年	文字を用いて数量の関係や法則などを考察する力	数学的な推論の過程に着目し,図形の性質や関係を論理的に考察し表現する力	
第3学年	数の範囲に着目し,数の性質や計算について考察したり,文字を用いて数量の関係や法則などを考察したりする力	図形の構成要素の関係に着目し,図形の性質や計量について論理的に考察し表現する力	

	D　データの活用	学びに向かう力・人間性等
	データの個数に着目して身の回りの事象の特徴を捉える力	数量や図形に親しみ，算数で学んだことのよさや楽しさを感じながら学ぶ態度
	身の回りの事象をデータの特徴に着目して捉え，簡潔に表現したり考察したりする力	数量や図形に進んで関わり，数学的に表現・処理したことを振り返り，数理的な処理のよさに気付き生活や学習に活用しようとする態度
	身の回りの事象をデータの特徴に着目して捉え，簡潔に表現したり適切に判断したりする力	数量や図形に進んで関わり，数学的に表現・処理したことを振り返り，数理的な処理のよさに気付き生活や学習に活用しようとする態度

C　変化と関係	D　データの活用	学びに向かう力・人間性等
伴って変わる二つの数量やそれらの関係に着目し，変化や対応の特徴を見いだして，二つの数量の関係を表や式を用いて考察する力	目的に応じてデータを収集し，データの特徴や傾向に着目して表やグラフに的確に表現し，それらを用いて問題解決したり，解決の過程や結果を多面的に捉え考察したりする力	数学的に表現・処理したことを振り返り，多面的に捉え検討してよりよいものを求めて粘り強く考える態度，数学のよさに気付き学習したことを生活や学習に活用しようとする態度
伴って変わる二つの数量やそれらの関係に着目し，変化や対応の特徴を見いだして，二つの数量の関係を表や式を用いて考察する力	目的に応じてデータを収集し，データの特徴や傾向に着目して表やグラフに的確に表現し，それらを用いて問題解決したり，解決の過程や結果を多面的に捉え考察したりする力	数学的に表現・処理したことを振り返り，多面的に捉え検討してよりよいものを求めて粘り強く考える態度，数学のよさに気付き学習したことを生活や学習に活用しようとする態度
伴って変わる二つの数量やそれらの関係に着目し，変化や対応の特徴を見いだして，二つの数量の関係を表や式，グラフを用いて考察する力	身の回りの事象から設定した問題について，目的に応じてデータを収集し，データの特徴や傾向に着目して適切な手法を選択して分析を行い，それらを用いて問題解決したり，解決の過程や結果を批判的に考察したりする力	数学的に表現・処理したことを振り返り，多面的に捉え検討してよりよいものを求めて粘り強く考える態度，数学のよさに気付き学習したことを生活や学習に活用しようとする態度

C　関　数	D　データの活用	学びに向かう力・人間性等
数量の変化や対応に着目して関数関係を見いだし，その特徴を表，式，グラフなどで考察する力	データの分布に着目し，その傾向を読み取り批判的に考察して判断したり，不確定な事象の起こりやすさについて考察したりする力	数学的活動の楽しさや数学のよさに気付いて粘り強く考え，数学を生活や学習に生かそうとする態度，問題解決の過程を振り返って検討しようとする態度，多面的に捉え考えようとする態度
関数関係に着目し，その特徴を表，式，グラフを相互に関連付けて考察する力	複数の集団のデータの分布に着目し，その傾向を比較して読み取り批判的に考察して判断したり，不確定な事象の起こりやすさについて考察したりする力	数学的活動の楽しさや数学のよさを実感して粘り強く考え，数学を生活や学習に生かそうとする態度，問題解決の過程を振り返って評価・改善しようとする態度，多様な考えを認め，よりよく問題解決しようとする態度
関数関係に着目し，その特徴を表，式，グラフを相互に関連付けて考察する力	標本と母集団の関係に着目し，母集団の傾向を推定し判断したり，調査の方法や結果を批判的に考察したりする力	数学的活動の楽しさや数学のよさを実感して粘り強く考え，数学を生活や学習に生かそうとする態度，問題解決の過程を振り返って評価・改善しようとする態度，多様な考えを認め，よりよく問題解決しようとする態度

第2章　数学科の目標及び内容

第1節　数学科の目標

● 1　教科の目標

(1) 目標の設定について

　中学校数学科においては，数量や図形などについての基礎的・基本的な知識及び技能を確実に習得し，これらを活用して問題を解決するために必要な数学的な思考力，判断力，表現力等を育むとともに，数学のよさを知り，数学と実社会との関連についての理解を深め，数学を主体的に生活や学習に生かそうとしたり，問題解決の過程を評価・改善しようとしたりするなど，数学的に考える資質・能力を育成することを目指すこととした。

(2) 目標について

　中学校学習指導要領の数学科の目標は，次のとおりである。

　数学的な見方・考え方を働かせ，数学的活動を通して，数学的に考える資質・能力を次のとおり育成することを目指す。
(1) 数量や図形などについての基礎的な概念や原理・法則などを理解するとともに，事象を数学化したり，数学的に解釈したり，数学的に表現・処理したりする技能を身に付けるようにする。
(2) 数学を活用して事象を論理的に考察する力，数量や図形などの性質を見いだし統合的・発展的に考察する力，数学的な表現を用いて事象を簡潔・明瞭・的確に表現する力を養う。
(3) 数学的活動の楽しさや数学のよさを実感して粘り強く考え，数学を生活や学習に生かそうとする態度，問題解決の過程を振り返って評価・改善しようとする態度を養う。

　今回の改訂では，中学校数学科の目標を，(1)知識及び技能，(2)思考力，判断力，表現力等，(3)学びに向かう力，人間性等の三つの柱に基づいて示すとともに，それら数学的に考える資質・能力全体を「数学的な見方・考え方を働かせ，数学的活動を通して」育成することを目指すことを柱書に示した。すなわち，中学校数学科の目標をなす資質・能力の三つの柱は，数学的な見方・考え方と数学的活動に相互

に関連をもたせながら，全体として育成されることに配慮する必要がある。ここでは，中学校数学科の目標を，大きく六つに分けて説明する。

① **「数学的な見方・考え方を働かせ」について**

　中央教育審議会答申において，「見方・考え方」が，各教科等の特質に応じた物事を捉える視点や考え方として整理されたことを踏まえると，「数学的な見方・考え方」は，数学の学習において，どのような視点で物事を捉え，どのような考え方で思考をしていくのかという，物事の特徴や本質を捉える視点や，思考の進め方や方向性を意味することと考えられる。また，答申において，「既に身に付けた資質・能力の三つの柱によって支えられた「見方・考え方」が，習得・活用・探究という学びの過程の中で働くことを通じて，資質・能力が更に伸ばされたり，新たな資質・能力が育まれたりし，それによって「見方・考え方」が更に豊かなものになる，という相互の関係にある」と示されたことを踏まえ，「数学的な見方・考え方」は，数学的に考える資質・能力の三つの柱である「知識及び技能」，「思考力，判断力，表現力等」及び「学びに向かう力，人間性等」の全てに働かせるものと考えられる。さらに，「数学的な見方・考え方」は，数学の学習の中で働かせるだけではなく，大人になって生活していくに当たっても重要な働きをするものと考えられる。数学の学びの中で鍛えられた見方・考え方を働かせながら，世の中の様々な物事を理解し思考し，よりよい社会や自らの人生を創り出していくことが期待される。

　「数学的な見方・考え方」のうち，「数学的な見方」は，「事象を数量や図形及びそれらの関係についての概念等に着目してその特徴や本質を捉えること」であると考えられる。また，「数学的な考え方」は，「目的に応じて数，式，図，表，グラフ等を活用しつつ，論理的に考え，問題解決の過程を振り返るなどして既習の知識及び技能を関連付けながら，統合的・発展的に考えること」であると考えられる。以上のことから，「数学的な見方・考え方」は，「事象を数量や図形及びそれらの関係などに着目して捉え，論理的，統合的・発展的に考えること」として整理することができる。

　「数学的な見方・考え方」は，数学的に考える資質・能力を支え，方向付けるものであり，数学の学習が創造的に行われるために欠かせないものである。また，生徒一人一人が目的意識をもって問題を発見したり解決したりする際に積極的に働かせていくものである。そのために，今回の改訂では，統合的・発展的に考えることを重視している。なお，発展的に考えるとは，数学を既成のものとみなしたり，固定的で確定的なものとみなしたりせず，新たな概念，原理・法則などを創造しようとすることである。例えば，0と正の数だけでは，0より小さい数量を適切に表現することはできない。また，0と正の数の範囲で加法はいつでもできるが，減法はいつでもできるとは限らない。こうした問題を解決するために数の範囲を拡げるこ

とが発展的に考えることになる。また，数の範囲を正の数と負の数にまで拡張することに対応して，四則計算の意味も，関連して広げて考えるようにすることも必要になる。既習のものと新しく生み出したものとを包括的に扱えるように意味を規定したり，処理の仕方をまとめたりすることが統合的に考えることになる。数学の学習では，このように創造的な発展を図るとともに，創造したものをより高い，あるいは，より広い観点から統合してみられるようにすることが大切である。

　数学的な見方・考え方を働かせることについては，例えば，関数領域において，「一つの数量を調べようとするとき，それと関係が深い他の数量を見いだし，それらの数量との間に成り立つ関係を明らかにし，その関係を利用する」ことが考えられる。このような見方・考え方を働かせた活動を通して，「知識及び技能」，「思考力，判断力，表現力等」及び「学びに向かう力，人間性等」が育成される。関数領域において数学的な見方・考え方を働かせる際には，未知の事象を考察するために新しい概念をつくることがあり，「知識及び技能」と関わっている。また，事象を理想化したり単純化したりするなどして，数量と別の数量との間に既知の関数関係が成り立つと仮定して問題を解決するなど「思考力，判断力，表現力等」が必要となる。さらに，日常の事象や社会の事象に関心をもち，事象の中に隠れた法則を見いだしたり，日常生活や社会に生かそうとしたりする科学的な態度が必要とされ，「学びに向かう力，人間性等」と深く関わっている。また，数学的な見方・考え方は，関数領域のみならず，数と式や，図形など他の領域においても広く働かせることができるものである。このように，「数学的な見方・考え方」は，数学的に考える資質・能力の育成に関して，数学の様々な領域において広く働かせるものであることに留意する必要がある。

　以上のように，数学的な見方・考え方を働かせた学習活動は，数学的に考える資質・能力を育成する多様な機会を与えるとともに，数学や他教科の学習，日常や社会において問題を論理的に解決していく場面などでも広く生かされるものである。例えば，広く社会に目を向けると，自然現象のみならず，成分の含有量により年代測定をする考古学，糖分量により癌(がん)を発見する核医学，為替レートで経済状況を予測する経済学など，様々な分野で生かされている。このように，「数学的な見方・考え方」は，身近な生活のみならず，社会における賢明な意思決定や判断を行っていく上で必要な資質・能力を身に付ける際に有効に働くものである。素数が活用された暗号化技術がクレジットカードやインターネット通販など日常生活のみならずグローバル社会における情報セキュリティを確保するための基盤となっているなど，初等的な数学的な見方・考え方であってもグローバルな社会において重大な役割を果たしている。したがって，数学の学習において数学的な見方・考え方を働かせる機会を意図的に設定することが重要であり，数学や他教科の学習を通して，数学的な見方・

考え方も更に豊かなものになると考えられる。

② 「数学的活動を通して」について

　数学的活動とは，事象を数理的に捉え，数学の問題を見いだし，問題を自立的，協働的に解決する過程を遂行することである。これは，「生徒が目的意識をもって主体的に取り組む数学に関わりのある様々な営み」であるとする従来の意味をより明確にしたものである。

　今回の改訂では，数学的に考える資質・能力を育成する上で，数学的な見方・考え方を働かせた数学的活動を通して学習を展開することを重視することとした。

　数学的活動における問題発見・解決の過程には，主として二つの過程を考えることができる。一つは，日常生活や社会の事象を数理的に捉え，数学的に表現・処理し，問題を解決し，解決過程を振り返り得られた結果の意味を考察する過程であり，もう一つは，数学の事象から問題を見いだし，数学的な推論などによって問題を解決し，解決の過程や結果を振り返って統合的・発展的に考察する過程である。これら二つの過程は相互に関わり合って展開される。数学の学習過程においては，これらの二つの過程を意識しつつ，生徒が目的意識をもって遂行できるようにすることが大切である。また，各場面で言語活動を充実し，それぞれの過程や結果を振り返り，評価・改善することができるようにすることも大切である。これらの過程については，答申で示された次のようなイメージ図で考えることができる。

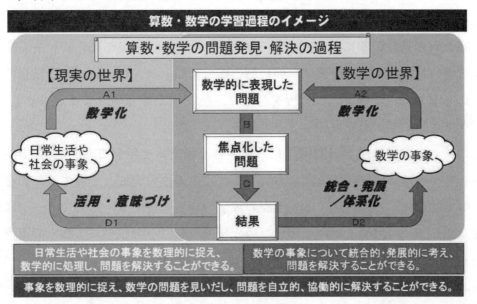

　イメージ図の左側の【現実の世界】の部分を含む過程は，日常生活や社会の事象を数理的に捉え，数学的に表現・処理し，問題を解決し，解決過程を振り返り得られた結果の意味を考察する過程である。日常の事象や社会の事象を数理的に捉える過程を，このイメージ図では「日常生活や社会の事象の数学化」としている。これは，現実世界の事象を考察する際に，目的に応じて必要な観点をもち，その観点から事象を理想化したり抽象化したりして，事象を数量や図形及びそれらの関係など

に着目して数学の舞台にのせて考察しようとすることである。数学的な見方・考え方を働かせ，事象を目的に応じて数学の舞台にのせたものが，イメージ図の「数学的に表現した問題」である。そして，数学的に表現した問題をより特定なものに焦点化して表現・処理し，得られた結果を解釈したり，類似の事象にも活用したりして適用範囲を拡げる。

　数学の事象から問題を見いだし，数学的な推論などによって問題を解決し，解決の過程や結果を振り返って統合的・発展的に考察する過程は，イメージ図の右側の【数学の世界】に含まれる過程である。数学の事象から問題を見いだす過程を，イメージ図では「数学の事象の数学化」としている。これは，数学的な見方・考え方を働かせ，数量や図形及びそれらの関係などに着目し，観察や操作，実験などの活動を通して，一般的に成り立ちそうな事柄を予想することである。この予想した事柄に関する問いが「数学的に表現した問題」となる。そして，数学的に表現した問題をより特定なものに焦点化して表現・処理したり，得られた結果を振り返り統合的・発展的に考察したりする。

　具体的には，幾つかの連続する整数の和に着目し，個別・具体的な場合を計算するなどして，そこにおいて成り立つ規則性に気付き，予想を立てる。そして，例えば「三つの連続する整数の和はいつでも3の倍数になるのであろうか」という数学的に表現した問題において，文字の式を用いてこの予想が正しいことを説明する。説明を終えた後でも，深い学びを目指して，問題解決の過程や結果を振り返り，新たに幾つかの整数の和に着目することで，「等間隔に並んだ整数の和」や「連続する奇数個の整数の和」，「連続する偶数個の整数の和」などについても，統合的・発展的に考察する。このような過程を通して，粘り強く考え続けようとすることは，数学を創造的に学ぶ上で大切なことである。

　このイメージ図は数学の問題発見・解決の過程全体を示しており，「数学的活動を通して」とは，単位授業時間においてこれらの過程の全てを学習することを求めるものではないことに留意する。実際の数学の学習過程では，このイメージ図の過程を意識しつつ，指導において必要な過程を遂行し，その結果，これらの過程全体を自立的，協働的に遂行できるようにすることが大切である。

　なお，中学校数学科においては，数学的活動を通して主体的・対話的で深い学びを実現するために，その主要な側面として，「日常の事象や社会の事象から問題を見いだし解決する活動」，「数学の事象から問題を見いだし解決する活動」，「数学的な表現を用いて説明し伝え合う活動」の三つを〔数学的活動〕として各学年の内容として示している。これらのことについては，第2章の第2節，第3章で詳しく述べる。

③「数学的に考える資質・能力を育成すること」について

　今回の改訂では，数学の学習において「何を学ぶか」のみならず「何ができるよ

うになるか」という観点から整理された育成を目指す資質・能力を示すこととした。「数学的に考える資質・能力」とは、数学科の目標で示された三つの柱で整理された算数・数学教育で育成を目指す力のことである。これらの資質・能力は、数学的な見方・考え方を働かせた数学的活動を通して、三つの柱をバランスよく育成することが必要である。また、これらの資質・能力は、数学の学習の基盤となるだけではなく、教科等の枠を越えて全ての学習の基盤として育んでいくことが大切である。

以下④から⑥では、中学校数学で育成を目指す資質・能力の三つの柱について解説する。

④「数量や図形などについての基礎的な概念や原理・法則などを理解するとともに、事象を数学化したり、数学的に解釈したり、数学的に表現・処理したりする技能を身に付けるようにする」について

これは、育成を目指す資質・能力の柱の中の「知識及び技能」に関わるものである。知識及び技能には、概念的な理解や数学を活用して問題解決する方法の理解、数学的に表現・処理するための技能などが含まれる。

中学校数学科で扱う基礎的な概念や原理・法則は、生活や様々な学習の基盤となるものである。ここで、概念や原理・法則を理解することは、数学の知識の裏付けとなり、技能の支えとなる。すなわち、概念や原理・法則の理解は、事実的知識の暗記や機械的技能の訓練ではなく、深い学びを実現する上で欠かすことができないものである。例えば、文字を用いた式の計算、方程式を解くことなどの技能を学ぶ際には、その手続きの基礎に概念や原理・法則があることや、概念や原理・法則をうまく使って数学的な処理の仕方が考え出されることを理解することが大切である。

基礎的な概念や原理・法則を理解するということは、数学の特質からみて、より進んだ知識や技能を生み出すこと、発展的に考えることを可能にするものである。したがって、基礎的な概念や原理・法則を理解できるようにするためには、基礎的な概念や原理・法則に基づく知識及び技能を、問題発見・解決の過程において的確かつ能率的に用いるとともに、様々な日常や社会の事象の考察に生かしたり、より広い数学的な対象について統合的・発展的に考察したりできるよう配慮することが大切である。数学的活動を通した概念や原理・法則の理解に裏付けられた発展性のある知識及び技能こそが、生きて働く知識や技能なのである。

問題発見・解決の過程を遂行するためには、事象を数学化したり、数学的に解釈したり、数学的に表現・処理したりすることが必要である。問題発見・解決の過程には、主として日常生活や社会の事象に関わる過程と、数学の事象に関わる過程がある。

日常生活や社会の事象は、そのままで数学の舞台にのせることはできないことがある。そのため、事象を数学化する際には、事象に潜む関係を解明したり活用したりするなどのねらいに即して、事象を理想化したり単純化したり、条件を数学的に

表現したりすることが必要とされる。また，得られた数学的な結果について実際の問題の答えとして受け入れるかどうかを判断するために，数学的な結果を具体的な事象に即して解釈することも必要である。このような問題発見・解決の基礎をなす技能を身に付けることにより，事象を数学の舞台にのせ，社会生活や自然界における事物・現象等の広い範囲にわたる事象について考察することができるようになる。

数学の事象から問題を見いだし考察する過程において，事象を数学化する際には，数量や図形などに関する性質や関係を調べるねらいに即して，事象を一般化したり拡張したり，条件を数学的に表現したりすることが必要とされる。また，数量や図形などに関する性質や関係を，数学の用語や記号によって表現したり，数学的な推論に必要な仮定や，それによって得られた結論を表現したり読み取ったりすることも必要である。このような問題発見・解決の基礎をなす技能を身に付けることにより，原初となる具体的な数学の問題から，条件を変えたり，条件を弛（ゆる）めたりするなどして新たに設定した問題へと統合的・発展的に考察することができるようになる。

また，問題発見・解決の過程において，数学を適切に活用するためには，生きて働く数学的な知識に支えられた技能を習得することが大切である。事象を数学化したり，数学的に解釈したり，数学的に表現・処理したりする技能は，数学的な概念や原理・法則と相互に支え合い，一体的なものとして学ばれるものである。このように，数学的な技能は，数学をどのように活用するのか，その方法についての理解と一体化したものとみなされる。例えば，一次方程式を活用して数学の問題を解決するとき，「ある数量に着目し，その数量を二通りに表し，それらを等号で結ぶ」という方法を用いることで，問題場面を一次方程式に表すことができることを知ることが大切である。また，表された方程式は具体的な数量の意味を考えずに「等式の性質」に基づいて形式的に処理することができること，さらには，表された方程式が問題場面の全ての条件を表現してはいないので，得られた方程式の解が実際の問題場面に即して意味をもつかどうかを吟味しなければならないことを知ることも大切である。このように，問題解決に数学を活用する技能は，いわば「方法知」とでも呼ばれる問題解決する方法に関する知識と深く関わっているのである。

⑤「数学を活用して事象を論理的に考察する力，数量や図形などの性質を見いだし統合的・発展的に考察する力，数学的な表現を用いて事象を簡潔・明瞭・的確に表現する力を養う」について

これは，育成を目指す資質・能力の柱の中の「思考力，判断力，表現力等」に関わるものである。思考力，判断力，表現力等は，問題を見いだしたり，知識及び技能を活用して問題を解決したりする際に必要である。

数学を活用して事象を論理的に考察する力

数学を活用して事象を論理的に考察する力は，様々な事象を数理的に捉え，数学

的に表現・処理し，問題を解決し，解決過程を振り返り得られた結果の意味を考察する過程を遂行することを通して養われていく。

　数学が活用できるように事象を数学化するには，ねらいに即して事象から条件や仮定を設定し，数学の問題として表現することが必要である。また，問題の解決に当たっては，解決の見通しをもつとともに，その解決の正しいことを確かな根拠から論理的に考察する力が必要である。そのような力を養う際に，一方では，直観的，帰納的，類推的に推論する力を養うとともに，他方では演繹的に推論する力を養うことも重要である。これらの二つの面を共に伸ばして，問題の発見と解決に役立てていくことが大切であり，特に，得られた結果の意味を，条件や仮定に即して考察する機会を設けることが重要である。

数量や図形などの性質を見いだし統合的・発展的に考察する力

　数量や図形などの性質を見いだし統合的・発展的に考察する力は，主に，数学の事象から問題を見いだし，数学的な推論などによって問題を解決し，解決の過程や結果を振り返って統合的・発展的に考察する過程を遂行することを通して養われていく。数学が歴史的に発展しているのは，一旦解決された問題やその解決過程を振り返り，問題の条件や仮定を見直したり，共通する性質を見いだしたり，概念を一般化したり拡張したりする活動を数学者たちが続けているからである。したがって，数学の事象についての問題解決の指導に当たっては，振り返ることによる新たな問題の発見を生徒に促すことが大切である。その際，得られた解決に関して，「他に分かることがないかを考えること」，「問題解決の過程を振り返り，本質的な条件を見いだし，それ以外の条件を変えること」，「問題の考察範囲自体を拡げること」，「類似な事柄の間に共通する性質を見いだすこと」などの新しい知識を得る視点を明確にしつつ，さらなる活動を促すことも大切である。

数学的な表現を用いて事象を簡潔・明瞭・的確に表現する力

　数学では言葉や数，式，図，表，グラフなどの様々な表現を用いる。数学的な表現は物事の特徴を抽象し簡潔・明瞭に表すとともに，考察対象を一般的に表す。このように数学的な表現は，それを使わないで考えるよりも質の高い思考を可能にする。他方で，数学的な表現には，例えば，式は数量やその関係について一般的な表現や形式的な操作を可能にし，図は視覚的な把握を容易にし，表は変化の規則性を示唆し，グラフは事象の変化の様子を視覚的に把握することを容易にするなど，それぞれに長所がある。指導に当たっては，目的に応じて的確な数学的な表現を選択したり，一つの対象の幾つかの数学的な表現を相互に関連付けたりすることを通して，事象の本質を捉えたり，理解を深めたりするように配慮することが大切である。また，その際に，問題解決の過程を振り返りながら，表現を自立的，協働的に修正・改善したり，議論の前提を明確にしたりしながら，問題の特徴や本質を捉えること

も大切である。

⑥「数学的活動の楽しさや数学のよさを実感して粘り強く考え，数学を生活や学習に生かそうとする態度，問題解決の過程を振り返って評価・改善しようとする態度を養う」について

　これは，育成を目指す資質・能力の柱の中の「学びに向かう力，人間性等」に関わるものである。学びに向かう力，人間性等には，数学のよさを実感して粘り強くかつ柔軟に考えようとすることなどが求められる。

　例えば，ＩＥＡの国際数学・理科教育動向調査（ＴＩＭＳＳ２０１５）における我が国の質問紙調査の結果では，数学を学ぶ楽しさや，実社会との関連に対して肯定的な回答をする割合も改善が見られる一方で，いまだ諸外国と比べると低い状況にあるなど学習意欲面で課題がある。また，小学校と中学校の間で算数・数学の勉強に対する意識に差があり，小学校から中学校に移行すると，数学の学習に対し肯定的な回答をする生徒の割合が低下する傾向にある。これらのことからも，生徒が，数学は楽しい，数学は面白いと実感し，数学が得意であるという自己肯定的な態度を養うことが大切である。

数学的活動の楽しさ

　生徒が数学の学習に主体的に取り組むことができるようになるためには，数学的活動の楽しさや数学のよさを実感することが大切である。「数学的活動の楽しさ」については「数学のよさ」とともに「実感」することとしている。これは，学びを支える情意的な側面を大切にすること，すなわち，数学を学ぶことへの意欲を高めるとともに，数学的活動に主体的に取り組むことを大切にするとの趣旨によるものである。単にでき上がった数学を知るだけでなく，事象を理想化したり抽象化したりして数学の舞台にのせ，事象に潜む法則を見つけたり，観察や操作，実験などによって数や図形の性質などを見いだし，見いだした性質を発展させたりする活動などを通して数学を学ぶことを重視することが大切である。さらに，自立的，協働的な活動を通して数学を学ぶことを体験する機会を設け，その過程で様々な工夫，驚き，感動を味わい，数学を学ぶことの面白さ，考えることの楽しさを味わえるようにすることが大切である。

数学のよさ

　数学的に考えることのよさ，数学的な表現や処理のよさ，数学の実用性などを実感し，様々な事象の考察や問題解決に数学を活用しようとする態度を育成するためには，何よりも「数学のよさ」を実感できるようにすることが大切である。ここで，「数学のよさ」とは，例えば「数量の関係を方程式で表すことができれば，形式的に変形して解を求めることができる」といった数学的な表現や処理のよさや，数量や図形などに関する基礎的な概念や原理・法則のよさ，数学的な見方・考え方を働かせ

ることのよさなどを意味する。また，数学が生活に役立つことや数学が科学技術を支え相互に関わって発展してきていることなど，社会における数学の意義や価値も含まれる。数学のよさを実感できるようにするためには，数学を学ぶ過程で，数学的な知識及び技能を確実に用いることができるようになったり，思考力，判断力，表現力等を発揮することによって能率的に物事を処理できるようになったり，事柄を簡潔かつ明瞭に表現して的確に捉えることができるようになったりする成長の過程を振り返るなどして明確に意識できるようにすることが大切である。

数学を生活や学習に生かそうとする態度

　数学的活動の楽しさや数学のよさは，数学が生活や他教科等の学習において生かされることなどを通して実感される。それゆえ，数学が日常生活や社会生活において，また他教科の学習やその後の人生において必要不可欠なものであることに気付かせることが大切である。現代の社会生活において思慮深く賢明な市民として生きていくには，様々な事象の考察に際し，見方・考え方を自在に働かせられるようにすることが大切である。数量の性質を文字を用いて一般的に考察したり，図形の性質を直観的，論理的に考察したり，数量の関係を変化や対応を捉えて考察したり，不確定な事象の起こりやすさやデータの傾向を読み取って考察したりする際など，数学的な見方・考え方を働かせた数学的活動を通して，生活や学習に果たす数学の役割に気付くことができるようにし，数学を積極的に活用しようとする態度を養うことが大切である。そのような態度を養うことにより，知識基盤社会において学びに向かう力や人間性等を養うことにつながる。

問題解決の過程を振り返って評価・改善しようとする態度

　数学的に問題解決する過程では，事象を数学的に表現し，構想や見通しを立て，試行錯誤により解決し，結果を導くなどする。しかし，結果が得られたところで終わるのではなく，結果の妥当性を検討することが大切である。その際，解決の方法や内容，順序を見直したり，自らの取り組みを客観的に評価したりすることが大切であり，これらが評価・改善しようとする態度であるといえる。

　問題解決の過程を振り返って，評価・改善しようとする態度を育成するためには，協働的な活動を通して，生徒同士の多様な考えを認め合うことも重要である。多様な考えを相互に出し合い認め合うことは，よりよい問題解決を実現するだけでなく，次の機会に向けた新たな発想を引き出すことにつながる。価値観の多様化する現代社会においては，特定の見方・考え方に固執するのではなく，柔軟に思考し，事象を多様な視点から捉え，それらを比較するなどして新しい考えを創造しようとする態度が重要となっている。

2 学年の目標

(1) 学年の目標の設定についての考え方

　中学校数学科の目標は，数学の指導全体を通して達成を目指すものであるから，一般的かつ包括的に述べている。この目標を実際の指導で達成するためには，更に具体的な目標が必要となる。これを，数学の内容の系統性と生徒の発達の段階に応じて学年ごとに明らかにしたものが，各学年の目標である。したがって各学年の目標はそれぞれの学年の枠だけで捉えるのではなく，その系統性や後述する「内容構成の考え方」を踏まえ，中学校の３年間で漸次達成していく目標として捉えておく必要がある。

　学年の目標は，「数学科の目標」と同様に，各学年で育成を目指す資質・能力の三つの柱「知識及び技能」，「思考力，判断力，表現力等」，「学びに向かう力，人間性等」に沿って整理し，それぞれを(1)，(2)，(3)として示した。また(1)，(2)は，各学年で指導すべき主な「内容」に関するものである。(3)は学年や指導する内容に応じて大きく異なるものではないので「数学科の目標」の(3)と共通的に示しているが，生徒の発達段階を踏まえて，第１学年と第２，３学年ではやや異なるものとしている。

　各学年で指導する内容は，
A　数と式，　B　図形，　C　関数，　D　データの活用，　〔数学的活動〕
に分けて示したが，それぞれの内容において育成を目指す資質・能力は，その領域のみのものではなく，相互に関連している。例えば，「A数と式」の領域における正の数と負の数の学習は，数の概念を豊かにし減法を加法の式でまとめることができるなど，式の機能を高めるものである。また，この正の数と負の数の学習は，「C関数」の領域の比例定数や変域の理解を深め，関数の概念を豊かにし，その有用性を高めるものでもある。そしてこのような学習を通して，正の数・負の数を統一的に捉える力は，漸次育成されるものである。

　このような趣旨から，常に，「数学科の目標」と「学年の目標」との関連，そして領域相互の関連を考え，「内容」の指導に当たっていくことが必要である。また，各学年の目標には柱書を示していないが，小・中・高等学校共通で算数科・数学科の目標の柱書に示した「数学的な見方・考え方を働かせ，数学的活動を通して，数学的に考える資質・能力の育成を目指す」ことは，いずれの学年においても重要であり，指導に際しては常に留意することが大切である。

(2) 各学年の目標一覧

第1学年	第2学年	第3学年
(1) 正の数と負の数，文字を用いた式と一元一次方程式，平面図形と空間図形，比例と反比例，データの分布と確率などについての基礎的な概念や原理・法則などを理解するとともに，事象を数理的に捉えたり，数学的に解釈したり，数学的に表現・処理したりする技能を身に付けるようにする。	(1) 文字を用いた式と連立二元一次方程式，平面図形と数学的な推論，一次関数，データの分布と確率などについての基礎的な概念や原理・法則などを理解するとともに，事象を数学化したり，数学的に解釈したり，数学的に表現・処理したりする技能を身に付けるようにする。	(1) 数の平方根，多項式と二次方程式，図形の相似，円周角と中心角の関係，三平方の定理，関数 $y=ax^2$，標本調査などについての基礎的な概念や原理・法則などを理解するとともに，事象を数学化したり，数学的に解釈したり，数学的に表現・処理したりする技能を身に付けるようにする。
(2) 数の範囲を拡張し，数の性質や計算について考察したり，文字を用いて数量の関係や法則などを考察したりする力，図形の構成要素や構成の仕方に着目し，図形の性質や関係を直観的に捉え論理的に考察する力，数量の変化や対応に着目して関数関係を見いだし，その特徴を表，式，グラフなどで考察する力，データの分布に着目し，その傾向を読み取り批判的に考察して判断したり，不確定な事象の起こりやすさについて考察したりする力を養う。	(2) 文字を用いて数量の関係や法則などを考察する力，数学的な推論の過程に着目し，図形の性質や関係を論理的に考察し表現する力，関数関係に着目し，その特徴を表，式，グラフを相互に関連付けて考察する力，複数の集団のデータの分布に着目し，その傾向を比較して読み取り批判的に考察して判断したり，不確定な事象の起こりやすさについて考察したりする力を養う。	(2) 数の範囲に着目し，数の性質や計算について考察したり，文字を用いて数量の関係や法則などを考察したりする力，図形の構成要素の関係に着目し，図形の性質や計量について論理的に考察し表現する力，関数関係に着目し，その特徴を表，式，グラフを相互に関連付けて考察する力，標本と母集団の関係に着目し，母集団の傾向を推定し判断したり，調査の方法や結果を批判的に考察したりする力を養う。
(3) 数学的活動の楽しさや数学のよさに気付いて粘り強く考え，数学を生活や学習に生かそうとする態度，問題解決の過程を振り返って検討しようとする態度，多面的に捉え考えようとする態度を養う。	(3) 数学的活動の楽しさや数学のよさを実感して粘り強く考え，数学を生活や学習に生かそうとする態度，問題解決の過程を振り返って評価・改善しようとする態度，多様な考えを認め，よりよく問題解決しようとする態度を養う。	(3) 数学的活動の楽しさや数学のよさを実感して粘り強く考え，数学を生活や学習に生かそうとする態度，問題解決の過程を振り返って評価・改善しようとする態度，多様な考えを認め，よりよく問題解決しようとする態度を養う。

第2節　数学科の内容

●1　内容構成の考え方

(1) 数学科の内容について

　中学校数学科で取り上げる内容については，

　ア）日常生活や社会において自立的，協働的に生きる基盤として不可欠であり常に活用できるようになっていることが望ましい内容

　イ）義務教育以降の様々な専門分野における学習を深めていく上で共通の基盤として習得しておくことが望ましい内容

　ウ）論理的思考力，直観力，説明し伝え合う力等，数学が人格の形成において果たす役割に鑑みて，育成しておくことが望ましい内容

の三つの観点から，数学科の学習を通して育成を目指す資質・能力を「知識及び技能」，「思考力，判断力，表現力等」，「学びに向かう力，人間性等」の三つの柱に沿って整理して構成した。その際，小学校算数科で学習した内容を基に，それらとの関連に配慮し質的に深め広げること及び高等学校数学科における学習への準備段階としての位置付けに配慮した。

　各学年に配当された中学校数学科の内容についての詳しい説明は第3章で取り上げることとし，ここでは，まず，数学的活動との関連で数学を学習する意義を確認し，次に，各学年を通じた中学校数学科の内容の大まかな骨組みを説明する。

数学的活動と数学を学ぶことの意義

　数学は，問題を発見して解決し，それらを振り返りながら，更に考え続けることで発展をしている。数学を学ぶことは，問題を発見しそれを解決する喜びを感得し，人生をより豊かに生きることに寄与するものと考えられる。また，これからの社会を思慮深く生きる人間を育成することにも大きく貢献すると考えられる。数学の学習では，主体的に問題発見・解決の過程を遂行すること，そして，これを振り返って言語としての数学で表現し，意見の交流や議論などを通して吟味を重ね，更に洗練させていくことが大切であり，ここに数学的活動の教育的意義がある。数学の学習は，こうした活動を通して，数学や数学的構造を認識する過程と捉えることができる。これらの活動を振り返りながら数学的認識を漸次高めていくことは，自らの知識を再構成することにほかならない。

　こうした経験によって得られた知識そのものにも価値があるが，その際に身に付けた知識を獲得する方法，また，知識を構成する視点も重要である。これらは新たな問題解決の有効な手掛かりとなり，新たな問題の発見につながるとともに，新たな知識の獲得を促す源となる。このように新たな知識の獲得や認識の深化は，自ら

の活動による経験に応じて成されるものであることから，数学的活動を充実し，問題解決に取り組むことができるようにすることが大切である。

中学校数学科の内容の骨子

今回の改訂では，数学科において育成を目指す資質・能力を学年進行とともに高めていけるよう内容の再構成を図った。この中学校数学科の内容の骨子を簡略に述べると次のようになる。

① 数の概念及びその範囲の拡張
② ユークリッド空間
③ 関数
④ 不確定な事象
⑤ 文字を用いた式
⑥ 数学的な推論
⑦ 数学的に表現すること
⑧ 数学的に説明し伝え合うこと

このうち①から③は，確定した事象を数学的に把握する主として数学の世界に関する項目，④は，不確定な事象を数学的に把握する主として現実の世界に関する項目，また，⑤から⑧は，①から④の項目の学習を支える項目である。以下，これらについて説明する。

①数の概念及びその範囲の拡張

現実の世界の事象について考察するには，小学校算数科で学んだ数の範囲だけでは不十分な場合がある。このような場合に対応できるようにするため，中学校数学科では，算数で学んだ数の範囲を，正の数と負の数の範囲に，さらには，無理数を含んだ範囲にまで拡げる。中学校数学科における数の範囲の拡張は，公理的な構成とは異なり，具体的な場面と関連付けて，観察や操作，実験などの活動を通して行われ，高等学校に引き継がれる。

中学校数学科では，小学校算数科で学んだ数について，より数学的な視点から見直すことになる。そして，自然数，素数，整数，有理数，無理数の用語を学ぶ。ここで，小学校算数科では整数を0と自然数の集合として用いてきたが，中学校数学科では同じ用語を0と正の数，負の数を含む数の概念として用いることになる。また，分数は有理数として見直され，数としてではなく有理数の表記として捉え直すことになる。今回の改訂においても，小・中学校の間の円滑な接続が強く要請されており，既習のことを振り返り，それを新たな視点から再構成し，具体的な問題解決の場面で活用できるようにする指導を行う必要がある。

②ユークリッド空間

ユークリッド空間の幾何学は，数学の世界で直線や平面などの図形及びその諸関

係について論理的に考察するためのモデルであり，現実の世界における日常生活や社会の事象を図形の概念，図形の性質や関係として捉えるとともに，論理的な考察に基づいて現実の世界における事象を考察するためのモデルとしての働きも有している。

　この働きを十分に生かすためには，現実の世界における事象にみられる形に着目し，その特性を見いだし，数学的な概念として捉え表現し，思考の対象とすることや，重ね合わせるなどの操作に着目し，それを図形の移動として捉え直すことなどが必要である。こうして数学的な対象として明確にされた図形の概念や方法などに基づいて，図形に潜む新たな性質や関係を見いだし，それらを論理的に考察し表現していく。

③関数

　数学の世界においては，図形の性質などのような静的な対象だけではなく，数量の変化や対応の様子などのような動的な対象についても考察する。関数は，動的な対象を考察する際に用いられる抽象的な概念であり，数学の世界はもとより，現実の世界の事象における伴って変わる二つの数量の関係を捉える場面においても有効に機能する。現実の世界においては，二つの数量の関係を捉えることができれば，その関係が成り立つ範囲において，変化や対応の様子を把握したり，将来を予測したりすることが可能になる。しかし，一般に関数関係を目で見ることはできない。そこで，関数関係を捉えるために，表，式，グラフが用いられる。これらの数学的な表現を用いて処理したり，相互に関連付けて考察したりすることによって，現実の世界における数量の関係を数学の世界において考察することが可能になる。

④不確定な事象

　数学で考察する対象は多様であり，確定した事象だけではなく，集団においてばらつきのある事象や偶然に左右される事象，全体を把握することが困難な事象など不確定な事象も考察の対象とする。ばらつきのある集団の特徴や傾向を捉えるために，ヒストグラムや箱ひげ図などのグラフや，データの特徴を表す代表値など，データを可視化する方法が生み出されてきた。また，さいころの目の出方など不確定な事象の起こる程度を表すために確率の概念を生み出し，事象に０以上１以下の数を対応させ，数学的に考察する対象としてきた。さらに，全数調査が困難な場合にも母集団の特徴を把握するため，標本調査が行われ，確率的な概念に基づいた無作為抽出を行うことで，標本調査のばらつきを数学的に捉えてきた。

　日常生活や社会では，不確定な事象に関する様々な情報に接する場面が多い。その際に，不確定な事象の特徴を踏まえ，適切に対応することが必要である。

⑤文字を用いた式

　現実の世界における事象を数学の世界における関係として記述し処理する手段と

して文字を用いた式がある。文字を用いた式の使い方には，次の二つの側面がある。
　ア　現実の世界における事象の中の数量や数量の関係などを文字や記号で表現する
　イ　新たに表現し直し解釈しやすい形に整える

アには，現実の世界における事象の中の数量や数量の関係などを，数学の世界において考察できるようにする役割があり，その主要な内容として，多項式，方程式，関数などがある。ここでは，日常生活や社会の事象の中の数量や数量の関係などを数や式を用いて表現するなど数学化する方法を習得することが必要になる。このように，日常生活や社会の事象における数量や数量の関係を数学の記号で記述することができれば，その処理を形式的に取り扱うことができる。

また，イは，文字を用いた式には思考を更に発展させ創造的な思考を促すという側面があることを意味している。文字を用いた式で表現することによって本質的な関係をより簡潔かつ明瞭に捉えることができるとともに，それを表現し直して新たな関係を見いだしたり変形したりすることで問題解決の糸口が見いだされることもある。こうした文字を用いた式の働きを理解し，問題解決の場面で活用できるようにすることが大切である。

⑥数学的な推論

数学的な推論には，帰納，類推，演繹がある。これらは数や図形の性質などを論理的に考察したり，数学を活用したり，数学的に説明し伝え合ったりする際に重要な働きをする。

帰納は，特別な場合についての観察や操作，実験などの活動に基づいて，それらを含んだより一般的な結果を導き出す推論である。類推は，似たような条件のもとでは，似たような結果が成り立つであろうと考えて，新しい命題を予想する推論である。また，演繹は，前提となる命題から論理の規則に従って結論となる命題を導き出す推論である。

帰納と類推は，個々の具体的な事例を調べたり処理したりし，それに基づき規則や性質を推測するなど，新たな事柄を発見するために大切である。演繹は，その発見された事柄が常に成り立つことを示すために大切である。

例えば，幾つかの三角形について，それぞれの内角の大きさを実測するなどした結果から，帰納により命題「三角形の内角の和は180°である」ことを推測した場合，全ての三角形で内角の和が180°であるかどうかは実際には確かめようがない。そこで，演繹により，平行線や角の性質などを前提として「三角形の内角の和は180°である」ことを導くことが必要となる。

帰納や類推により予想したことを演繹によって導くことにより，内容の理解が深められるとともに，証明の根拠が明らかになることにより既習の知識を相互に関連

付けて整理したり，体系化したりすることが可能になる。また，それぞれの推論は，目的に応じて適切に用いられるべきであり，演繹(えき)を学んだからといって，帰納や類推を軽視することは適切ではない。

⑦数学的に表現すること

事象を数理的に考察する過程で，見いだした数や図形の性質などを表したり，その妥当性などについて根拠を明らかにして説明したり，数学を活用する手順を順序よく説明したりする場面では，言葉や数，式，図，表，グラフなどの数学的な表現を用いて簡潔・明瞭・的確に表現することが重要である。数学的に表現することにより，一層合理的，論理的に考えを進めることができるようになったり，より簡潔で，的確な表現に質的に高めることができたり，新たな事柄に気付いたりすることも可能になる。また，考えたり判断したりしたことを振り返って確かめることも容易になる。こうした経験を通して，数学的な表現のもつ働きについて実感を伴って理解できるようにすることも大切である。

⑧数学的に説明し伝え合うこと

数の概念及びその範囲の拡張についての理解，ユークリッド空間の把握及び関数についての理解など確定した事象並びに不確定な事象を考察できるようにしていく過程では，数学的に説明し伝え合う活動が重要である。

問題発見・解決の過程では，何を考え，どのように感じているのか，自分自身と向き合わなければならない。自分自身の言葉で着想や思考を表すことにより，自分の考えを再認識することができる。こうして言語で表されたものは，自分の考えを見つめ直す反省的思考を生み出し，更に研ぎ澄まされたものとなっていく。この自己内対話の過程は，他者とのコミュニケーションによって一層促進され，考えを質的に高める可能性を広げてくれる。説明し伝え合う活動における他者との関わりは，一人では気付かなかった新しい視点をもたらし，理由などを問われることは根拠を明らかにし，それに基づいて筋道立てて説明する必要性を生み出す。そして，数学的な知識及び技能，数学的な表現などのよさを実感する機会も生まれる。

最後に，これらの内容の相互の関連について述べておきたい。

数の概念及びその範囲の拡張，そして関数は文字を用いた式の理解と深く関連している。また，ユークリッド空間の把握が数の概念によって助けられ，数の概念の理解が図形的解釈によって深められる。数学的な推論は，数や図形の性質などを見いだし，それが成り立つことについて，どんなことを根拠にすれば説明できるかを明確にしていく過程で重要な役割を果たす。数学的に表現することは，事象を数理的に考察する過程を簡潔で的確に示す有用な手段となる。そして，数学的に説明し伝え合うことは，上述の①から⑦のいずれの場合においてもそれぞれの営みと対話

的に向き合い，振り返る機会を与え，質的な充実をもたらす。

(2) 領域の構成
四つの領域について

　中学校数学科の内容は，「A数と式」，「B図形」，「C関数」，「Dデータの活用」の四つの領域と〔数学的活動〕で示している。目標においても示されているように，数量や図形については学習の対象として明確に位置付けられている。したがって，普遍的かつ基礎的な内容の領域として「A数と式」及び「B図形」を挙げるのは当然であり，現行でも多くの時間がこの二つの領域の指導に充てられている。「C関数」及び「Dデータの活用」は，数学を活用する力の伸長を目指すための領域として設定し，数学的な見方・考え方を十分に働かせた数学的活動を充実するとともに，いろいろな関係や特徴を積極的に考察の対象とすることが必要である。

　このように見ると，「A数と式」，「B図形」，「C関数」及び「Dデータの活用」の領域の相互の関係は次のように説明できる。考察の対象を視点として，それが主に確定した事象であるか不確定な事象であるかにより，「A数と式」，「B図形」及び「C関数」の三つの領域と「Dデータの活用」の領域に分けられる。さらに，「A数と式」，「B図形」及び「C関数」の領域は考察の方法を視点として，それが主に静的であるか動的であるかにより，「A数と式」と「B図形」の二つの領域と「C関数」の領域に分けられる。「C関数」の領域の学習において働かせた数学的な見方・考え方は「A数と式」や「B図形」の領域の内容の理解を深化させてくれる。また，「C関数」の領域の内容を理解するためには「A数と式」や「B図形」の領域の内容の理解が不可欠である。本章第1節の2の(1)で既に述べたように，四つの領域の間には密接な関連があり，このことに配慮した指導が必要である。

　なお，今回の改訂では，従前の「資料の活用」の領域の名称を「データの活用」に改めた。これは，平成21年3月改訂の高等学校学習指導要領数学Ⅰにおいて，生活の中で活用することや統計学とのつながりを重視し，一般的に用いられる「データ」という用語を用いたことや，小・中・高等学校の学習のつながりを考慮したためである。

　また，今回の改訂では，幼児期に育まれた数量・図形への関心・感覚等の基礎の上に，小・中・高等学校教育を通じて育成を目指す資質・能力を明確化することを意識し，引き続き小学校と中学校との関連や連携について配慮した。この点について，小学校算数科では，第1学年，第2・3学年，第4・5学年，第6学年の四つの段階を設定し，それぞれの学年までに育成を目指す資質・能力と働かせる数学的な見方・考え方を明示した内容構成としており，「A数と計算」，「B図形」，「C測定」（下学年），「C変化と関係」（上学年）及び「Dデータの活用」の五つの領域で示し

ている。これは，内容の系統性や発展性の全体を，中学校数学科との接続をも視野に入れて整理したものであり，それぞれの領域の関連について理解しておく必要がある。

小学校算数科第6学年の領域と主な内容		中学校数学科の領域
A 数と計算	・数の概念 ・整数，小数，分数の計算 ・□や△，a，xなどを用いた式	A 数と式
B 図形	・図形の性質 ・図形の計量（面積・体積）	B 図形
C 変化と関係	・伴って変わる数量の関係 ・比例・反比例	C 関数
D データの活用	・代表値，ドットプロット ・場合の数	D データの活用

上の表は，小学校算数科第6学年の領域と主な内容と中学校数学科の領域を並べたものである。小学校算数科第6学年では，「A数と計算」，「B図形」，「C変化と関係」及び「Dデータの活用」の四つの領域で構成されており，中学校数学科の「A数と式」，「B図形」，「C関数」及び「Dデータの活用」の各領域は，小学校算数科第6学年の「A数と計算」，「B図形」，「C変化と関係」及び「Dデータの活用」の各領域と対応する。

〔数学的活動〕について

〔数学的活動〕は，学習指導要領上，「A数と式」，「B図形」，「C関数」及び「Dデータの活用」の四つの領域と並列に示されているが，四つの領域とは縦軸と横軸の関係にあり，中学校数学科の教育課程に構造的に位置付けられる。つまり，〔数学的活動〕を四つの領域の指導内容からいったん切り離し，事象を数理的に捉え，数学の問題を見いだし，問題を自立的，協働的に解決する過程を遂行するという観点から三つの活動に集約して，四つの領域を包括し，学習指導要領の内容に位置付けている。

これらの〔数学的活動〕は，四つの領域の内容やそれらを相互に関連付けた内容の学習を通して実現されるものであり，〔数学的活動〕を四つの領域の内容と別に

指導することを意味するものではない。

中学校数学科において重視しているのは，日常の事象や社会の事象から問題を見いだし解決する活動，数学の事象から問題を見いだし解決する活動，数学的な表現を用いて説明し伝え合う活動である。これらの過程では，試行錯誤をしたり，操作したり，データを収集したり，実験したり，観察したりするなど数学に関わりのある様々な営みが行われるが，〔数学的活動〕では上述した三つの活動を主な内容として示している。

〔数学的活動〕は，生徒が主体的に取り組むものであり，その機会を日々の学習において，意図的，計画的に設けることが大切である。次の表は，〔数学的活動〕の三つの内容を整理したものである。生徒の発達の段階や学習する数学の内容に配慮し，第1学年と第2,3学年の二つに分けて示している。

	第1学年	第2,3学年
ア　日常の事象や社会の事象から問題を見いだし解決する活動	日常の事象を数理的に捉え，数学的に表現・処理し，問題を解決したり，解決の過程や結果を振り返って考察したりする活動	日常の事象や社会の事象を数理的に捉え，数学的に表現・処理し，問題を解決したり，解決の過程や結果を振り返って考察したりする活動
イ　数学の事象から問題を見いだし解決する活動	数学の事象から問題を見いだし解決したり，解決の過程や結果を振り返って統合的・発展的に考察したりする活動	数学の事象から見通しをもって問題を見いだし解決したり，解決の過程や結果を振り返って統合的・発展的に考察したりする活動
ウ　数学的な表現を用いて説明し伝え合う活動	数学的な表現を用いて筋道立てて説明し伝え合う活動	数学的な表現を用いて論理的に説明し伝え合う活動

なお，小学校算数科では，従来，内容ごとに具体的に示していた「算数的活動」を，今回の改訂において「数学的活動」と名称を変えた上で，各学年の内容に位置付け，その枠組みのみを示した。

2 各領域の内容の概観

A 数と式

(1)「数と式」指導の意義

「数と式」の内容は,日常生活や社会においていろいろな場面で使われている。また,中学校数学科の全領域の内容と深い関わりをもつとともに,それらの基礎をなすものとして重要な位置を占めている。

数と式とは,密接に関連しているので一つの領域として示されているが,ここでは,その系統を考える上で便宜上二つに分けてみていく。

①**数について**

小学校算数科では,数について,身の回りの物を数えることに始まり,負でない整数,小数,分数について,それらの概念や四則計算の意味について学習している。また,それらの数を用いたり計算したりする学習をしている。

中学校数学科においては,数と式についての概念を理解するとともに,それらの四則計算の技能を身に付けることについて,資質・能力として,主に次のア,イの育成を目指して指導が行われる。

ア 数の範囲の拡張と数の概念を理解すること

　負の数,無理数を導入して,数の範囲を拡張する。ここでは,拡張するときの考え方を理解するとともに,数の集合と四則計算の可能性を理解する。このようにして数の概念の理解を一層深めることができるようにする。

イ 新しく導入された数の四則計算の意味を理解し,それらの数を用いて表したり処理したりすること

　負の数,無理数を含む数についての四則計算の意味を理解するとともに,それらの数を用いて,より広範な事象を一般的にかつ明確に表し,計算が能率的にできるようにする。これらのことは,数学学習全般に関わる基礎的な知識及び技能として重要である。

次に,数と式の四則計算の方法を考察することや具体的な場面で活用することについて,小学校算数科では,数の概念を次第に広げながら,計算についての理解を深め,身の回りの事象にそれらを適用して問題解決する学習をしている。

中学校数学科においては,数の範囲を拡張したとき,これまで学習した数の計算の方法と関連付けて,新しく導入された数の四則計算の方法を考察し表現できるようにする。また,様々な事象における問題解決の場面において,新しく導入された数を活用できるようにする。

②式について

　小学校算数科では，式について，例えば，5＋□＝8，3×△＝24のように，加法と減法，乗法と除法の関係を捉えるのに□や△を使ったり，例えば，（速さ）×（時間）＝（道のり）というように，言葉の式を使って数量やその関係を表したり式の意味を読み取ったりする学習をしている。また，中学校における文字を用いた式の学習の素地として，数量を表す言葉や□，△などの代わりに，a，xなどの文字を用いることを学習している。

　文字や文字式を用いることによって，数量やその関係を簡潔・明瞭に，しかも一般的に表現することができる。そして，文字を用いた式に表現できれば，その後は目的に合うように形式的に処理することができる。このように事象の中にある数量やその関係を文字を用いた式を使って一般的に表現する技能を身に付けたり，形式的な処理を施して得られた結果やその過程から新たな関係を見いだそうとする態度を育てたりするなど，その学習の意義は大きい。そして，その内容は，数と同様に，数学の学習全般に関わる基礎的な知識及び技能として重要である。

　このことについて，中学校数学科では，資質・能力として，主に次のアからウの育成を目指して指導が行われる。

ア　文字のもつ意味，特に変数の意味を理解すること

　文字を用いた式で使われている文字が単なる記号ではなく，いろいろな値をとり得ること，また，文字がとり得る値の集合について理解し，文字のもつ変数としての意味を理解できるようにする。文字にいろいろな数を代入することで式の値が変化することや，逆に，例えば，個々の奇数を右のような形で表現し，それらをまとめると奇数が一つの文字を用いた式$2n+1$に表現できることなどを確認することによって，変数の意味の理解を深めるようにする。

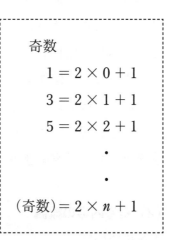

奇数
$1 = 2 \times 0 + 1$
$3 = 2 \times 1 + 1$
$5 = 2 \times 2 + 1$
・
・
（奇数）＝ $2 \times n + 1$

イ　文字を用いた式に表現したり，文字を用いた式の意味を読み取ったりすること

　数量やその関係を文字を用いた式に表したり，文字を用いた式の意味を読み取ったりすることができるようにする。そのために，文字を用いた式の表現やその読み取りによって，日常生活や社会との関わりを捉えられるようにすることが必要である。

ウ　文字を用いた式の計算や処理をすること

　文字を用いた式の計算，式の展開や因数分解など，式の計算をできるようにする。これは，表された式をより解釈しやすい形に変形することができるようにすることである。このことによって，文字を用いた式に表現できれば，その形式的な処理に

よって容易に結果が得られることを理解できるようにする。

次に,具体的な場面と関連付けて,文字を用いた式の計算の方法を考察し表現することについて,資質・能力として,主に次のエ,オの育成を目指して指導が行われる。

エ 既に学習した計算の方法と関連付けて,文字を用いた式の計算の方法を考察し表現すること

文字を用いた式の計算では,具体的な数の計算や既に学習した計算の方法と関連付けて,その計算の方法を考察し表現できるようにする。このような学習を通して,文字は数を表すことを理解し,文字を用いた式については,数についての計算法則がそのまま適用され,数と同じように計算できることを理解できるようにする。

オ 文字を用いた式を具体的な場面で活用すること

様々な事象における問題を,その事象の中の数量や数量の関係に着目して文字を用いた式をつくり,それを活用して解決できるようにする。実際に具体的な場面において,数量の関係を捉えて方程式をつくり,それを解いて解釈することによって問題が解決できるのは,この典型的な例である。

上でも述べたとおり,文字を用いた式を計算したり変形したりすることは,数学の学習における基礎的な技能として重要であるが,必要以上に複雑で無目的な計算練習にならないように留意する必要がある。第2学年の内容の「A数と式」の(1)のアの(エ)に,「目的に応じて,簡単な式を変形すること」と示してあるように,文字を用いた式の操作は,何らかの目的があってそのために行われるものであり,単なる計算だけで終わるものであってはならない。数や図形についての性質が成り立つことを説明することや,方程式を解くことなどにおいて活用するものであることを意識して,学習を進めていくようにする必要がある。

(2) 指導内容の概観
①数について
<u>小学校算数科における取扱い</u>

小学校算数科における数と計算の学習では,身の回りの事象と結び付いた作業的・体験的な活動をできるだけ取り入れ,数の性質や計算の方法について考察したり,それらを日常生活に生かしたりできるようにしている。その主な内容は次のとおりである。

ア 第4学年までに,整数についての四則計算の意味や四則計算に関して成り立つ性質などを学習し,その習得と活用を図るとともに,交換法則,結合法則や分配法則について理解を深めている。また,小数,分数の意味や表し方,小数や同分母の分数の加法,減法及び小数を整数で乗除することの意味を理解するとともに,

数とその表現や数量の関係に着目し,目的に合った表現方法を用いて計算の仕方などを考察する力を養っている。

イ　第5学年では,記数法の考えを通して整数及び小数についての理解を深めることや,偶数,奇数,約数,最大公約数,倍数,最小公倍数について学習している。また,小数の乗法及び除法の意味についての理解を深め,それらを用いることや,異分母の分数の加法及び減法の意味について理解するとともに,数とその表現や計算の意味に着目し,目的に合った表現方法を用いて数の性質や計算の仕方などを考察する力を養っている。

ウ　第6学年では,分数の乗法及び除法の意味についての理解を深め,それらを日常生活に生かしたりすることや,小数及び分数の計算とその仕方について習得を図り,数とその表現や計算の意味に着目し,発展的に考察して問題を見いだすとともに,目的に応じて多様な表現方法を用いながら数の表し方や計算の仕方などを考察する力を養っている。

中学校数学科における取扱い

中学校数学科では,小学校算数科での指導を受けて,数について次の内容を取り扱う。

ア　第1学年

第1学年では,数の範囲を拡張し,数の性質や計算について考察する力を養っていく。

まず,数の範囲を正の数と負の数にまで拡張し,数を統一的に見られるようにして数についての理解を深め,その四則計算ができるようにする。また,具体的な場面で正の数と負の数を用いて表したり処理したりして活用できるようにする。また,これに関連して,自然数を素数の積として表すことを取り扱う。

イ　第2学年

第2学年では,数そのものについて新しく取り上げる内容はない。具体的な場面への適用や方程式,関数などについての学習を通して,正の数と負の数についての理解を深め,その計算に習熟するとともに,その必要性やよさを実感していくことになる。

ウ　第3学年

第3学年では,数の範囲に着目し,数の性質や計算について考察する力を養っていく。

この学年では,数の範囲を無理数にまで拡張し,新しい数として導入された正の数の平方根について理解し,それを用いて表現し考察することができるようにする。また,これに関連して,誤差や近似値,$a \times 10^n$の形の表現を取り扱う。

正の数の平方根についての理解は,二次方程式や三平方の定理などを学習する際

に不可欠のものであり，こうした場面で活用することによって，更に深まることを考慮して指導する必要がある。

②式について

下線_小学校算数科における取扱い_

小学校での式の学習では，数の式や言葉の式，公式などを対象にして，式に表現したり式の意味を読んだりすることが扱われている。その主な内容は次のとおりである。

ア　第4学年までに，数量の関係や法則などを数の式や言葉の式，□，△などを用いて式で簡潔に表したり，式の意味を読んだりすることを学習している。また，公式についての考え方を理解し，公式を用いることができるようにしている。

イ　第5学年では，□，△などを用いて数量の関係を式で表すことについての理解を深め，簡単な式で表される関係について，二つの数量の対応や変わり方に着目し，簡単な式で表されている関係について考察することができるようにしている。

ウ　第6学年では，数量を表す言葉や□，△などの代わりに，a, x などの文字を用いて式に表したり，文字に数を当てはめて調べたりすることを学習している。さらに，問題場面の数量の関係に着目し，数量の関係を簡潔かつ一般的に表現したり，式の意味を読み取ったりすることができるようにしている。

下線_中学校数学科における取扱い_

中学校数学科での式の指導は，文字を用いた式についての指導が中心である。その内容は次のとおりである。

ア　第1学年

第1学年では，文字を用いて数量の関係や法則などを考察する力を養っていく。

まず，文字を用いて数量の関係や法則などを式に表現したり式の意味を読み取ったりするとともに，文字を用いた式の計算ができるようにし，具体的な場面でそれを活用できるようにする。また，方程式について理解し，具体的な場面で一元一次方程式を用いて考察し活用することができるようにする。

第1学年での文字や文字を用いた式の学習，また，それに続く方程式の学習においては，小学校算数科との関連を踏まえた丁寧な学習指導が必要である。

イ　第2学年

第2学年では，文字を用いて数量の関係や法則などを考察する力を養っていく。

この学年では，具体的な事象の中に数量の関係を見いだし，それを文字を用いて式に表現したり式の意味を読み取ったりするとともに，文字を用いた式の四則計算ができるようにし，具体的な場面でそれを活用することができるようにする。また，連立二元一次方程式について理解し，具体的な場面でそれを用いて考察し活用することができるようにする。

ウ 第3学年

　第3学年においても第2学年に引き続き，文字を用いて数量の関係や法則などを考察する力を養っていく。

　この学年では，文字を用いた簡単な多項式について，式の展開や因数分解ができるようにするとともに，目的に応じて式を変形したりその意味を読み取ったりできるようにする。また，二次方程式について理解し，具体的な場面でそれを用いて考察し活用することができるようにする。

　以上のように，中学校数学科における式の指導では，文字を用いた式の入門的な部分から始まり，二次方程式に至るまでの内容を取り扱い，数量の関係や法則などを文字を用いた式に簡潔に表して処理し，問題を能率よく解決していく学習を進めていく。これによって，代数的な処理に関する能力が次第に高められ，それが他の領域の学習にも活用される。

　今回の改訂では，既に学習した計算の方法と関連付けて，新しく導入された数や文字を用いた式の計算の方法を考察し表現すること，具体的な場面で新しく導入された数や文字を活用することが明示された。これは，従来も行われてきたことであるが，今回の改訂で中学校数学科において育成を目指す資質・能力の三つの柱に基づいて，「知識及び技能」と「思考力，判断力，表現力等」に分けて記述されることに伴い，計算の方法を考察し表現することや具体的な場面で活用することの重要性が改めて強調されたことによるものである。

　ここで，「A数と式」領域の指導事項について，前回の学習指導要領との相違点をまとめておく。

　第1学年においては，自然数を素数の積として表すことを扱うこととした。

　第3学年においては，誤差や近似値，$a \times 10^n$ の形の表現を取り扱うこととした。

B　図形

(1)「図形」指導の意義

　我々は身の回りにある様々なものについて，材質，重さ，色などは除いて，「形」，「大きさ」，「位置関係」という観点から捉え考察することがよくある。このような立場でものを捉えたものが図形であり，それについて論理的に考察し表現できるようにすることが中学校数学科における指導の大切なねらいの一つである。

　中学校数学科の図形指導の意義については，次の二つの面が考えられる。

- 身の回りの事象を「形」，「大きさ」，「位置関係」という観点から考察することが多く，それには平面図形や空間図形についての基礎的な概念や性質についての理解を深め，それを活用して問題の発見や解決に取り組むことが必要とされること。

・図形の性質や関係を直観的に捉え，数学的な推論により論理的に考察し表現する力は，中学校数学科に限らず，いろいろな分野での学習や活動において重要な役割を果たすこと。

①図形の概念，図形の性質や関係について

中学校数学科においては，図形の概念，図形の性質や関係について理解するとともに，図に表現したり，正しく作図したりする技能を身に付けることについて，資質・能力として，主に次のア，イの育成を目指して指導が行われる。

ア　基本的な図形の概念，図形の性質や関係を理解すること

基本的な図形の概念，図形の性質や関係を理解することについて，具体的には，三角形，四角形，円などの平面図形の性質，図形の移動，合同や相似の概念，空間図形における直線や平面の位置関係及び柱体，錐体，球などの空間図形の概念とその性質などについて学習する。これらの内容は小学校算数科で部分的に扱われているのに対し，中学校では整理された形で系統的に取り扱う。

イ　図に表したり，正しく作図したりすること

図形について学習する際，図形を図に表すことが大切である。これには，作図で図形を図に表すことはもちろんのこと，図形の移動や空間図形の構成などの学習で必要となる図をかくことを含め，幅広いものが該当する。ここでは，目的に応じて図形を図に表すことに加え，図に表された図形が問題の条件に適するかどうかを振り返り，評価・改善できる力や，そのようにしようとする態度の育成をも重視している。例えば，空間図形を図に表すとき，空間図形をそのままの形で平面上に表すことはできないので，空間図形の調べたい特徴に応じて，見取図や展開図及び投影図を選び，適切にかくことが必要になる。

このような技能は，アで述べた図形の概念，図形の性質や関係の理解と一体になっているのであるが，他方，図に表したり，作図したりすることを通して図形の概念が一層確実に形成されていくと考えられる。したがって，アとイは別個のものではなく，互いに関連付けて学習の効果を高めるようにすることが必要である。

②論理的に考察し表現することについて

論理的に考察し表現する力については，資質・能力として，主に次のア，イの育成を目指して指導が行われる。

ア　図形を直観的に捉えること

小学校算数科では，図形について主に直観的な取扱いをしており，それを通して，図形を直観的に捉える力はかなり高まってきているといえる。中学校数学科では，考察の対象とする図形を広げ，考察の方法についても深めていくことを目指している。

図形を直観的に捉えることは，図形の本質的な性質や関係を見抜くことであり，

論理的に考察し表現する力に裏打ちされていることが必要であるとともに，論理的に考察し表現する力を先導する働きをすることもある。このような力が，中学校数学科における図形学習を通して更に高められるようにする。

イ　数学的な推論に基づいて考察し表現すること

　数学的な推論に関して，帰納，類推，演繹は小学校の時から自然な形で用いられている。中学校数学科では，それぞれの必要性と意味について理解できるようにするとともに，必要な場面に応じて適切に用いることができるようにすることがその指導の重要なねらいである。

　中学校数学科の大きな特徴は，「B図形」の領域において，数学的な推論を図形の性質などの考察で活用することにある。それは，図形に関する内容が数学的推論による考察とその過程の表現に適しており，その推論の過程が図で視覚的に捉えやすいことによる。さらに，演繹には，図形の概念や性質が個々ばらばらにではなく，体系的に組み立て整理できるという利点もある。特に，中学校は生徒の発達の段階からみても，演繹の必要性と意味及びその過程に興味・関心をもち，論理的に考察し表現する力も高まっていく時期である。

　論理的に考察し表現する力を育成するためには，数学的な推論の基礎となる定義の意味及び推論の進め方を理解できるようにする必要がある。その際，推論を進めるに当たり何を根拠として用いてよいのか，どのように用いればよいのかなどについて指導することが重要である。このことは，演繹に限ったことではなく，帰納や類推についても同様である。

　古くから数学における証明の営みは，ある事柄が正しいことを自分が納得し，他人に説得するという役割を担ってきた。同様に，論理的に考察し表現する力を育成することにより，自分が納得できるとともに他人に説得できるようになると実感できるようにすることが重要である。そのためには，生徒が見いだしたこと，確かめたこと，そして工夫したことなどを，数学的な表現を用いて論理的に説明し伝え合う活動を通して，論理的に考察し表現することのよさを実感できるようにすることが大切である。この際，生徒なりの説明に耳を傾け，目的に応じて適切に推論ができているかに指導の力点を置き，その推論の過程を簡潔・明瞭に表現できるように，学年に応じて段階的に指導を計画する必要がある。

　具体的に，第1学年における作図や空間図形の指導では，単なる操作や作業だけに終始することなく，論理的に考察するとともに，考察したことを筋道立てて説明する機会を設けることが大切である。また，第2学年における証明の指導では，必要以上に証明の書き方に拘ることをせず，証明を読むことを通じて証明の根拠の用い方を明らかにしつつ，表現に一定の幅をもたせ，生徒が自分なりに工夫して証明し，よりよいものへと互いに高めていくことが大切である。これを踏まえ，第3学

年の指導では，証明を書くことを含め，論理的な考察を簡潔・明瞭に表現できるように計画することが大切である。

(2) 指導内容の概観

小学校算数科における取扱い

小学校算数科における領域「B図形」と「C測定」（下学年）では，数学的活動を通して，次の内容が取り扱われている。

ア 第3学年までに，図形として，三角形，四角形，正方形，長方形，直角三角形，二等辺三角形，正三角形，円，球について学習している。また，図形の構成要素として，直線，直角，頂点，辺，面，角，中心，半径，直径を学習している。また，長さの単位（mm, cm, m, km），かさの単位（mL, dL, L），重さの単位（g, kg）などについて理解するとともに，図形を構成したり，長さや重さなどを測定したりすることについての技能を身に付けている。さらに，平面図形の特徴を図形を構成する要素に着目して捉えたり，身の回りの事象を図形の性質から考察したりする力を養っている。

イ 第4学年では，図形として，平行四辺形，ひし形，台形，立方体，直方体について学習している。また，図形の構成要素として，対角線，平面を学習している。さらに，図形の構成要素の関係として，直線の平行や垂直，直線や平面の平行や垂直を学習している。また，見取図，展開図をかくこと，ものの位置の表し方などについて学習している。さらに，面積の単位（cm², m², km²）について知り，正方形及び長方形の面積の計算による求め方について理解することや，角の大きさの単位（度（°））について知り，角の大きさを測定することなどについて学習している。さらに，図形を構成する要素及びそれらの位置関係に着目し，図形の性質や図形の計量について考察する力を養っている。

ウ 第5学年では，図形として，多角形や正多角形，基本的な角柱や円柱について学習している。また，図形の構成要素の関係として，図形の合同，三角形や四角形など多角形についての簡単な性質，正多角形の基本的な性質，円周率を学習している。さらに，三角形，平行四辺形，ひし形，台形の面積の計算による求め方について理解することや，体積の単位（cm³, m³）について知り，立方体及び直方体の体積の計算による求め方について理解することなどについて学習をしている。さらに，図形を構成する要素や図形間の関係などに着目し，図形の性質や図形の計量について考察する力を養っている。

エ 第6学年では，縮図や拡大図，対称な図形について学習している。また，身の回りにある形について，その概形を捉え，およその面積などを求めること，円の面積の計算による求め方について理解すること，基本的な角柱及び円柱の体積の

計算による求め方について理解することなどについて学習している。さらに，第5学年と同様に，図形の性質や図形の計量について考察する力を養っている。

中学校数学科における取扱い

各学年の主な内容は次のとおりである。

ア　第1学年

第1学年では，図形の構成要素や構成の仕方に着目し，図形の性質や関係を直観的に捉え論理的に考察する力を養っていく。

まず，小学校算数科において学習した平面図形の対称性に着目して，角の二等分線，線分の垂直二等分線，垂線など基本的な作図をする。図形の対称性に着目したり，図形を決定する要素に着目したりして作図の方法を考察し表現する。

また，図形の移動（平行移動，対称移動及び回転移動）について理解する。その際，図形の移動に着目し，二つの図形の関係について考察し表現することや図形の移動を具体的な場面で活用することを通して，図形に対する見方を一層豊かにする。

さらに，空間における直線や平面の位置関係を知ったり，直線や平面図形の運動によって空間図形を構成したり，空間図形を平面上に表したり，平面上の表現から空間図形の性質を読み取ったりすることを学習する。また，図形の計量に関して，扇形の弧の長さと面積，基本的な柱体，錐体及び球の表面積と体積を扱う。

イ　第2学年

第2学年では，数学的な推論の過程に着目し，図形の性質や関係を論理的に考察し表現する力を養っていく。

この学年から，本格的に図形の性質を演繹的に確かめ，論理的に考察し表現することが取り扱われるようになる。ここでは，主として基本的な平面図形を扱う。観察や操作，実験などの活動を通して，三角形や多角形についての角の性質を見いだし，平行線の性質を基にしてそれらを確かめる。また，平面図形の合同の意味を理解し，三角形や平行四辺形の性質を三角形の合同条件などを基にして証明する。さらに，図形の性質の証明を読んで新たな性質を見いだすことや学んだ図形の性質を具体的な場面で活用することも学習する。

なお，第2学年では，命題の逆について取り扱うとともに，推測や命題が常に成り立つとは限らないことを示すために，反例について取り扱う。

ウ　第3学年

第3学年では，図形の構成要素の関係に着目し，図形の性質や計量について論理的に考察し表現する力を養っていく。

この学年では，観察や操作，実験などの活動を通して，三角形の相似条件などを基にして図形の基本的な性質を論理的に確かめたり，平行線と線分の比についての性質や円周角と中心角の関係，三平方の定理を見いだし，それらを確かめたりする。

また，それらの性質や関係を具体的な場面で活用することも学習する。

「B図形」領域の指導事項について，前回の学習指導要領との相違点は，第2学年において，用語として反例を取り扱うこととしたことである。

C 関数

(1)「関数」指導の意義

自然現象や社会現象などの考察においては，考察の対象とする事象の中にある対応関係や依存，因果などの関係に着目して，それらの諸関係を的確で簡潔な形で把握し表現することが有効である。中学校数学科においても，いろいろな事象の中に潜む関係や法則を数理的に捉え，数学的に考察し表現できるようにすることをねらいとする。

そのために，中学校数学科では，具体的な事象の中から二つの数量を取り出し，それらの変化や対応を調べることを通して，関数関係を見いだし考察し表現する力を3年間にわたって徐々に高めていくことが大切である。

中学校数学科の関数指導の意義については，次の二つの面が考えられる。

・身の回りの具体的な事象を考察したり理解したりするに当たって，事象の中にある二つの数量の依存関係に着目し，表，式，グラフを用いて考察することが有用であること。

・関数を用いて具体的な事象を捉え考察し表現することは，これまでの数学の学習の捉え直しやこれからの学習において重要な役割を果たすこと。

①関数と表，式，グラフ

中学校数学科では，小学校算数科における学習の上に立ち，数の範囲の拡張や文字を用いた式と関連付けて関数の概念を理解できるようにする。このことについて，中学校数学科においては，資質・能力として，主に次のア，イの育成を目指して指導が行われる。

ア　関数についての基礎的な概念や性質を理解すること

伴って変わる二つの数量の変化や対応を調べることを通して，比例，反比例，一次関数，関数 $y=ax^2$ を文字を用いた式によって表し，グラフの特徴や変化の割合などの関数の性質を理解する。その際，関数に関連した基礎的な概念である座標や，変数と変域を理解できるようにする。

イ　表，式，グラフを用いて関数の特徴を表現すること

関数の特徴を見いだす場合に，表，式，グラフが有効であることを理解するとともに，関数として捉えられる二つの数量の変化や対応の特徴を表，式，グラフによって適切に表現できるようにする。その際，表，式，グラフの数学的な表現としての特徴をそれぞれ踏まえながら，場面に応じて，適切な表現を選択できるようにする

ことも重要である。

②関数の特徴を考察し表現すること及び関数を用いて事象を捉え考察し表現すること

このことについて，中学校数学科においては，資質・能力として，主に次のア，イの育成を目指して指導が行われる。

ア　関数として捉えられる二つの数量について，変化や対応の特徴を見いだし，表，式，グラフを相互に関連付けて考察し表現すること

このことについては，次の二つが含まれる。第一は，表，式，グラフを用いて関数の特徴を考察し表現することである。具体的には，二つの数量の関係を表に表し，その表を基に変化の様子を調べ，対応のきまりを見いだし，それを式で表現する。また，式を基に表を作って変化の様子を調べたり，式から変化の割合を求めたりする。さらに，表や式を基にグラフをかき，変化の様子を調べる。このように，表，式，グラフを単独で用いるのではなく，相互に関連付けて関数の特徴を考察する力を伸ばすことが重要になる。表，式，グラフを用いた関数の考察の方法は，様々な関数の学習に共通するものである。

第二は，既習の数学の内容を関数として見直すことである。変わるものの中で変わらない性質を見抜き，それを他者に説明することによって，既習の数学の内容の理解や関数の理解が一層深まる。

イ　関数を用いて事象を捉え考察し表現すること

これは，主に日常生活や社会の事象などの具体的な場面に関数を活用することである。関数は，自然現象や社会現象を能率的に記述し考察するために生まれてきたものであり，表，式，グラフを用いて表現し明らかになった事柄を他者に説明することによって，その理解は一層深められる。このことを踏まえ，中学校数学科では，関数を用いて具体的な事象を捉え考察するとともに，その考察の過程や結果を表，式，グラフを用いて説明することができるようにする。

また，日常の事象や社会の事象に関数を活用する場合には，事象を理想化したり単純化したりして，事象にある関係を関数とみなして捉えること，すなわち，事象の中にある数量の関係を既習の関数とみなして処理し，導かれた結果を事象に即して判断し説明することが重要になる。その際，導かれた結果は仮定が妥当な範囲においてのみ適用できることに注意する必要がある。

(2) 指導内容の概観

小学校算数科における取扱い

小学校算数科では，児童の経験を基に，伴って変わる二つの数量の関係について学習している。その主な内容は次のとおりである。

ア　第4学年までに，伴って変わる二つの数量の関係を調べたり，変化の様子を折れ線グラフに表し，変化の特徴を読み取ったりすることや，身の回りから伴って変わる二つの数量を見いだし，数量の関係を表，式，グラフに表し調べること，ものの位置の表し方について学習している。また，伴って変わる二つの数量やそれらの関係に着目し，変化や対応の特徴を見いだして，二つの数量の関係を表や式を用いて考察する力が養われている。

イ　第5学年においては，簡単な場合について比例の関係があることを知ることを学習している。また，数量の関係を表す式についての理解を深めるとともに，二つの数量の対応や変わり方に着目し，簡単な式で表されている関係について考察する力が養われている。

ウ　第6学年においては，比例の関係の意味や性質について理解するとともに，伴って変わる二つの数量やそれらの関係に着目し，変化や対応の特徴を見いだして，二つの数量の関係を表や式，グラフを用いて考察する力が養われている。また，反比例についても学習している。

　以上の学習においては，伴って変わる二つの数量を見いだして，それらの関係に着目し，目的に応じて表，式，グラフを用いて，二つの数量の関係の変化や対応の特徴を考察することが重視されている。

　なお，今回の改訂において，小学校算数科では，領域の再編が図られた。この再編に伴い，第4～6学年で指導される関数に関わる主な内容は，従来の「数量関係」の領域から新設の「C変化と関係」の領域において扱われることになった。

中学校数学科における取扱い

　中学校数学科では，具体的な事象を通して，関数関係を見いだし考察し表現することを学習する。小学校算数科での学習との違いは，変域に負の数が含まれること，グラフを座標平面上にかくこと，文字を用いた式によって関数を表現し考察すること，学習の対象が一次関数や関数$y=ax^2$にまで拡張されることである。関数関係の意味については，中学校第1学年で扱われる。

ア　第1学年

　第1学年では，数量の変化や対応に着目して関数関係を見いだし，その特徴を表，式，グラフなどで考察する力を養う。

　まず，「…は…の関数である」ことの意味を理解し，数量の関係の基本的なモデルとして小学校算数科で学習した比例，反比例を関数として捉え直す。そのために，一方の値が決まれば他方の値が一つ決まるという見方や，変数と変域，座標などの概念について学習する。

　また，小学校算数科では，比例，反比例を考察するときの変域は，負でない数であったが，中学校数学科では，これを負の数を含む有理数まで拡張する。このこと

に伴い，小学校算数科において表，式，グラフのそれぞれで考察していた比例，反比例の特徴を，文字を用いた式 $y=ax$, $y=\dfrac{a}{x}$ により定義し，式に基づき比例，反比例の性質を一般的に考察する。このように，中学校数学科では，関数関係の考察における文字を用いた式の有用性について理解する。なお，文字を用いて比例の関係を式で表すことについては，小学校算数科においても学習している。関数関係の表現や処理には，表，式，グラフが用いられる。表，式，グラフについては小学校算数科においてもある程度まで学習されているが，中学校数学科では，特に，表，式，グラフの関連に着目しながら，比例，反比例といった基本的な関数の特徴について理解を深める。

　比例，反比例の活用については，比例，反比例を用いて具体的な事象を捉え説明する。そのために，具体的な事象を式で表現して，それらが比例，反比例であるかどうかを判断したり，具体的な事象を比例，反比例とみなすことによって問題を解決したりすることができるようにする。その際，判断の根拠や解法を他者に説明することができるようにする。

イ　第2学年

　第2学年においては，関数関係に着目し，その特徴を表，式，グラフを相互に関連付けて考察する力を養う。

　この学年では，第1学年の比例の学習の発展として，一次関数を取り上げ，表，式，グラフを相互に関連付けながら，グラフの特徴や変化の割合など，関数の理解を深める。

　一次関数の活用については，一次関数を用いて具体的な事象を捉え説明することが重要になる。そのために，具体的な事象を式で表現することによって，それが一次関数であると考えられるかどうかを判断したり，具体的な事象に関する観察や実験の結果を一次関数とみなすことによって，未知の状況を予測したりできるようにする。その際，判断の根拠や予測が可能である理由を他者に説明することができるようにする。

　また，二元一次方程式 $ax+by+c=0$ で，$b \neq 0$ の場合は，変数 x の値が一つ決まれば，y の値がただ一つ決まることから，二つの変数 x と y の関数関係を表す式とみることができる。このような見方を通して，方程式と関数が統合的に理解できるように指導する。

ウ　第3学年

　第3学年においても第2学年に引き続き，関数関係に着目し，その特徴を表，式，グラフを相互に関連付けて考察する力を養う。

　この学年では，生徒が日常生活で経験する具体的な事象の中から，比例，反比例，一次関数以外の代表的なものとして，関数 $y=ax^2$ を取り扱う。その際，表，式，

グラフを相互に関連付けながら，変化の割合やグラフの特徴など，関数の理解を一層深める。

関数 $y=ax^2$ の活用については，関数 $y=ax^2$ を用いて具体的な事象を捉え説明できるようにする。そのために，具体的な事象を式で表現することによって，それが関数 $y=ax^2$ であると考えられるかどうかを判断したり，具体的な事象に関する観察や実験の結果を関数 $y=ax^2$ とみなすことによって，未知の状況を予測したりすることが大切である。その際，判断の根拠や予測が可能である理由を他者に説明することができるようにする。

また，事象の中には既習の関数では捉えられない関数関係があることについて取り扱う。これらの学習を通して，一意対応としての関数の意味を明確にするとともに，後の学習の素地となるようにする。

D データの活用

(1)「データの活用」指導の意義

急速に発展しつつある情報化社会においては，確定的な答えを導くことが困難な事柄についても，目的に応じてデータを収集して処理し，その傾向を読み取って判断することが求められる。この領域では，そのために必要な基本的な方法を理解し，これを用いてデータの傾向を捉え考察し表現できるようにすることが中学校数学科における指導の大切なねらいの一つであり，統計的に問題解決する力を養うことにつながる。

中学校数学科の「データの活用」の指導の意義については，次の二つの面が考えられる。

- 日常生活においては，不確定な事象についてデータに基づいて判断する場面が多いので，目的に応じてデータを収集して処理し，その傾向を読み取って判断することが有用であること。
- よりよい解決や結論を見いだすに当たって，データに基づいた判断や主張を批判的に考察することが有用であること。

データとは様々な事象について考察したり，判断したりする際に用いられる事項や材料を表し，一般的に数値的な情報だけでなく画像や映像などもデータに含まれることもあるが，ここでは特に数値的なものを主に取り扱う。

①不確定な事象を取り扱うこと

中学校数学科では，小学校算数科における学習の上に立ち，不確定な事象が数学的な考察の対象となることを理解して取り扱うことができるようにする。このことについて，中学校数学科においては，資質・能力として，主に次のア，イの育成を目指して指導が行われる。

ア　データの分布と確率についての基礎的な概念や性質を理解すること

　数学は，方程式を解いたり，図形の性質を証明したりするように答えや結論が明確に定まるものだけを考察の対象にしているわけではない。この領域においては，集団においてばらつきのある事象や偶然に左右される事象，全体を把握することが困難な事象など不確定な事象も数学の考察の対象であることを理解することが大切である。その上で，不確定な事象のばらつきを表すために，データの分布や確率についての基礎的な概念や性質を理解することが大切である。

イ　データを収集して分析したり，確率を求めたりできるようにすること

　集団においてばらつきのある事象は，ヒストグラムや箱ひげ図などのグラフを用いたり，代表値などを用いたりすることで考察することができる。また，偶然に左右される事象は，確率を用いて考察することができ，全体を把握することが困難な事象は，確率の性質を用いて標本調査を行い，その結果を考察することができる。そのような問題解決の過程を通して，ヒストグラムや箱ひげ図を作ったり，代表値や相対度数，確率などを求めたりすることができるようにする。また，それらを，具体的な事象を考察し傾向を読み取ったり，何らかの予測や判断を行うために用いたりすることができるようにすることも重要である。

②傾向を読み取り，批判的に考察し，問題解決に取り組むこと

　このことについて，中学校数学科においては，資質・能力として，主に次のア，イの育成を目指して指導が行われる。

ア　データの分布や母集団の傾向に着目して，その傾向を読み取り批判的に考察し判断すること

　統計を活用して問題解決することができるようになるためには，日常生活や社会における問題を取り上げ，それを解決するために必要なデータを収集し，コンピュータなどを利用して処理し，データの傾向を捉え説明するという一連の活動を生徒が経験することが必要である。また，考察の結果としてただ一つの正しい結論が導かれるとは限らないことは，この領域の特徴である。それゆえ，自他の問題解決の過程を振り返ったり，社会における標本調査の方法などを多面的に吟味したりするなど，批判的に考察できるようにする。

イ　不確定な事象の起こりやすさについて考察し表現すること

　日常生活や社会における不確定な事象は数学の考察の対象であり，その起こりやすさの程度を数値で表現し把握するなど，不確定な事象の起こりやすさの傾向を読み取り表現することができるようにすることが大切である。指導に当たっては，不確定な事象を扱うというこの領域の特性に配慮し，正解を求めることができるということだけでなく，生徒が自分の予測や判断について根拠を明らかにして説明できるようにする。

また，例えば，「確率が$\frac{1}{6}$である」ことを求めるだけでなく，「確率が$\frac{1}{6}$である」ことの意味を理解し，それに基づいて判断したり説明したりすることができるようにする。指導においては，生徒がこうしたことを意識できるように，日常生活や社会などに関わる疑問をきっかけにして，問題を設定しその解決の方策を探り，答えを求めるという目的をもった活動ができるようにすることが大切である。「確率が$\frac{1}{6}$である」だけでなく，「確率が$\frac{1}{6}$だから…」も大切にして指導することが必要である。また，こうした活動を通して，予測したり判断したりした結果を具体的な事象との関係で見直し，評価・改善することにも取り組むことができるようにする。

(2) 指導内容の概観

<u>小学校算数科における取扱い</u>

　小学校算数科では，「データの活用」に関係する内容として，データを分類整理することや，表やグラフに表すこと，相対度数や確率の基になる割合を学習している。また，それらを活用して，日常生活の具体的な事象を考察し，その特徴を捉えたり，問題解決したりすることに取り組んでいる。その主な内容は次のとおりである。

ア　第4学年までに，目的に応じてデータを集めて分類整理し，表やグラフを用いて分かりやすく表すことや，棒グラフや折れ線グラフの読み方やかき方について学習している。さらに，目的に応じてデータを収集し，データの特徴や傾向に着目して表やグラフに的確に表現し，それらを用いて問題解決したり，解決の過程や結果を多面的に捉え考察したりする力を養っている。

イ　第5学年では，測定値の平均や百分率について理解する。また，統計的な問題解決の方法を知るとともに，目的に応じてデータを集めて分類整理し，円グラフや帯グラフを用いて表したり，特徴を調べたりしている。さらに，第4学年と同様に，目的に応じてデータを収集し，データの特徴や傾向に着目して表やグラフに的確に表現し，それらを用いて問題解決したり，解決の過程や結果を多面的に捉え考察したりする力を養っている。

ウ　第6学年では，データの平均値，中央値，最頻値などの代表値や度数分布を表す表やドットプロットなどのグラフ，具体的な事柄について，起こり得る場合を順序よく整理して調べることを学習している。さらに，身の回りの事象から設定した問題について，目的に応じてデータを収集し，データの特徴や傾向に着目して適切な手法を選択して分析を行い，それらを用いて問題解決したり，解決の過程や結果を批判的に考察したりする力を養っている。

<u>中学校数学科における取扱い</u>

　中学校数学科では，小学校算数科における学習の上に立ち，確率と統計について

次の内容を取り扱う。

ア 第1学年

第1学年では,データの分布に着目し,その傾向を読み取り批判的に考察して判断したり,不確定な事象の起こりやすさについて考察したりする力を養う。具体的には,目的に応じてデータを収集し,コンピュータを用いるなどしてデータを表やグラフに整理し,データの分布の傾向を読み取り,批判的に考察できるようにする。また,多数回の観察や試行に基づいて,不確定な事象の起こりやすさを表現できるようにする。

この学年では,小学校算数科におけるデータの代表値や散らばりを調べ,統計的に考察したり表現したりする学習を受けて,ヒストグラムや相対度数などの必要性と意味を理解し,それらを用いてデータの傾向を捉え説明することを学習する。ヒストグラムの学習は小学校算数科と同じ内容を繰り返し指導しているようにも見えるが,中学校数学科では,取り扱うデータの範囲が身近なものから社会一般的なものへ広がったり,扱うデータも大量になったりする。また,そうしたデータを整理し処理するための統計的な手法について理解し,代表値の適切な用い方や階級の取り方によってヒストグラムの形が変わる場合があることなどについても学習し,批判的に考察できるようにする。ここでは,統計的な手法を用いてデータの傾向を捉え説明することを重視し,ヒストグラムを作ったり相対度数や累積度数を求めたりすることだけが学習の目標にならないように配慮する。

また,小学校算数科における割合などの学習を受けて,不確定な事象についての観察や実験などの活動を通して,多数の観察や多数回の試行によって得られる確率について理解する。さらに,日常生活においては,ある程度多くの観察や実験を基に得られた結果の相対度数を用いて,不確定な事象を捉え説明する場合が多くあることを理解できるようにする。データの収集方法については,改めて第3学年の標本調査において学習する。

ヒストグラムや相対度数などを手作業で作成したり求めたりすることは,その必要性と意味を理解するために有効であるが,作業の効率化を図り,処理した結果を基にデータの傾向を読み取ることを中心とする学習においては,コンピュータなどを積極的に利用するようにする。

イ 第2学年

第2学年では,複数の集団のデータの分布に着目し,その傾向を比較して読み取り批判的に考察して判断したり,不確定な事象の起こりやすさについて考察したりする力を養う。具体的には,目的に応じてデータを収集し,コンピュータを用いるなどして,データを整理したり,四分位範囲や箱ひげ図を用いてデータの分布を比較したりすることを通して,データの分布の傾向を読み取り,批判的に考察できる

ようにする。また，同様に確からしいことに着目して，場合の数を基にして得られる確率を用いて，不確定な事象の起こりやすさを捉え考察し表現できるようにする。

この学年では，第１学年でのヒストグラムや相対度数などを用いてデータの傾向を捉え説明する学習を受けて，四分位範囲や箱ひげ図を用いてデータの分布を比較する方法を学習し，データの傾向を読み取り，批判的に考察し判断することができるようにする。指導に当たっては，四分位範囲や箱ひげ図を活用するだけではなく，必要に応じてこれまでに学習した代表値やヒストグラムなども活用して多面的に考察することも大切である。

また，確率の学習においても第１学年での多数の観察や多数回の試行によって得られる確率などの学習を受けて，同様に確からしいことに着目することで，場合の数を基にして得られる確率を求めることができることを学習し，これら二つの確率の必要性や意味，それらの関係について理解する。

また，箱ひげ図を作成したり，四分位範囲を求めたりすることや確率を求めることだけが学習の目標にならないようにし，不確定な事象を捉え説明したり，目的に応じて判断したりすることを重視する。

ウ　第３学年

第３学年では，標本と母集団の関係に着目し，母集団の傾向を推定し判断したり，調査の方法や結果を批判的に考察したりする力を養う。具体的には，コンピュータを用いるなどして，母集団から標本を取り出し，標本の傾向を調べることで，母集団の傾向が読み取れることを理解できるようにし，実際に行った標本調査だけでなく，既に行われている標本調査の方法や結果についても批判的に考察し表現できるようにする。

この学年では，標本調査の必要性と意味を理解し，簡単な場合について標本調査を行い，母集団の傾向を捉え説明する。標本調査に伴う誤りの可能性を定量的に評価することまで取り扱う必要はなく，母集団からその一部を取り出して整理し処理することで，全体の傾向を推定できることや，標本の大きさを大きくすることで標本調査の結果の散らばりが小さくなることを経験的に理解できるようにすることが大切である。その際には，ヒストグラムや箱ひげ図などのこれまでの学習で身に付けた知識や技能を活用することが考えられる。また，標本を無作為に抽出することと関連して，第２学年までの学習内容を振り返ることで，確率の必要性と意味を学び直すことができる。

母集団から標本を抽出する際に必要な乱数を簡単に数多く求めることが必要な場合には，コンピュータなどを積極的に利用する。また，インターネットなどの情報通信ネットワークを利用してデータを収集したり，様々な標本調査について調べたりすることも考えられる。その際には，データの収集方法やそのまとめ方などにつ

いて，批判的に考察した上で，目的に応じて，それらの結果に基づいて判断することも大切である。

ここで，「Dデータの活用」領域の指導事項について，前回の学習指導要領との相違点をまとめておく。

第1学年においては，これまで取り扱っていた度数分布表の階級や中央値，最頻値といった代表値を小学校算数科で取り扱うこととし，第2学年の内容であった確率を多数の観察や多数回の試行によって得られる確率と場合の数を基にして得られる確率とに分けて，多数の観察や多数回の試行によって得られる確率をこの学年で取り扱うこととした。また，内容の取扱いの中で述べられていた，誤差や近似値の意味，数を $a \times 10^n$ の形で表すことについては，第3学年の「A数と式」の(1)などに関連して取り扱うこととした。

第2学年においては，四分位範囲や箱ひげ図を取り扱うこととし，確率については場合の数を基にして得られる確率を中心に取り扱うこととした。

〔数学的活動〕
(1)「数学的活動」指導の意義

数学的活動のうち，特に中学校数学科において重視するものとして，日常の事象や社会の事象から問題を見いだし解決することや，数学の事象から問題を見いだし解決すること，またその過程で数学的な表現を用いて説明し伝え合うことを内容の〔数学的活動〕に位置付けている。

数学科において，数学的活動における問題発見・解決の過程には，主として日常生活や社会の事象に関わる過程と，数学の事象に関わる過程の二つがある。数学的活動は，これら二つの過程において，基本的に問題解決の形で遂行される。すなわち，疑問や問いの発生，その定式化による問題設定，問題の理解，解決の計画，実行，検討及び新たな疑問や問い，推測などの発生と問題の定式化と続く。これら一連の活動を実体験することは，数学を学ぶことの面白さや考えることの楽しさ，数学の必要性や有用性を実感する機会をもたらし，そこでは粘り強く考え抜くことが必要になり，成就感や達成感などを基にして自信を高め自尊感情を育む機会も生まれる。また，異なる考えを相互に取り入れ深めていくなど，互いに理解し合うことにもつながる。

したがって，数学的活動は，生徒にとって数学を学ぶための方法である。また，数学的活動に取り組むこと自体が，知識及び技能を身に付け，思考力，判断力，表現力等を養うために必要であることから，数学的活動は指導の内容でもある。さらに，その後の学習や日常生活，社会生活において，数学に関わり自ら学び自ら考える活動ができるようにすることを目指しているという意味で，数学的活動は数学を

学ぶ目標でもある。それらのバランスをとりつつ，各領域の学習やそれらを相互に関連付けた学習において，数学的活動の楽しさを実感できるようにし，数学的に考える資質・能力を確かに育むことが期待されている。

教育及び学習指導が，願いや目的を実現するための意図的，計画的な営みであることに配慮すれば，教師の関わりは必要であり，生徒の自立への誘いである。したがって，教師の関わりは，時に積極的であり，次第にあるいは状況に応じて個別的，間接的になり，最終的には生徒自身が自力でする営みの機会を設けることが必要である。

(2) 指導内容の概観

小学校算数科においても，数学的活動を通して指導することを重視している。中学校数学科ではこうした経験を基にして，生徒が数学的活動に主体的に取り組むことを一層重視していく。

数学的活動には，数学的な問題発見・解決の過程に位置付く「日常の事象や社会の事象」及び「数学の事象」を対象とした問題解決の活動がある。これらは，数学外の世界と数学を結び付け，数学を生かして考察したり，数や図形の性質などを見いだし，発展させたりする上で重要である。また，これらの活動がより洗練されたものに高められたり，そこで見いだされた問題意識や検討の成果を共有したりするためには,数学的な表現を用いて説明し伝え合う活動が必要不可欠である。したがって，数学的な表現を用いて説明し伝え合う活動は，上述の二つの活動と一体のものとして扱われる必要がある。

このような考えに基づいて，以下に示す①から③の活動を中学校数学科における数学的活動の典型例として内容に位置付け，各学年とも，これらに取り組む機会を設けるものとした。したがって，各学年の内容の指導に当たって，以下に示す①から③の活動のうち行われないものがないようにすることが必要である。〔数学的活動〕に取り組む際には，全体としての流れを大切にするとともに，単元など内容や時間のまとまりを見通して，その中で，どの活動に重点を置いて指導するのかを計画することも重要である。

なお，〔数学的活動〕の内容が第1学年と第2，3学年で異なるのは，生徒の発達の段階や学習の状況，各学年で指導する四つの領域の内容との関係を考慮し，その高まりや広がりを表したものである。

①日常の事象や社会の事象から問題を見いだし解決する活動

日常生活や社会における事象を数量や図形及びそれらの関係などに着目し，理想化したり単純化したりして数学の舞台にのせ，数学の世界で処理して，その結果の意味を日常生活や社会において解釈し，問題を解決する活動である。日常生活や社

会のできごとを自ら数学と結び付けて考察したり処理したりする活動を通して，数学を利用することの意義を実感し，数学のよさを感得できる機会が生まれる。

なお，第1学年においては，「日常の事象」において数学を利用することを重視するとともに，第2，3学年においては，数学を利用する範囲を「社会の事象」にまで広げている。

②数学の事象から問題を見いだし解決する活動

数学の事象から問題を見いだし，それを解決する活動は，発展的，創造的な活動である。見いだされる問題としては，概念，性質，定理など数学的な事実，アルゴリズムや手続きなど多様であり，帰納や類推，演繹などの数学的な推論もより適切さを増し洗練されていく。

なお，第1学年においては，数量や図形及びそれらの関係などに着目し，観察や操作，実験などを通して，問題を見いだす活動を重視するとともに，第2，3学年においては，数学の事象から問題を見いだし解決する際，「見通しをもつ」ことまでを視野に入れ，質的な高まりを期待している。

③数学的な表現を用いて説明し伝え合う活動

言葉や数，式，図，表，グラフなどを適切に用いて，数量や図形などに関する事実や手続き，思考の過程や判断の根拠などを的確に表現したり，考えたことや工夫したことなどを数学的な表現を用いて伝え合い共有したり，見いだしたことや思考の過程，判断の根拠などを数学的に説明したりする活動である。

なお，第1学年においては，自分が納得し，相手に分かりやすく「筋道立てて説明し伝え合う」ことに重点を置き，第2，3学年においては，根拠を明らかにし「論理的に説明し伝え合う」ところまでを視野に入れ，質的な高まりを期待している。

また，多くの場合，③の活動は，指導の過程において，前述した①，②の活動と相互に関連し一体の活動として行われる。

第3章　各学年の目標及び内容

第1節　第1学年の目標及び内容

1　第1学年の目標

> (1) 正の数と負の数，文字を用いた式と一元一次方程式，平面図形と空間図形，比例と反比例，データの分布と確率などについての基礎的な概念や原理・法則などを理解するとともに，事象を数理的に捉えたり，数学的に解釈したり，数学的に表現・処理したりする技能を身に付けるようにする。
>
> (2) 数の範囲を拡張し，数の性質や計算について考察したり，文字を用いて数量の関係や法則などを考察したりする力，図形の構成要素や構成の仕方に着目し，図形の性質や関係を直観的に捉え論理的に考察する力，数量の変化や対応に着目して関数関係を見いだし，その特徴を表，式，グラフなどで考察する力，データの分布に着目し，その傾向を読み取り批判的に考察して判断したり，不確定な事象の起こりやすさについて考察したりする力を養う。
>
> (3) 数学的活動の楽しさや数学のよさに気付いて粘り強く考え，数学を生活や学習に生かそうとする態度，問題解決の過程を振り返って検討しようとする態度，多面的に捉え考えようとする態度を養う。

(1) 知識及び技能

　中学校数学科の目標では，育成を目指す「知識及び技能」に関わる資質・能力を，「数量や図形などについての基礎的な概念や原理・法則などを理解するとともに，事象を数学化したり，数学的に解釈したり，数学的に表現・処理したりする技能を身に付けるようにする」としている。それを第1学年の目標として具体的に示したものが第1学年の目標の(1)である。

　「知識」に関しては，学習するそれぞれの内容についての基礎的な概念や原理・法則などを確実に理解することが重要である。新しく学習する概念や原理・法則などは既習の知識と関連付け，より深く理解できるようにする。例えば，比例の学習では，比例を新たな概念として扱うのではなく，小学校算数科において習得した比例の性質を基に，具体的な事象の中にある二つの数量を見いだし，それらの間の変化や対応について調べ，関数関係を見いだし考察することなどから，比例を関数として捉え直し，比例についての理解を深めることができるようにする。そして，そ

の後の学習で新たに習得した反比例の知識を組み合わせることで，比例の理解が更に深まることになる。このように新たな知識を習得していく過程では，既存の知識と関連付けたり組み合わせたりしていくことにより，その内容に関する知識の確実な習得を図るようにする。

　また，「技能」に関しては，適切な数学的な表現や処理ができるようにすることなど問題発見・解決の基礎をなす技能を身に付けることが必要である。例えば，確率の学習では，あるペットボトルのふたを投げたときに「裏向きが出やすい」という感覚をより的確に表現するには，「10回中，6回の割合で裏向きが出た」のように数学的に表現する必要がある。そして，比の値や相対度数の知識を基に，$\frac{3}{5}$や0.6のような一つの数で表すことができるようにする。これは，不確定な事象の起こりやすさを示す方法として，多数回の観察や試行による確率の必要性を理解し，計算により導き出した数を用いて不確定な事象の起こりやすさを説明できるようにする過程においても必要な技能である。このように「技能」は，それを身に付ける過程において，「思考力，判断力，表現力等」及び「知識」とともに習得されるものであることにも留意する。また，複雑化する状況や問題に対して習得した技能を活用するためには，技能の習熟・熟達を目指すことも重要である。

(2) 思考力，判断力，表現力等

　中学校数学科の目標では，育成を目指す「思考力，判断力，表現力等」に関わる資質・能力を，「数学を活用して事象を論理的に考察する力，数量や図形などの性質を見いだし統合的・発展的に考察する力，数学的な表現を用いて事象を簡潔・明瞭・的確に表現する力を養う」としている。それを第1学年の目標として具体的に示したものが第1学年の目標の(2)である。

　例えば，数と式領域の学習では，数の範囲を正の数と負の数にまで拡張し，算数で学習した数の四則計算と関連付けて，その計算の方法を考察し表現できるようにする。また，正の数と負の数を用いることによって数量を統一的に表現し，物事を今までよりも広く考察することができるようにする。

　文字を用いた式については，一次式の加法と減法の計算の方法を，具体的な場面や数の計算と関連付けて考察し表現できるようにする。また，一元一次方程式については，等式の性質に着目することで解が導けることを見いだし，一元一次方程式を解く方法を考察し表現できるようにする。さらに，具体的な場面で一元一次方程式を活用し，問題を解決したり結果の妥当性を判断したりできるようにする。

　図形領域の学習では，図形の性質や関係に着目して基本的な作図の方法を見いだしたり，図形の移動に着目して二つの図形の関係を調べたりする。空間図形の学習では，空間図形を直線や平面図形の運動によって構成されるものと捉えたり，空間

図形を平面上に表現することで空間図形の性質を見いだしたりする。このような学習を通して，図形の性質や関係を見抜く直観力を養い，その性質を論理的に考察し表現する力を養う。

関数領域の学習では，比例，反比例として捉えられる二つの数量について，表，式，グラフなどを用いて調べ，それらの変化や対応の特徴を見いだすことができるようにする。また，比例，反比例を用いて具体的な事象を捉え考察し表現できるようにする。

データの活用領域の学習では，目的に応じてデータを収集して分析し，分布の傾向を読み取り，それを基に説明できるようにするとともに，分析したものを批判的に考察することで，事象をよりよく捉えたり判断したりできるようにする。また，不確定な事象の起こりやすさを，多数の観察や多数回の試行の結果を基に相対度数と関連付けて考察し表現できるようにする。

(3) 学びに向かう力，人間性等

中学校数学科の目標では，育成を目指す「学びに向かう力，人間性等」に関わる資質・能力を，「数学的活動の楽しさや数学のよさを実感して粘り強く考え，数学を生活や学習に生かそうとする態度，問題解決の過程を振り返って評価・改善しようとする態度を養う」としている。それを内容の系統性と生徒の発達の段階に応じ，第1学年の目標として具体的に示したものが第1学年の目標の(3)である。

「数学的活動の楽しさ」とは数学的活動そのものがもつ醍醐味であったり，数学的活動を主体的に遂行することによって得られる喜びや満足感などであったりする。特に後者は，数学的な見方・考え方が豊かになるに伴い，個人の内面において自然に湧き上がる感覚であると考えられるので，たとえ個々の数学的活動が拙く見えても，大切にされるべきである。また「数学のよさ」とは，数学的な表現や処理のよさや，数量や図形などに関する基礎的な概念や原理・法則のよさ，数学の実用性などを意味する。このような「数学的活動の楽しさ」や「数学のよさ」に気付くことで数学学習への関心・意欲が高まり，数学的活動に積極的に取り組もうとする態度が養われていく。さらに，一人一人の内面に配慮した指導により，あきらめずに考え抜いたり，よりよい方法や結果を見いだすために何度も見直したりする態度が育まれていく。

したがって「学びに向かう力，人間性等」に関わる資質・能力は，「知識及び技能」と「思考力，判断力，表現力等」の資質・能力を，どのような方向性で働かせていくかを決定付ける重要な要素であるとともに，これら二つの資質・能力に支えられているものでもある。個々の生徒の特性を見極めつつ，中学校の早い時期から段階的に養っていくことが大切である。

2　第1学年の内容

A　数と式

A(1)　正の数と負の数

(1) 正の数と負の数について，数学的活動を通して，次の事項を身に付けることができるよう指導する。
　ア　次のような知識及び技能を身に付けること。
　　(ア)　正の数と負の数の必要性と意味を理解すること。
　　(イ)　正の数と負の数の四則計算をすること。
　　(ウ)　具体的な場面で正の数と負の数を用いて表したり処理したりすること。
　イ　次のような思考力，判断力，表現力等を身に付けること。
　　(ア)　算数で学習した数の四則計算と関連付けて，正の数と負の数の四則計算の方法を考察し表現すること。
　　(イ)　正の数と負の数を具体的な場面で活用すること。
〔用語・記号〕
　　自然数　素数　符号　絶対値

[内容の取扱い]

(1) 内容の「A数と式」の(1)に関連して，自然数を素数の積として表すことを取り扱うものとする。
(2) 内容の「A数と式」の(1)のアとイの(ア)に関連して，数の集合と四則計算の可能性を取り扱うものとする。

　小学校算数科では，第4学年までに整数についての四則計算の意味や四則計算に関して成り立つ性質などを取り扱い，その習得と活用を図っている。そして，第5，6学年で交換法則，結合法則，分配法則について，小数や分数の計算でも成り立つことを調べることを通して，その意味と四則計算を学習し，数についての感覚や見方を広げ，その習得と活用を図っている。
　また，小数については第5学年までに，分数については第6学年までに，目的に応じて多様な表現方法を用いながら数の表し方や，それらの意味と計算の仕方などを考察することを学習している。

中学校数学科において第1学年では，これらの学習の上に立って，数の範囲を正の数と負の数にまで拡張し，正の数と負の数の必要性と意味を理解すること，正の数と負の数の四則計算の意味を理解し，その計算ができるようにすること及び正の数と負の数を用いて表したり処理したりすることを通して，具体的な場面でそれらを活用できるようにする。

正の数と負の数の必要性と意味（アの(ア)，[内容の取扱い]（2））

正の数と負の数の必要性については，これまでの経験や日常生活と関連付け，例えば最高気温の前日との差など，正の数と負の数が使われている具体的な場面に結び付けて理解できるようにする。その際，正の数と負の数を用いることによって，

- 反対の方向や性質を数で表すことができること
- ある値を基準とした数の大小の比較ができること
- 数を数直線上に表すことができること
- 減法がいつでも可能になること
- 加法と減法を統一的に表すことができること

など，正の数と負の数のよさを知り，その意味を理解できるようにする。

数の範囲を拡張することについては，小学校第1学年から漸次指導して理解を深めてきている。中学校第1学年では，数の範囲を正の数と負の数に拡張することで，数の集合の捉え直しが必要になる。例えば，小学校算数科における整数とは0と正の整数を合わせたものであった。中学校数学科ではこれに負の整数を加え，数学の概念としての整数を定義する。こうして捉え直した数の集合とその集合における四則計算の可能性について取り上げ，数の概念の理解を深めることができるようにする。

正の数と負の数の四則計算（アの(イ)，イの(ア)，[内容の取扱い]（2））

正の数と負の数の四則計算は，小学校算数科で学習した数の四則計算の意味を拡張して考えることにより可能になり，加法，乗法に関して交換法則，結合法則や分配法則といった計算の法則も成り立つ。ここでは，正の数と負の数の四則計算ができるようにするとともに，その意味が理解できるようにする。例えば，同じ符号の2数の加法の学習を基にして，符号の異なる2数の加法の計算の仕方を見いだし，符号や絶対値などに着目し，正の数，負の数の加法の計算の方法についてまとめることができるようにする。このことを基に，その後の減法や乗法，除法についても同様の視点から計算の方法を考察し表現することができるようにする。このように，数の範囲を拡張し，四則計算とその意味を考えることは，第3学年における平方根の学習においても重要である。

また，小学校算数科では，分数の乗除を考えることによって，逆数を用いて除法を乗法の計算とみることができた。中学校数学科においても，正の数と負の数の加減を考えることによって減法を加法の計算とみることが可能になる。例えば3－2

という計算は「－」を演算記号と考えると減法とみることができるが，(＋3)＋(－2)と表し，「－」を符号と考えると加法とみることができる。加法と減法を統一的にみることで，加法と減法の混じった式を正の項や負の項の和として捉え，その計算ができるようになる。

このような式の見方や四則計算は，文字を用いた式の計算や方程式を解く方法についての学習においても必要であり，習熟を図る必要がある。さらに，正の数と負の数の学習の中だけでなく，それに続く文字を用いた式や方程式などの学習の中でも習熟が図られるようにする必要がある。

正の数と負の数を具体的な場面で活用すること（アの(ウ)，イの(イ)）

様々な事象における問題解決の場面において，正の数と負の数を用いて変化や状況を分かりやすく表したり，能率的に処理したり，その意味を読み取ったりすることができるようにする。例えば，図書館の本の1日の貸出冊数など，設定した目標値を基準として，その目標値からの増減を正の数と負の数を用いて表すことにより，目標の達成状況などを明確に示したり把握したりすることや，仮平均を定めて処理することにより，効率よく平均を求めるなどの活動を設定することが考えられる。このように様々な事象を正の数と負の数を用いて考察し表現することで，それらを活用することができるようにする。

自然数を素数の積として表すこと（[内容の取扱い]（1））

内容の取扱い(1)に示されているように，自然数を素数の積として表すことを内容の「A数と式」の(1)などに関連して取り扱う。これは，自然数を素数の積として表すことによって，小学校算数科で学んできた整数の性質についての理解を深め，中学校での学習につなげることができるからである。

小学校算数科では，整数の性質について，偶数，奇数，約数，倍数，最大公約数，最小公倍数という観点から学習しているが，素数については学習していない。

ここでは，1より大きい自然数が，1とその数自身以外には約数をもたない数とそうではない数とに分けられること，すなわち，素数と素数ではない数との2種類に分けられることを理解できるようにする。

素数ではない数は，その約数を用いて幾つかの自然数の積で表すことができる。また，それらの自然数の中に素数でないものがあれば，さらに，その約数を用いて積に表すという操作を続けていくと，最終的には素数だけの積で表すことができる。これが素因数分解であり，その表し方はただ一通りに決まる。分解の順序をいろいろに変えても，整理すると結果は同じ素数の積になることを活動を通して具体的に知ることができるようにする。このように自然数を素数の積で表すことにより，算数で学習した約数，倍数などの整数の性質について捉え直すことができるようにする。

A(2) 文字を用いた式

> (2) 文字を用いた式について，数学的活動を通して，次の事項を身に付けることができるよう指導する。
>
> ア　次のような知識及び技能を身に付けること。
>   - (ア) 文字を用いることの必要性と意味を理解すること。
>   - (イ) 文字を用いた式における乗法と除法の表し方を知ること。
>   - (ウ) 簡単な一次式の加法と減法の計算をすること。
>   - (エ) 数量の関係や法則などを文字を用いた式に表すことができることを理解し，式を用いて表したり読み取ったりすること。
>
> イ　次のような思考力，判断力，表現力等を身に付けること。
>   - (ア) 具体的な場面と関連付けて，一次式の加法と減法の計算の方法を考察し表現すること。
>
> 〔用語・記号〕
>   項　係数　$\leqq$　$\geqq$

［内容の取扱い］

> (3) 内容の「A数と式」の(2)のアの(エ)に関連して，大小関係を不等式を用いて表すことを取り扱うものとする。

　小学校算数科では，第4学年までに，数量の関係や法則などを数の式や言葉の式，□，△などを用いた式で簡潔に表したり，式の意味を読み取ったりすることや，公式を用いることを学習している。また，第5学年では簡単な式で表されている関係についてその関係の見方や調べ方を学び，第6学年では数量を表す言葉や□，△などの代わりに，aやxなどの文字を用いて式に表したり，文字に数を当てはめて調べたりすることを学習している。

　中学校数学科において第1学年では，数量の関係や法則などを，文字を用いて式に表したり，式の意味を読み取ったり，文字を用いた式の計算をしたりして，文字を用いることのよさについて学習する。指導に当たっては，小学校算数科における学習の状況に十分配慮し，例えば，数量の関係や法則などを数や言葉の式，□，△などを用いた式に表してその意味を読み取ったり，数を当てはめて調べたりする活動を行うなどして，文字のもつ一般性について丁寧に取り扱い，文字に対する抵抗感を和らげながら漸次理解することができるようにする。

文字を用いることの必要性と意味（アの(ア)）

　文字を用いた式は，数量の関係や法則などを簡潔，明瞭にしかも一般的に表現するために必要である。例えば，加法の交換法則を言葉で表すと「被加数と加数を交換しても，結果は等しい」となる。このことを具体的な数を用いると，「$2+3=3+2$」のように簡潔に式に表すことはできるが，加法の交換法則が一般的に成り立つことを表現することはできていない。このような場合，文字a, bを用いることで，加法の交換法則を「$a+b=b+a$」と簡潔，明瞭，しかも一般的に表現することができる。

　また，文字を用いた式で表すことにより，数量の関係を具体的なものの意味に束縛されることなく，抽象的な数の関係として考察することもできる。例えば，式$s=ab$は，（長方形の面積）＝（たて）×（よこ），（値段）＝（単価）×（個数），（道のり）＝（速さ）×（時間）などを表していると考えることができ，どの関係においても，式$s=ab$を$a=\dfrac{s}{b}$と変形して，数量の関係を考察することができる。

　さらに，文字を用いた式には，自分の思考の過程を表現し，他者に的確に伝達できるというよさもある。例えば，図1のようにマッチ棒を並べていくとき，正方形をn個つくるのに必要なマッチ棒の本数は，図2や図3のようにして，$4n-(n-1)$や$2n+(n+1)$などと表すことができる。これらは式としての表現の違いだけでなく，マッチ棒の本数の求め方の違いを表現しているとみることもできる。このような文字を用いることのよさを実感し，その必要性や意味を理解できるようにすることが大切である。

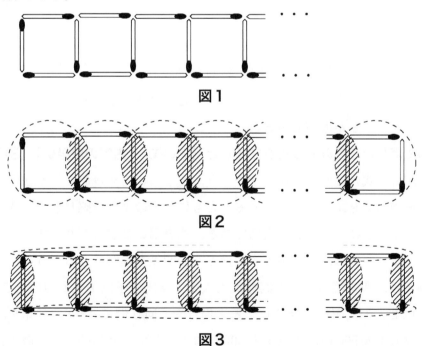

図1

図2

図3

文字を用いた式における乗法と除法の表し方を知ること（アの(イ)）

　文字を用いて数量の関係や法則などを式に表現するとき，乗法の記号×は，文字と文字の間や，数と文字の間では普通は省略し，除法の記号÷は，特に必要な場合を除き，それを用いないで分数の形で表すことを学習する。例えば，

$$a \times b = ab, \quad a \div b = \frac{a}{b}, \quad a \times a = a^2$$

などは，その基本的なものである。これによっていろいろな式の表現が一層簡潔になり，式の取扱いを能率的に行うことができる。

　なお，ab や $\frac{a}{b}$，さらに，$a+b$，$a-b$ という表現は，操作の方法を表しているとともに，操作の結果も表しているという式の見方は大切である。特に学習の初期においては，例えば，$3a+2$ や $5x-5$ のように演算記号が残ったままにしておくことに違和感をもつことがあるので，このことに十分に留意する。

一次式の加法と減法（アの(ウ)，イの(ア)）

　文字を用いた式の計算については，一次式の加法と減法を取り上げる。その計算については，主として一元一次方程式を解くのに必要な程度の簡単な式の計算ができるようにすることをねらいとする。したがって，例えば，$(2x-3)+(x+1)$，$2(3x+4)-3(x-5)$ などのように，一種類の文字についての一次式の加法と減法が学習の中心となる。

　文字を用いた式の計算の方法については，例えば，右のように，項の意味に基づいて計算することや，計算の法則が保たれることなど，数の計算と関連付けて説明できるようにすることが大切である。また，例えば，$a-(b+c)=a-b-c$ であることを確かめるのに，b 円と c 円の品物を買って a 円を出したときのおつりを考えてみるなど，具体的な場面と関連付けて説明で

$$\begin{aligned}
&(3a+1)+(2a+5)\\
&=3a+1+2a+5\\
&=3a+2a+1+5\\
&=(3+2)a+(1+5)\\
&=5a+6
\end{aligned}$$

きるようにすることが大切である。

式を用いて表したり読み取ったりすること（アの(エ)，[内容の取扱い]（3））

　文字を用いた式は優れた表現方法であり，式を用いて数量の関係や法則などを表したり，その意味を読み取ったりするとともに，そのよさを感じ取り，式を積極的に活用できるようにすることが大切である。式を用いて表したり，式の意味を読み取ったりするためには，文字が表す数量とその関係を理解できるようにする必要がある。例えば，ある美術館の入館料が大人1人 a 円，子供1人 b 円のとき，「大人1人と子供2人の入館料の合計」を表す場合や，同じ例で $a-b$ の意味を読み取る場合に，大人1人500円，子供1人300円などとして，具体的な数に置き換えて考えることにより数量の関係を把握できるようにすることが大切である。

　数量の関係を表す式では，相等関係または大小関係を等式または不等式に表す

ことを取り扱い，文字を用いた式に対する理解を深められるようにする。例えば前述の例で，「大人1人と子供2人の入館料の合計は1000円であった」は，$a+2b=1000$ と表される。また，ここでの相等関係は，$2b=1000-a$, $a=1000-2b$ などと表すこともできる。ここでは，等号を計算の過程を表す記号としてではなく相等関係を表す記号として用いる。すなわち，$a+2b=1000$ は「$a+2b$ を計算して 1000 になった」ことを意味するだけではなく，「$a+2b$ と 1000 は等しい（いずれも入館料の合計を表しており，つりあっている）」ことも意味する。こうしたことを読み取れることは，一次方程式の学習と深く結び付いている。また，「大人1人と子供2人の入館料を払うと 1000 円でおつりがもらえた」は，「支払った入館料は 1000 円より安い」と解釈し，$a+2b<1000$ と表すことができる。このように，不等号を用いて数量の大小関係を式に表したり，不等号を用いた式の意味を読み取ったりすることができることを理解できるようにする。

　文字がいろいろな値をとることができることの理解を深めるためには，文字を用いた式の文字に数を代入して式の値を求める学習が役立つ。この学習は，方程式の解の意味を理解するためにも重要である。式の値を求める際には，負の数を代入する場合についても正しく処理できるようにする。ここでは，式の値を求めることを単なる計算練習とはせず，具体的な場面と結び付けることが大切である。

A(3) 一元一次方程式

> (3) 一元一次方程式について，数学的活動を通して，次の事項を身に付けることができるよう指導する。
>   ア　次のような知識及び技能を身に付けること。
>   　(ア) 方程式の必要性と意味及び方程式の中の文字や解の意味を理解すること。
>   　(イ) 簡単な一元一次方程式を解くこと。
>   イ　次のような思考力，判断力，表現力等を身に付けること。
>   　(ア) 等式の性質を基にして，一元一次方程式を解く方法を考察し表現すること。
>   　(イ) 一元一次方程式を具体的な場面で活用すること。
> 〔用語・記号〕
> 　移項

[内容の取扱い]

> (4) 内容の「A数と式」の(3)のアの(イ)とイの(イ)に関連して，簡単な比例式を解くことを取り扱うものとする。

　中学校数学科において第1学年では，文字を用いた式の学習の上に立って，方程式の必要性と意味及びその解の意味を理解し，等式の性質を基にして一元一次方程式を解く方法について考察し表現する。そして，それらを通して代数的な操作のよさを理解するとともに，一元一次方程式を具体的な場面で活用できるようにする。

方程式の必要性と意味及び方程式の中の文字や解の意味（アの(ア)）

　方程式は，変数（未知数）を含んだ相等関係についての条件を表した等式であり，方程式を用いることにより，条件を満たす値を的確に求めることができる。また，方程式の解は，その条件を満たす値である。例えば，方程式 $x+3=5$ は，「x と3の和は5に等しい」ことの数学的な表現であるが，この式は，変数 x が満たすべき条件とも考えられる。この条件が成り立つかどうかは，方程式の中の文字 x の値による。x の変域を整数全体の集合とし，上の方程式の x に　…，-3，-2，-1，0，1，2，3，…　を代入すると，x の値が2のときにこの等式が成り立つ。2以外の数のときは成り立たないので，この2が方程式の解ということになる。このようにして方程式の解を求めることは，解の意味を理解する上で重要である。

一元一次方程式を解くこと（アの(イ)，イの(ア)）

　一元一次方程式を解くには，等式の性質を基にして式を変形し，$x=k$ の形の式をつくり解を求める。このとき使われる等式の性質は次の四つである。

① $a=b$ ならば，$a+c=b+c$
② $a=b$ ならば，$a-c=b-c$
③ $a=b$ ならば，$ac=bc$
④ $a=b$ かつ $c\neq0$ ならば，$\dfrac{a}{c}=\dfrac{b}{c}$

①と②は，正の数と負の数を用いて加法と減法を統一的に表すことを基にすれば，別なものと考えずに統合的にみることができる。また，③と④の乗法と除法の場合も，逆数を用いることによって統合的にみることができる。なお，等式の性質の学習については，例えば，上皿天びんなどを用いる操作的な活動を取り入れるなどして，具体的なイメージをもって理解できるようにすることが大切である。

　また，等式の性質を用いることによって，一元一次方程式 $ax+b=cx+d$ を $x=k$ の形に変形し，解を求めることができるようにする。ここでは，等式の性質①，②によって移項が導かれ，移項によって $Ax=B$（$A\neq0$）の形の方程式に変形し，性質③，④によって，x の係数を1にして解を導く。このように等式の性質を基にして，

もとの方程式と同値な方程式を段階的に導き，$x=k$の形に変形することで解が求められることを理解し，その変形の過程を観察することで，方程式を解く方法について一般的な手順をまとめ，能率よく解を求めることができるようにする。その際，方程式を解くための変形の過程は，一次式の加減のような数や文字を用いた式の計算の過程とは次のような意味で異なることに注意する必要がある。すなわち，数や文字を用いた式の計算が，一つの式をより簡略された式に変形していくことを意味するのに対し，方程式を解く方法は，一つの等式をより簡略で同値な関係にある他の等式に変形していくことを意味することを理解できるようにする。

$$5x+3-(2x-6)$$
$$=5x+3-2x+6$$
$$=5x-2x+3+6$$
$$=3x+9$$

$$5x+3=2x-6$$
$$5x-2x=-6-3$$
$$3x=-9$$
$$x=-3$$

なお，一元一次方程式を解くことについては，具体的な問題の解決に必要な程度の方程式が解けるようにし，それを活用できるようにする。

一元一次方程式を具体的な場面で活用すること（イの(イ)，[内容の取扱い]（4））

具体的な場面における問題を方程式を活用して解決するためには，次のような一連の活動を行うことになる。

① 求めたい数量に着目し，それを文字で表す。
② 問題の中の数量やその関係から，二通りに表される数量を見いだし，文字を用いた式や数で表す。
③ それらを等号で結んで方程式をつくり，その方程式を解く。
④ 求めた解を問題に即して解釈し，問題の答えを求める。

②は，数量や数量の関係を文字を用いた式で表したり，その意味を読み取ったりすることの学習と深く結び付いている。③には，方程式をつくってしまえば，具体的な場面を離れて形式的に処理できるというよさがあり，能率的に方程式が解けるようにしておく必要がある。また④で，方程式を解いた後に，その解がもとの問題の答えとして適切なものであるかどうかを調べる。このことは，方程式をつくるときに表現しきれなかった条件を，具体的な場面に即して再検討することを意味している。このような学習を通して，具体的な場面における問題を方程式を活用して解決するための方法を理解するとともに，解決過程を振り返り，得られた結果を意味付けたり活用したりしようとする態度を養うことができる。

一元一次方程式を活用する場面として，簡単な比例式を解くことが考えられる。例えば「2種類の液体A，Bを3：5の重さの比で混ぜる。B 150gに対して，A

を何g混ぜればよいか」を求めるには,Aをxg混ぜるとして,比例式3:5＝x:150を考えればよい。この比例式は,比の値を用いて$\frac{3}{5}=\frac{x}{150}$と表すことができるので,一元一次方程式とみることができ,この方程式を解くことで,$x=90$となる。つまり,液体Aを90g混ぜればよいことが分かる。このように,比を基にして数量を求めるような具体的な場面において,比例式をつくり,比の値が等しいことから既習の方程式に変形することで問題を解決することができるようにする。

B 図形

B(1) 平面図形

> (1) 平面図形について,数学的活動を通して,次の事項を身に付けることができるよう指導する。
>   ア 次のような知識及び技能を身に付けること。
>   (ｱ) 角の二等分線,線分の垂直二等分線,垂線などの基本的な作図の方法を理解すること。
>   (ｲ) 平行移動,対称移動及び回転移動について理解すること。
>   イ 次のような思考力,判断力,表現力等を身に付けること。
>   (ｱ) 図形の性質に着目し,基本的な作図の方法を考察し表現すること。
>   (ｲ) 図形の移動に着目し,二つの図形の関係について考察し表現すること。
>   (ｳ) 基本的な作図や図形の移動を具体的な場面で活用すること。
> 〔用語・記号〕
>   弧　弦　∥　⊥　∠　△

［内容の取扱い］

> (5) 内容の「B図形」の(1)のイの(ｳ)に関連して,円の接線はその接点を通る半径に垂直であることを取り扱うものとする。

　小学校算数科では,ものの形についての観察や構成などの活動を通して,図形を構成する要素に少しずつ着目できるようにしている。第4学年までに,三角形や四角形,二等辺三角形や正三角形,平行四辺形や台形,ひし形などについて理解し,第5学年では図形の合同,第6学年では縮図や拡大図及び図形の対称性について理解してきている。このように,図形の構成要素,それらの相等や位置関係を考察することにより,図形に対する見方が次第に豊かになってきている。

中学校数学科において第1学年では，平面図形の対称性に着目することで見通しをもって作図し，作図方法を具体的な場面で活用する。こうした学習を通して，平面図形の性質や関係を直観的に捉え論理的に考察する力を養う。また，図形の移動について理解し，二つの図形の関係について調べることを通して，図形に対する見方を一層豊かにする。

基本的な作図（アの(ア)，イの(ア)）

図をかくという操作は，図形に対する興味や関心を引き起こし，図形の性質や関係を直観的に捉え，その論理的な考察を促すという意義をもつ。

数学において作図とは，定規とコンパスだけを用いて，一定の条件を満たす図形をつくることを意味し，定規は2点を通る直線をひく道具として使い，コンパスは円をかいたり長さを写し取ったりする道具として使う。基本的な作図では，小学校算数科で学習した平面図形の対称性に着目して，角の二等分線，線分の垂直二等分線，垂線などについて学習する。このとき，作図の方法を一方的に与えるのではなく，図形の対称性や図形を決定する要素に着目して作図の方法を見いだし，その方法を図形の性質や関係に基づいて説明する活動を大切にする。例えば，∠XOYの二等分線を作図するには，角の二等分線が通るべき2点を決めて，その2点を通る直線（半直線）をひけばよい。角の二等分線がその角の対称軸になることについては，紙を折って角をつくる2辺OX，OYを重ねるなどの操作を通して気付くことができる。∠XOYの対称軸は頂点Oを通るので，この対称軸が通るべきもう一つの点Pを定めることが必要となる。このように角の二等分線の作図を捉えれば，∠XOYの対称軸上にある点Pを探せばよいという見通しをもつ

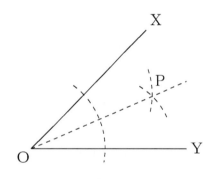

ことができる。指導に当たっては，こうした見通しや作図の方法について，数学的な表現を用いて筋道立てて説明することを通して，論理的に考察し表現する力を養うことが大切である。

また，角の二等分線，線分の垂直二等分線，垂線の作図は，いずれも対称性に着目すれば同じものとして統合的に捉えることができる。具体的には，角の二等分線の作図で，OP＝OQ，AP＝AQから，点Oと点Aを中心とする二つの円の交点がP，Qであるとみることができる。線分の垂直二等分線の作図でも，A，Bを中心とする同じ半径の二つの円の交点がP，Qである。垂線の作図では，A，Bを中心とする二つの円の交点がP，Qである。つまり，いずれも二つの円がそれぞれの中心どうしを結ぶ直線に対して線対称であることを用いている。このように作図の方法を見直し，図形の対称性が作図の方法を統合的に捉える上で重要な役割を果たしてい

ることを見いだす場面を設定することが考えられる。

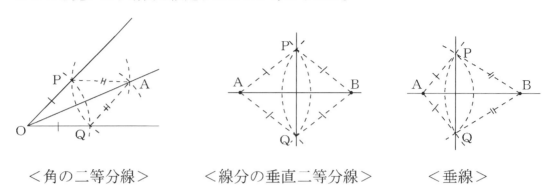

<角の二等分線>　　　<線分の垂直二等分線>　　　<垂線>

平行移動，対称移動及び回転移動（アの(イ)，イの(イ)）

　小学校算数科では，第6学年において一つの図形についての対称性が取り扱われている。中学校数学科では，図形の移動に着目し，図形間の関係として対称性を考察する。具体的には，二つの図形のうち一方を移動して他方に重ねる方法を見いだしたり，一つの図形を移動する前と後で比較したりして図形の性質や関係を捉える。

　図形の移動に関連して，小学校の低学年から，「ずらす」，「まわす」，「裏返す」などの操作を通して図形の性質を考察しており，それによって図形の形や大きさが変わらないことを自然に捉えている。ここでは，形や大きさを変えない移動として，平行移動，対称移動及び回転移動について学習する。

　図形の移動とは，あるきまりに従って図形を他の位置に移すものであり，その図形を構成している各点がそのきまりに従って移動することになる。平行移動は，図形を一定の方向に一定の距離だけ移動することであり，この移動は方向と距離によって決まる。対称移動は，図形をある直線を軸として対称の位置に移動することである。この移動は，対称軸の位置によって決まる。回転移動は，図形をある点を回転の中心として一定の角だけ回転する移動である。この移動は，回転の中心の位置及び回転角の大きさと回転の向きによって決まる。特に，回転角の大きさが180°である回転移動を，点対称移動という。

　指導に当たっては，このような図形の移動を通して，移動前と移動後の二つの図形の関係に着目できるようにすることで，図形の性質や関係を見いだし，図形の移動について考察し表現する活動を大切にする。例えば，合同な図形の敷き詰め模様を観察することによって，その中の二つの図形がどのような移動によって重なるかを直線の位置関係，対応する辺や角の相等関係，図形の合同などに基づいて考察し，数学的な表現を用いて筋道立てて説明する。また，一つの図形を基にしてそれを移動することによって敷き詰めを行い，模様をつくることも考えられる。さらに，作図の意味の理解を深めるために，基本的な作図の方法や結果を，図形の移動に着目して確かめることも大切である。

このように，移動に関する内容を，図形の位置関係や相等関係，作図に関する内容と相互に関連付けながら取り扱うことで，平面図形についての理解を一層深めるとともに，図形に対する見方をより豊かにすることができる。この際，数学的な表現を用いて筋道立てて説明することを通して，論理的に考察し表現する力を養い，第2学年における図形の合同の学習につなげていくことが大切である。

作図や図形の移動を具体的な場面で活用すること（イの㋒，［内容の取扱い］(5)）

　日常の事象を図形の形や大きさ，構成要素や位置関係に着目して観察し，その特徴を捉えることで，図形の性質や関係を用いて日常の事象の特徴をより的確に捉えたり，問題を解決したりすることができるようになる。そのために，紙や模型などを実際に操作するなどの活動を取り入れ，日常の事象の特徴を捉えられるようにする。例えば，日本の伝統文様には，「麻の葉」と呼ばれるものがあり，この文様は，頂角120°の合同な二等辺三角形を敷き詰めてできたものとみることができる。このそれぞれの二等辺三角形は，一つの二等辺三角形を対称移動したり，回転移動したり，平行移動したりした図形などとみることができる。この他にも，図形の様々な性質を用いた伝統文様には，「矢絣（やがすり）」，「亀甲（きっこう）」などがある。こうした美しい伝統文様にどのような特徴があるのかについて興味や関心をもって考察し表現することも大切である。ここでは，平行移動として，二つの図形の対応する点を結んだ線分がそれぞれ平行で長さが等しくなって

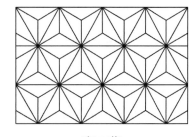

麻の葉

いることや，回転移動として，どの点を回転の中心としてどちらの向きに何度回転されているかを見いだしたり，対称移動として，二つの図形について対称の軸をかき入れ，対応する点を結んだ線分が対称の軸と垂直に交わり，その交点で2等分されることを確認したりすることが大切である。

　円の接線を作図する方法については，円の対称性に着目して見いだすことができる。円の対称軸に垂直な直線を平行に移動させていくことで接線をかくことができることを基に，円周上の点における接線の作図の方法を理解する。このことに関連して，円の接線はその接点を通る半径に垂直であることを確認することができる。

　作図を具体的な場面で活用することについては，物差し（目盛りのついた定規）や分度器を用いて長さや角の大きさを測って図をかいてきたこれまでの方法と比較し，測定に頼らずに図形を論理的に考察し，図として表すことができることを学習する。例えば，物差しや分度器を用いずに定規とコンパスだけを用いて，30°や45°の角を作図したり，三角形の辺や角を写し取って合同な三角形をかいたりする。このように三角形の構成要素を写し取ってかく方法の背景には，3辺の長さ，2辺の長さとその間の角の大きさ，1辺の長さとその両端の角の大きさによって三角形

がかけることなどがある。このことの理解は論理的な考察をするための基礎となり，小学校算数科においても三角形の構成要素を写し取ってかく活動などを行っている。

B (2) 空間図形

> (2) 空間図形について，数学的活動を通して，次の事項を身に付けることができるよう指導する。
>   ア 次のような知識及び技能を身に付けること。
>   (ア) 空間における直線や平面の位置関係を知ること。
>   (イ) 扇形の弧の長さと面積，基本的な柱体や錐体，球の表面積と体積を求めること。
>   イ 次のような思考力，判断力，表現力等を身に付けること。
>   (ア) 空間図形を直線や平面図形の運動によって構成されるものと捉えたり，空間図形を平面上に表現して平面上の表現から空間図形の性質を見いだしたりすること。
>   (イ) 立体図形の表面積や体積の求め方を考察し表現すること。
>
> 〔用語・記号〕
>   回転体　ねじれの位置　π

［内容の取扱い］

> (6) 内容の「B図形」の(2)のイの(ア)については，見取図や展開図，投影図を取り扱うものとする。

　小学校算数科では，第1学年から身近な立体について観察したり，分類したりして，ものの形を次第に抽象化して，図形として捉えられるようにしてきている。また，第2学年から図形の構成要素に着目して立体図形を扱ってきている。第3学年では球を取り扱い，第5学年までに，立方体，直方体，角柱，円柱を取り扱い，それらの見取図や展開図をかくことなどを通して立体図形についての理解を深めてきている。

　中学校数学科において第1学年では，これらの学習の上に立って，空間図形についての理解を一層深める。小学校算数科で立体図形として扱っていたものを，中学校数学科では空間図形，すなわち，空間における線や面の一部を組み合わせたものとして扱うという点に留意する。また，図形の性質や関係を直観的に捉え論理的に

考察する力を養うために，例えば，立体の模型を作りながら考えたり，目的に応じてその一部を平面上に表す工夫をしたり，平面上の表現からその立体の性質を読み取ったりするなど，観察や操作，実験などの活動を通して図形を考察することを基本にして学習を進めていく。図形の計量についても，計算方法を導くだけでなく，図形について理解する一つの側面として位置付ける。なお，錐体(すい)は中学校で初めて取り扱う立体であることに留意する。

空間における直線や平面の位置関係（アの(ア)）

小学校算数科でも，直方体などに関連して，直線や平面の平行や垂直の関係について学習しているが，これは具体的な立体の構成要素の位置関係を扱ったものである。中学校数学科では，小学校算数科における立体図形の学習を振り返り，具体的な空間図形を扱いながらも，抽象化された直線や平面の位置関係を考察することになる。

空間における直線を無限に延びているものと捉えることは，平面図形の場合と同様に，空間における平面についてもそれが無限に広がっているものと捉える。そして，空間における直線が２点によって決定されること，平面が同一直線上にない３点，一つの直線とその上にない１点，交わる２直線によって決定されることなどを理解できるようにする。また，平面で考察したことを類推によって空間に拡張し，空間についての豊かな感覚を育むことも大切である。例えば，平面が一つの直線で二つの部分に分けられるように，空間は一つの平面で二つの部分に分けられることなどである。

空間における直線や平面の位置関係については，直線や平面がどのような位置にあるか，また，どのような交わり方をするかを考察する。

空間における直線と直線の位置関係には，二つの直線が交わる場合と交わらない場合とがある。交わらない場合には，平行な場合と平行でない場合とがあり，平行でない場合，二つの直線はねじれの位置にあるという。そして，二つの直線が交わる場合と平行である場合には，それらによって一つの平面が決定される。すなわち，その二つの直線は同一平面上にある。

空間における直線と平面の位置関係には，直線が平面に含まれる場合，直線と平面が交わる場合，直線と平面が平行である場合がある。直線と平面が交わる場合の中で，特に直線が平面に垂直な場合については，直線が平面に対してどの方向にも傾いていないこと，すなわち，直線が平面との交点を通るその平面上の全ての直線と垂直であることを確かめる必要がある。しかし「平面が交わる２直線によって決定される」ことを基にすれば，直線が２直線の交点において，その２直線に垂直であれば，その２直線によって決まる平面に垂直であることが分かる。つまり，直線が平面と垂直であるかどうかを調べるには，平面上の交わる２直線に垂直であるこ

とを調べればよい。

空間における平面と平面の位置関係には，二つの平面が交わる場合と交わらない場合とがある。交わるときの特別な場合として垂直があり，交わらない場合が平行である。また，二つの平面の交わりは直線である。

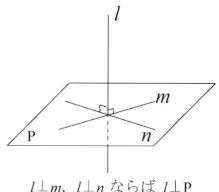

$l⊥m$，$l⊥n$ ならば $l⊥P$

直線や平面の位置関係についての内容は，空間図形を考察する際に基本となるものであり，空間図形について分析的に捉えるためには不可欠である。指導に当たっては，観察や操作，実験などの活動を通して，直線や平面の位置関係の捉え方が生かされるような具体的な場面を取り入れることが大切である。実際に立体を作って観察したり，それを用いて説明したりする活動を通して，直線や平面の位置関係を理解できるような機会を設けることに配慮する。このような活動の中で，一つの直線に平行な二つの直線は平行であることや，一つの直線に垂直な二つの直線は空間では平行とは限らないことなどにも気付かせる。

平面図形の運動による空間図形の構成（イの(ア)）

空間図形は，平面図形の運動によって構成されたものとみることができる。例えば，面の構成について，角柱の側面を一つの線分が平行に移動してできたものとみること，円柱や円錐の側面を一つの線分が定直線（軸）のまわりに回転してできたものとみることなどがあげられる。また，立体の構成について，角柱や円柱をその底面である多角形や円が一定の方向に平行に移動してできたもの，円柱を長方形がその1辺を軸として回転してできたもの，円錐を直角三角形が直角をはさむ2辺のうちどちらか1辺を軸として回転してできたもの，球を半円がその直径を軸として回転してできたものとみることなどがあげられる。

空間図形を平面図形の運動によって構成されたものとみることで，空間図形の性質を見いだし，日常生活の場面と空間図形を結びつける活動を大切にする。例えば，ろくろを用いて作られた陶器を回転体として捉えて観察したり，カードやブロックを鉛直に積み重ねる場面で，どのような立体ができるかを調べたりする場面を設定することが考えられる。

指導に当たっては，実際に直角三角形などの平面図形の1辺を軸として回転して調べたり，線分や面の運動によってできる立体を分類したりするなど，観察や操作，実験などの活動を通して空間図形の理解を深めることが大切である。

空間図形を平面上に表現し，性質を見いだすこと（イの(ア)，[内容の取扱い]（6））

具体的な空間図形の性質を理解するために，その図形の必要な部分を見取図や展開図，投影図として平面上に表現して捉えたり，平面上の表現からその図形の性質

を見いだしたりすることを扱う。例えば，空間図形の模型を手元に置かなくても，その見取図をかいたり，見取図から性質を読み取ったりすることによって，その空間図形のもつ性質を考察することができる。また，立方体や正四面体の模型を作ろうとして展開図を用いることは，面と面や辺と辺の位置関係などに着目して，立体の各面の様子を分析的に観察することを必要とする。あるいは，円柱や円錐の側面積を求めようとするときには，曲面の面積をどのように捉えるかが問題になるが，これを展開図に表せば，長方形や扇形の面積として捉え直すことができる。さらに，中学校数学科で初めて学習する投影図については，空間図形を上から見た図（平面図）や前から見た図（立面図）などに表現して，その空間図形のもつ性質を考察する。このようにして，一つの方向からだけではなく，自分で視点を決めて観察し，分析的に考察することができる。

なお，空間図形を平面上に表したとき，もとの空間図形の性質が保存されていないこともある。例えば，右図のような立方体の見取図から，立方体の性質を読み取ろうとするとき，見た目で，二つの対角線の長さ（AC，CF）が等しくないと判断してしまうことがある。このことは，展開図や投影図に表すことで「二つの線分は合同な正方形の対角線であるから長さが等しい」と論理的に考察することによって正しく判断することができる。指導に当たっては，平面上に表現された空間図形を読み取る際，見取図，展開図，投影図を目的に応じて相互に関連付けて扱うようにすることが大切である。このようにして，具体的な空間図形について，その見取図，展開図，投影図を用い，図形の各要素の位置関係を調べることを通して，論理的に考察する力を養うようにする。

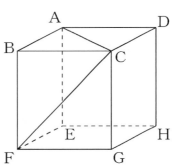

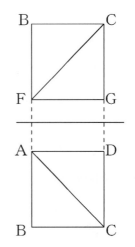

扇形の弧の長さと面積（アの(イ)）

中学校数学科では，円の周の長さや面積の求め方について小学校算数科での学習を振り返るとともに，円の周の長さや面積を円周率πを用いて表すことを扱う。また，円の一部としての扇形について，同一の円の弧の長さと面積がその中心角の大きさに比例することを理解し，扇形の弧の長さや面積を求めることができるようにする。

立体図形の表面積や体積の求め方を考察し表現すること（アの(イ)，イの(イ)）

小学校算数科では，直方体の体積に帰着して，角柱や円柱の体積が底面積と高さ

の積として求められることを学習している。中学校数学科では，角柱や円柱を，その底面の多角形や円が高さの分だけ平行に移動することによって構成される立体とみることと関連させて，小学校算数科で学習した角柱や円柱の体積の求め方について理解を深めることができる。

中学校数学科で初めて学習する錐体の体積は，それと底面積と高さがともに等しい柱体の体積の$\frac{1}{3}$である。球の体積は，それがぴったりと入る円柱の体積の$\frac{2}{3}$である。錐体や球の体積については，柱体の体積との関係を予想させ，その予想が正しいかどうかを，模型を用いたり実験による測定を行ったりして確かめるなど，実感を伴って理解できるようにする。

柱体や錐体の表面積については，実際にその立体を平面上に展開して求めるなどの活動を通して指導し，展開図の有用性も感得しつつ理解できるようにする。球の表面積についても，模型を用いたり実験による測定を行ったりして，実感を伴って理解できるようにすることが大切である。

このような立体図形の求積では，ある立体の表面積や体積を求めるためには，どのような図をかいて，どの要素が分かればよいか，そのためにどのような性質や関係を用いればよいかを調べていくなど，目的を明らかにして，そこから逆向きに考えて解決していくことが考えられる。例えば，円錐の表面積を求める場面で，円錐の展開図をかき，側面の展開図が扇形になり，側面積を求めるには扇形の中心角の大きさが分かればよいことを確認し，その上で，底面の円周と扇形の弧の長さが等しくなることに着目して，中心角の大きさを求めることが考えられる。このように，立体図形の表面積や体積の求め方について，見取図や展開図を用いて筋道立てて説明することを通して，空間図形についての理解を一層深め，論理的に考察し表現する力を養う。

なお，ここでは，三角形や円などその面積を求めることができる図形を底面にもつ柱体や錐体を扱う。

C 関数

C(1) 比例，反比例

(1) 比例，反比例について，数学的活動を通して，次の事項を身に付けることができるよう指導する。
　ア　次のような知識及び技能を身に付けること。
　　(ｱ)　関数関係の意味を理解すること。
　　(ｲ)　比例，反比例について理解すること。

(ウ)　座標の意味を理解すること。
　　　(エ)　比例，反比例を表，式，グラフなどに表すこと。
　　イ　次のような思考力，判断力，表現力等を身に付けること。
　　　(ア)　比例，反比例として捉えられる二つの数量について，表，式，グラフ
　　　　などを用いて調べ，それらの変化や対応の特徴を見いだすこと。
　　　(イ)　比例，反比例を用いて具体的な事象を捉え考察し表現すること。
〔用語・記号〕
　　関数　変数　変域

　小学校算数科では，第4学年から第6学年にかけて，変化の様子を表や式，折れ線グラフを用いて表したり，変化の特徴を読み取ったり，伴って変わる二つの数量を見いだして，それらの関係に着目し，変化や対応の特徴を考察したりしてきている。また，比例の関係を理解しこれを用いて問題を解決してきている。なお，比例の理解を促すため，反比例についても学習してきている。

　中学校数学科において第1学年では，これらの学習の上に立って，具体的な事象の中から伴って変わる二つの数量を取り出して，その変化や対応の仕方に着目し，関数関係の意味を理解できるようにする。

　比例，反比例の学習は，日常生活において数量間の関係を探究する基礎となるものである。これらの学習においては，一般的，形式的に流れることなく，具体的に事象を考察することを通して，関数関係を見いだし考察し表現する力を養う。また，数の拡張や関数の概念を基にして，小学校算数科で学習した比例，反比例を関数として捉え直すことも必要である。

関数関係の意味（アの(ア)）

　関数関係とは，関係する二つの数量について，一方の値を決めれば他方の値がただ一つ決まるような関係を意味している。ここでは，二つの数量の関係について，「…は…の関数である」などの表現を用いて捉え，変化や対応の様子に注目して関数関係についての理解を深める。

　関数についての学習の初期段階においては，小学校算数科で学習した比例，反比例は関数の一例であることを確認したり，身近な数量の関係の中に関数関係にあるものを確認したりすることを通して，関数の意味を理解できるようにすることが大切である。

　中学校数学科において，二つの数量の関係を表，式，グラフに表すのは，これらを手立てとしてその変化や対応の特徴を捉え，関数関係について調べることがねらいである。

　数量の関係を表に表すときは，対応する二つの値の組を明確に捉えることが大切

である。そのとき，一方の変数（独立変数）のとる値を，目的に応じて一定の順序に並べて表をつくるという方法を理解することが重要である。

　数量の関係を式に表すときは，変数と定数の違いを明らかにし，変数として何をxとし，何をyとするかを明確にすることが必要である。式に表すことによって，一方の変数のとる値を決めれば，それに対応する他の変数の値が決まることが分かり，式を基にして表やグラフをつくることができるようになる。なお，式に表すことができない関数関係があることにも留意する。

　数量の関係をグラフに表すときは，対応する二つの値の組を座標とする点を座標平面上にとればよい。また，グラフを用いて変数xのとる値を一つ決めれば，対応する変数yの値が求められることを理解できるようにする。

　表，式，グラフを用いて表すとき，これらを別々のものとして扱うのではなく，これらの表し方を相互に関連付けて理解できるようにすることが重要である。例えば，ある具体的な事象を考察するのに数量の関係を表に表した場合，それを式やグラフに表すことによって，表には現れていない値の組を求めることができるなど数量の関係についての理解が更に深められる。また，数量の関係を式で表した場合，それを表やグラフに表すことによって，その式が表す数量の関係について変化や対応の様子を具体的に捉えることができ，数量の関係の特徴を理解することが容易になる。このような関数関係の意味について，中学校3年間の学習を通して徐々に理解が深められるようにする。

比例，反比例（アの(イ)）

　小学校算数科では，第5学年で，簡単な比例の関係について学習し，第6学年では，これらの学習の上に立って，比例の関係について理解し，簡単な場合について表，グラフなどを用いてその特徴を調べることをしてきている。また，反比例については，比例についての理解を一層深めることをねらいとして，反比例について知ることとしている。

　比例の意味については，小学校算数科では，次の三通りの意味の学習が行われている。

- 二つの数量があり，一方の量が2倍，3倍，…と変化するのに伴って，他方の量も2倍，3倍，…と変化し，一方の量が$\frac{1}{2}$倍，$\frac{1}{3}$倍，…と変化するのに伴って，他方の量も$\frac{1}{2}$倍，$\frac{1}{3}$倍，…と変化する。
- 二つの数量の一方がm倍になれば，他方もm倍になる。
- 二つの数量の対応している値の比（商）に着目すると，それがどこも一定になっている。

　また，反比例については，比例と対比させて，次の三通りの意味を知ることとしている。

- 二つの数量があり，一方の量が2倍，3倍，…と変化するのに伴って，他方の量は$\frac{1}{2}$倍，$\frac{1}{3}$倍，…と変化し，一方の量が$\frac{1}{2}$倍，$\frac{1}{3}$倍，…と変化するのに伴って，他方の量は2倍，3倍，…と変化する。
- 二つの数量の一方がm倍になれば，他方は$\frac{1}{m}$倍になる。
- 二つの数量の対応している値の積に着目すると，それがどこも一定になっている。

ただし，変域は負でない数の場合だけである。

中学校数学科では，これらの学習の上に立って，比例，反比例を，変域を負の数にまで拡張し，文字を用いた式で表現する。比例については，一般的に，aを比例定数として，$y=ax$または，$\frac{y}{x}=a$という式で表される関係であること，反比例については，一般的に，aを比例定数として，$y=\frac{a}{x}$または，$xy=a$という式で表される関係であることを学習する。

座標の意味（アの(ウ)）

小学校算数科では，第4学年で，座標の意味につながる平面上や空間にあるものの位置の表し方について学習している。また，変化の様子を折れ線グラフに表すことを第4学年から学んでいるが，二つの数の組を用いて平面上の位置を表すという座標の概念に基づいたものではない。

中学校数学科では，これらの学習の上に立って，座標を理解し，数量の関係を座標を用いてグラフに表す。

平面上にある点の位置は，一般に，交わる2本の数直線を軸として，その点に二つの数の組を対応させることによって表現できる。これが平面における座標の概念である。中学校数学科では，座標の意味として，原点Oで直交した2本の数直線によって平面上の点が一意的に表されることを理解する。座標を用いることによって，グラフを点の集合として表すことができるようにする。

比例，反比例の表，式，グラフ（アの(エ)）

小学校算数科では，第5，6学年で，比例について学習している。

中学校数学科では，変数を明確に意識し，表から変数x, yの間の関係を見いだし，その関係を$y=ax$または，$\frac{y}{x}=a$という式に表せること，これらの式における比例定数aの意味を理解する。グラフについては，変域が負の数まで拡張された上で，原点を通る直線であることを理解し，比例定数aの値によってどのようにグラフが変わるかということも学習する。

反比例については，小学校算数科では，第6学年で，比例についての理解を一層深めることをねらいとして，反比例を知ることとしている。中学校数学科では，変数を明確に意識し，表から変数x, yの間の関係を見いだし，$y=\frac{a}{x}$または，$xy=a$という式に表せることを理解する。そして，式における比例定数aの意味を理解

する。グラフについては，原点を通らない二本の曲線となることを理解し，比例定数aの値によってどのようにグラフの概形が変わるかということも学習する。なお，グラフの学習においては，式を基に曲線をかくことは初めてなので，座標平面上に必要に応じて点をとることにより，グラフが滑らかな曲線になることや，グラフが座標軸とは交わらないことを理解することが大切である。その際，電卓等を利用することにより，対応するx，yの値を求める計算の能率化を図ることも考えられる。

ここでの学習においては，小学校算数科で学習した表，式，グラフと，中学校数学科で変域を負の数まで拡げ，座標を理解するなどして学習する表，式，グラフとの違いを明確にすることが必要である。

比例，反比例の変化や対応の特徴を見いだすこと（イの(ア)）

小学校第6学年においても，表，式，グラフを用いて，比例，反比例として捉えられる二つの数量の関係について，変化や対応の特徴を見いだすことを学習してきている。こうした小学校算数科での学習を踏まえつつ，中学校第1学年の学習では，次の二点が大切である。

第一は，数の範囲を正の数と負の数にまで拡張し，比例，反比例における変化や対応の特徴を見いだすことである。数の範囲を正の数と負の数にまで拡張することには，次の二つの場合が含まれる。一つは，変域を正の数と負の数にまで拡張する場合である。もう一つは，比例定数が正の数や負の数になる場合である。これら二つの意味での数の範囲の拡張に伴い，中学校第1学年では，関数という視点から，文字を用いた式である$y=ax$，$y=\dfrac{a}{x}$によって比例，反比例を定義し，それらの変化や対応の特徴を一般的に考察することになる。

第二は，比例，反比例の変化や対応の特徴を考察するに当たって，表，式，グラフを用いることである。小学校算数科における比例，反比例の学習は，正の数の範囲に限定されている。そのため，比例については，xの値が増加すれば，yの値もいつも増加するというイメージをもっている生徒が少なからずいる。反比例についても，xの値が増加すれば，yの値はいつも減少するというイメージをもっている生徒がいる。指導に当たっては，比例定数が正の数の場合と負の数の場合の式とそれぞれのグラフの増減とを比較・検討するなどして，比例，反比例の意味や特徴を理解できるようにすることが大切である。

また，こうした表，式，グラフを用いた比例，反比例の学習では，それぞれの表現の特徴を理解できるようにすることも大切である。実際，表は，実験や観察の結果を記録したり整理したりするための手段としても有用である。その意味において，表は，比例，反比例の関係の特徴を見いだし考察するための基本となる数学的な表現といえる。一方，表に表される数量の値は離散的である。そのため，比例，反比例の関係を連続的かつ全体的に把握するためには，グラフによる視覚的な表現が適

している。さらに，比例，反比例の関係を簡潔に表現し厳密に考察するためには，式による表現が有用になる。このような表，式，グラフの特徴について，漸次理解を深められるように指導し，目的に応じて数学的表現を適切に選択できるようにすることが大切である。

比例，反比例を用いて具体的な事象を捉え考察し表現すること（イの(イ)）

比例，反比例に関わる日常の事象は数多くあり，また，他教科，特に理科の内容に関連した事象がある。さらに，比例，反比例は，長さと面積の関係など数学の既習内容によって学習することもできる。二つの数量の関係を表，式，グラフで表し，その関係が比例，反比例であると理解できれば，二つの数量の変化や対応について様々な特徴を捉えることができる。また，捉えた特徴を表，式，グラフを用いて，分かりやすく説明することもできる。例えば，比例に関して，半径がrで周の長さがℓの円について，「半径を2倍，3倍，…にすると，周の長さはどのように変化するか」を調べるためには，具体的な数で計算して調べることをしなくても，$\ell = 2\pi r$という式の意味を読み取り比例の関係を見いだして説明することができる。また，この円の面積をSとするとき，「半径を2倍，3倍，…にすると，面積も2倍，3倍，…になるかどうか」については，$S = \pi r^2$という式からその関係が比例でないことが分かる。

また，日常の事象の中には，厳密には比例，反比例ではないが，ある問題を解決するために比例や反比例とみなして結論を得ることがある。二つの数量の関係を表やグラフで表し，その関係を理想化したり単純化したりすることによって比例や反比例とみなし，それによって変化や対応の様子に着目して未知の状況を予測できるようになることを知ることは重要である。この際，事象を理想化したり単純化したりすることで，求めた結果の適用できる範囲に一定の制約が生じることについて理解することも重要である。

なお，具体的な事象を扱う際には，変数の変域に注意する必要がある。例えば，長さと面積の関係を比例，反比例を用いて捉えるとき，長さや面積を負の数の範囲で捉えることは現実的ではない。具体的な事象においては，変域を意識しながら事象を捉え考察し表現できるようにする。

D　データの活用

D(1)　データの分布

(1) データの分布について，数学的活動を通して，次の事項を身に付けることができるよう指導する。

ア　次のような知識及び技能を身に付けること。
　　　　(ｱ)　ヒストグラムや相対度数などの必要性と意味を理解すること。
　　　　(ｲ)　コンピュータなどの情報手段を用いるなどしてデータを表やグラフに
　　　　　　整理すること。
　　　イ　次のような思考力，判断力，表現力等を身に付けること。
　　　　(ｱ)　目的に応じてデータを収集して分析し，そのデータの分布の傾向を読
　　　　　　み取り，批判的に考察し判断すること。
　〔用語・記号〕
　　　範囲　累積度数

　小学校算数科では，統計的な問題解決の方法を知るとともに，棒グラフ，折れ線グラフ，円グラフ及び帯グラフを学習し，度数分布を表やグラフに表したり，データの平均や散らばりを調べるなどの活動を通して，統計的に考察したり表現したりしてきている。また，第5学年では測定値の平均について学習し，第6学年では，平均値，中央値，最頻値などの代表値を用いたりドットプロットなどを用いたりして統計的に考察したり表現したりすることを学習している。ここで，平均値はデータの個々の値を合計し，データの個数で割った値，中央値はデータを大きさの順に並べたときの中央の値，最頻値はデータの中で最も多く現れている値のことである。また，ドットプロットとは数直線上の該当する箇所にデータを配置し，同じ値のデータがある際には積み上げて表したものである。

　中学校数学科において第1学年では，これらの学習の上に立って，データを収集，整理する場合には，目的に応じた適切で能率的なデータの集め方や，合理的な処理の仕方が重要であることを理解できるようにする。さらに，ヒストグラムや相対度数などについて理解し，それらを用いてデータの傾向を捉え説明することを通して，データの傾向を読み取り，批判的に考察し判断することができるようにする。

ヒストグラムの必要性と意味（アの(ｱ)）

　日常生活や社会においては，データに基づいて判断しなければならないことが少なくない。目的に応じて収集したデータについては，大きく分けて，人口統計における都道府県名のように質的な特徴に着目した質的データと，過去1か月間の正午の気温のように量的な特徴に着目した量的データとがある。いずれのデータについても，適切な判断を下すためには，目的に応じて統計的な表現や処理を行い，それを基にしてデータの傾向を読み取る必要がある。

　データを整理する方法としては，質的データでは一次元の表や棒グラフ，帯グラフなどがあり，量的データではドットプロットや度数分布表，ヒストグラムなどがある。小学校算数科では，第6学年で，ヒストグラムを柱状グラフとして学習して

おり，中学校第1学年で，その理解を深めていく。ヒストグラムを用いることで，量的なデータの分布の様子を捉えることができる。データを幾つかの階級に分け，ある階級に属する度数を明らかにすることで，全体の形，左右の広がりの範囲，山の頂上の位置，対称性，極端にかけ離れた値（外れ値）の有無など，直観的に捉えやすくなる。

ヒストグラムからデータの分布の傾向を読み取る場合，階級の幅の設定の仕方に注意する必要がある。例えば，図1はある中学校の第1学年の生徒100人のハンドボール投げの記録である。このデータから，階級の幅を3mに設定したヒストグラムと，2mに設定したヒストグラムを作成する

```
16, 12, 27, 18, 18, 23, 22, 24, 15, 13
26, 12, 24, 24, 15, 10, 18, 15, 18, 18
18, 18, 15, 16, 21, 11, 12, 20, 26, 27
16, 20, 25, 21, 18, 18, 23, 16, 18, 24
16, 18, 14, 18, 14, 14, 18, 15, 14, 18
23, 23, 23, 14, 14, 21, 21, 27, 25, 23
20, 22, 27, 18, 18, 14, 18, 18, 27, 24
15, 25, 15, 24, 23, 21, 25, 25, 15, 16
24, 11, 25, 23, 13, 13, 20, 15, 20, 26
18, 20, 25, 22, 23, 23, 21, 22, 16, 22
```

図1　　　　　（単位m）

と，それぞれ図2と図3のようになる。図2のヒストグラムからは，データの分布の様子は一つの山の形に見えるが，図3では二つの山の形に見える。したがって，ヒストグラムから「ハンドボールを何mくらい投げた人が多いのか」を読み取りたい場合，図2と図3のどちらのヒストグラムを基にするかで，生徒の判断は異なる可能性がある。

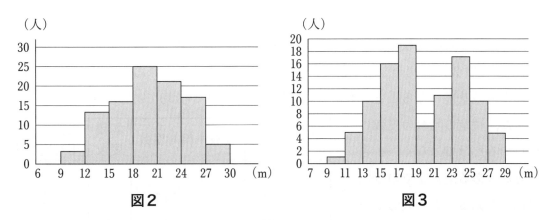

図2　　　　　　　　　　　図3

このように，同じデータについても階級の幅が異なるとヒストグラムから読み取ることができる傾向が異なる場合がある。したがって，ヒストグラムからデータの傾向を読み取る場合，その目的に応じてデータの分布の傾向を的確に読み取ることができるように，階級の幅の異なる複数のヒストグラムをつくり検討することが必要である。

ところで，データの傾向を読み取る場合，度数分布表やヒストグラムだけではなく，目的に応じて代表値などを用いることも大切である。小学校算数科では，第6学年で，代表値について学習している。代表値には，分布の特徴をある視点に立っ

て一つの数値で表す点に特徴があり，平均値，中央値（メジアン），最頻値（モード）が用いられることが多い。一つの数値で表すことで，データの特徴を簡潔に表すことができ，複数の集団のデータを比較することも容易になる。しかし，その反面，分布の形や極端にかけ離れた値の有無などの情報は失われてしまうので，データの分布全体を確認した上で代表値を用いるようにすることが大切である。また，極端にかけ離れた値があると，平均値は中央値に比べて，その値に強く影響を受けることに留意する必要がある。さらに，連続的なデータを取り扱う場合，同じ値をとる測定値はあまり見られないため，小学校第6学年で学習した最頻値が有効でないことがある。その際には，ヒストグラム等に整理し，度数が最大の階級の真ん中の値を最頻値として用いるとよい。

代表値以外で，データの分布の特徴を一つの数値で表すものとして範囲がある。範囲とは，データの最大値と最小値との差であり，データの散らばりの程度を表す値である。平均値が等しい二つの集団のデータでも範囲が等しいとは限らない。また，範囲は極端にかけ離れた値が一つでもあるときは，その影響を受けるので，取扱いや解釈の仕方には十分注意する必要がある。指導においては，中学校第2学年で学ぶ四分位範囲の基礎になることにも留意する。

相対度数などの必要性と意味（アの㋐）

大きさの異なる二つ以上の集団のデータの傾向を比較する場合，度数分布表の各階級の度数で単純に比べることはできない。このような場合，相対度数を用いると，各階級の度数について，総度数に対する割合が明らかになるので，大きさの異なる集団の階級ごとの比較がしやすくなる。相対度数は，全体（総度数）に対する部分（各階級の度数）の割合を示す値で，各階級の頻度とみなされる。このことは，確率の学習の基礎になることにも留意して指導することが大切である。

また，特定の階級の度数に着目するだけではなく，小さい方からある階級までの度数の総和を見ることも大切である。例えば，ある病院の患者一人一人の待ち時間についてのデータを整理した度数分布表（表1）から，待ち時間がどれくらいかを知りたい場合，「何分間未満の人数が多い」という観点から調べていくことが考えられる。その際，

待ち時間（分間）	度数	相対度数	累積度数	累積相対度数
以上　未満				
0 ～ 10	3	0.07	3	0.07
10 ～ 20	4	0.09	7	0.16
20 ～ 30	6	0.13	13	0.29
30 ～ 40	18	0.40	31	0.69
40 ～ 50	10	0.22	41	0.91
50 ～ 60	3	0.07	44	0.98
60 ～ 70	1	0.02	45	1.00
合計	45	1.00		

表1

最小の階級から各階級までの度数の総和を表した，累積度数を用いるとよい。同様に，各階級までの相対度数の総和を求めると累積相対度数が得られ，ある階級以下（以上）の全体に対する割合を知ることができる。

データの分布の傾向を読み取り，批判的に考察し判断すること（アの(イ)，イの(ア)）

　目的に応じてデータを収集し，ヒストグラムや相対度数などを用いて，そのデータの分布の傾向を読み取り，批判的に考察し判断することができるようにする。

　指導に当たっては，日常生活を題材とした問題などを取り上げ，それを解決するために計画を立て，必要なデータを収集し，コンピュータなどを利用してヒストグラムなどを作成したり相対度数などを求めたりしてデータの傾向を捉え，その結果を基に批判的に考察し判断するという一連の活動を経験できるようにすることが重要である。例えば，クラス対抗の大縄跳び大会で，あるクラスの選手が1列に並んで跳ぶのと，2列に並んで跳ぶのとでは，どちらがより多くの回数を連続で跳ぶと見込めるかについて考察することを考える。この過程で，2種類の並び方で跳んだ回数の記録を用いて度数分布表やヒストグラムを作成したり，相対度数などを求めたりして分布の状況などを調べることが考えられる。このことを基にして，「どちらの並び方の方が多く跳べているといえるのか」について批判的に考察し判断する。ここで，批判的に考察することとは，物事を単に否定することではなく，多面的に吟味し，よりよい解決や結論を見いだすことである。具体的には，データに基づいて問題を解決する過程において，データの収集の仕方は適切か，どの代表値が根拠としてふさわしいか，分布の形に着目しているか，傾向を読み取りやすいグラフで表せているか，グラフの目盛りなどを加工して過度に誇張していないか，分析した結果から得られる結論が妥当かなどについて検討することである。このような検討の過程において，よりよい解決や結論を見いだそうとする態度を養うことが大切である。

　なお，小学校算数科では，第5，6学年で，データに基づいて判断する統計的な問題解決の方法を知り，その方法を用いて考察することを学習している。ここで，統計的な問題解決とは，次のような過程を含む一連のサイクルを意味する。

- 身の回りの事象について，興味・関心や問題意識に基づき統計的に解決可能な問題を設定する。
- どのようなデータを，どのように集めるかについて計画を立てる。
- データを集めて分類整理する。
- 目的に応じて，観点を決めてグラフや表や図などに表し，特徴や傾向をつかむ。
- 問題に対する結論をまとめるとともに，さらなる問題を見いだす。

コンピュータなどの情報手段を用いること（アの(イ)，イの(ア)）

　ヒストグラムや相対度数などの必要性と意味を理解することの指導においては，

手作業でこれらを作成したり求めたりすることが重要な意味をもつことに留意する。一方で，手作業でデータを処理することが難しい場合もある。例えば，大量のデータを整理する場合や大きな数，端数のある数を扱う場合，あるデータから多様なヒストグラムをつくる場合などである。このような場合には，コンピュータなどを利用して作業の効率化を図ることが大切である。それにより，処理した結果を基にデータの傾向を読み取ったり考察し判断したりすることに重点を置いて指導できるようにする。

また，情報通信ネットワーク等を活用してデータを収集する場合は，二次的なデータが多くなると考えられるので，誰がどのようにして調べた結果であるのかなど，その信頼性についても批判的に考察する必要がある。

D(2) 不確定な事象の起こりやすさ

> (2) 不確定な事象の起こりやすさについて，数学的活動を通して，次の事項を身に付けることができるよう指導する。
> ア 次のような知識及び技能を身に付けること。
> 　(ア) 多数の観察や多数回の試行によって得られる確率の必要性と意味を理解すること。
> イ 次のような思考力，判断力，表現力等を身に付けること。
> 　(ア) 多数の観察や多数回の試行の結果を基にして，不確定な事象の起こりやすさの傾向を読み取り表現すること。

小学校算数科では，第6学年で，具体的な事柄について起こり得る場合を順序よく整理して，落ちや重なりなく調べることを学習している。

中学校第1学年において，(1)では，相対度数は，全体（総度数）に対する部分（各階級の度数）の割合を示す値で，各階級の頻度とみなされることを学習する。ここでは，これまで確定した事象を表すのに用いられてきた数が，不確定な事象の起こりやすさの程度を表すためにも用いられることを知り，不確定な事象の起こりやすさの傾向を読み取り表現することができるようにする。

多数の観察や多数回の試行によって得られる確率の必要性と意味（アの(ア)）

数学の授業では，確定した事象を取り扱うことが多い。しかし実際には，日常生活や社会における不確定な事象も数学の考察の対象となり，その起こりやすさの程度を数値で表現し把握するために確率が必要になる。

ペットボトルのふたを投げる場合，表向き（ふたがかぶさる向き），裏向き，横向きのどれが出るかを予言することはできない。しかし，多数回の試行の結果を，

それぞれの向きについて整理してみると，ある向きの出る相対度数には，ある安定した値をとるという傾向が見られる。例えば，あるペットボトルのふたを投げ，表向きが出る回数を調べる場合を考える。ふたを投げる回数nを大きくし，表向きが出る回数rを求めて，表向きの出る相対度数$\frac{r}{n}$の値を計算してみる。nを次第に大きくしていくと，それに伴ってrも大きくなるが，$\frac{r}{n}$の値は次第にある値に近づいていく。この$\frac{r}{n}$が近づいていく一定の値を，ペットボトルのふたを投げて表向きが出る確率という。指導に当たっては，実際に多数回の試行をするなどの経験を通して，ある事柄の起こる相対度数が，一定の値に近づくことを実感を伴って理解できるようにする。

不確定な事象の起こりやすさの傾向を読み取り表現すること（イの(ア)）

日常生活や社会においては，偶然に左右される不確定な事象は数多くある。多数の観察や多数回の試行の結果を基にすることにより，不確定な事象の起こりやすさの傾向を読み取ることができる。

多数の観察や多数回の試行の結果を基に不確定な事象について考察する際には，相対度数を確率とみなして用いることが考えられる。例えば，あるボウリング場で，貸出し用の靴を全て買い替えることについて考える。「各サイズでどれくらいの数の靴を購入すればよいのだろうか」等の問題を見いだし，各サイズで貸し出した靴の状況は毎年ほぼ同じ傾向が見られることから，過去1年で貸し出した靴の回数のデータを基に靴を買い替える場合，各サイズの相対度数を求め，各サイズの購入足数を決定する際の参考にすることが考えられる。

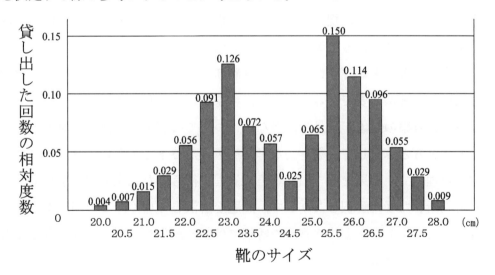

ここで，過去1年のデータにおける相対度数は確率であるとはいえないが，過去のデータから起こりやすさの傾向を予測するために，相対度数を確率とみなしていることになる。

不確定な事象の起こりやすさの傾向を読み取り表現することを通して，「必ず～になる」とは言い切れない事柄についても，数を用いて考察したり判断したりする

ことができることを知り,数学と日常生活や社会との関係を実感できるようにする。

〔数学的活動〕

> (1)「A数と式」,「B図形」,「C関数」及び「Dデータの活用」の学習やそれらを相互に関連付けた学習において,次のような数学的活動に取り組むものとする。
> 　ア　日常の事象を数理的に捉え,数学的に表現・処理し,問題を解決したり,解決の過程や結果を振り返って考察したりする活動
> 　イ　数学の事象から問題を見いだし解決したり,解決の過程や結果を振り返って統合的・発展的に考察したりする活動
> 　ウ　数学的な表現を用いて筋道立てて説明し伝え合う活動

　今回の改訂において,小学校算数科では,「算数的活動」を「数学的活動」と改め,数学的な問題発見・解決の過程における様々な局面とそこで働かせる数学的な見方・考え方に焦点を当てて算数科における児童の活動を充実することを目指している。

　中学校数学科において第1学年では,小学校算数科での経験を基にして,生徒が数学的活動に主体的に取り組み,基礎的・基本的な知識及び技能を確実に身に付けるとともに,思考力,判断力,表現力等を高め,数学を学ぶことの楽しさや意義を実感できるようにすることを重視する。

ア　日常の事象を数理的に捉え,数学的に表現・処理し,問題を解決したり,解決の過程や結果を振り返って考察したりする活動

　日常の事象を数学と結び付けて考えたり判断したりするためには,問題を数学の舞台に乗せることが必要である。その際,事象を理想化したり単純化したりすることによって,考察の対象が数量や図形などについての基礎的な概念や原理・法則などに当てはまるとみなして,数学的な考察や処理ができるようにする。次に,数学の世界で処理して,結果を導き出す。その過程や得られた結果の意味を日常の事象に即して判断したり,解釈したりして,問題を解決していく。この際,理想化したり単純化したりすることを伴う判断や解釈には制約が生じることにも注意して指導することが必要である。

　日常の事象を自ら数学と結び付けて考察したり処理したりする活動を通して,数学を利用することの意義を実感できるようにすることが大切である。また,そのような活動を通して,既習の知識及び技能,数学的に考察し表現することなどのよさを実感できる機会が生まれる。

　第1学年における「日常の事象を数理的に捉え,数学的に表現・処理し,問題を

解決したり，解決の過程や結果を振り返って考察したりする活動」として，例えば次のような活動が考えられる。

○**ヒストグラムや相対度数などを利用して，集団における位置を判断する活動**

　この活動は，第1学年「Dデータの活用」の(1)のイの(ア)「目的に応じてデータを収集して分析し，そのデータの分布の傾向を読み取り，批判的に考察し判断すること」の指導における数学的活動である。ここでのねらいは，例えば「自分の学習時間は，同じ学年の生徒の中で長い方だといえるか」について，データを収集し，ヒストグラムや相対度数などを基にしてデータの分布の傾向を読み取り，批判的に考察し判断することとする。また，その過程において，ヒストグラムや相対度数などを用いてデータの傾向を捉えることのよさを知り，データを整理して活用する際に生かせるようにする。

　この活動に生徒が主体的・対話的に取り組むことができるようにし，深い学びの実現につなげることが大切である。そのために，不確定な事象の考察におけるヒストグラムや相対度数，累積度数などについてその必要性と意味が理解できるよう指導とその計画を工夫する。

　こうした指導を踏まえ，ある中学校で，家庭で学習する時間（以下，家庭学習時間）について，自分は他の人と比べて長い方かどうかを知るために，同じ学年の生徒の家庭学習時間を調査し，コンピュータなどを利用してヒストグラムを作ったり相対度数を求めたりし，それらに基づいて判断する活動に取り組む機会を設ける。その際，小学校第6学年で学習した代表値なども取り上げ，様々な視点から多面的に分布を捉えることができるようにする。

　調査する際には，家庭学習時間とは何を指すのかを明らかにしておく。例えば，定期考査前の平日5日間の家庭学習時間の総和を「考査前の家庭学習時間」として

1年生全員に調査した結果，自分の考査前の家庭学習時間が600分で，平均値が594分であることを根拠として，「自分の考査前の家庭学習時間は，平均値を超えているから長い方である」と判断することが適切であるかについて批判的に考察す

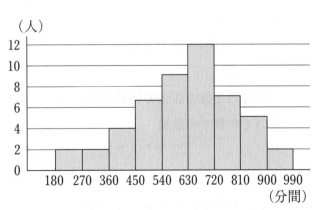

る。集団の中における位置は，分布の状況に影響されるので，平均値だけで判断することは適切でない場合がある。ヒストグラムが図のような分布になる場合，「平均値を超えているから考査前の家庭学習時間が長い方だ」という判断は正しいとはいえない。平均値だけで判断している生徒には，平均値の特徴を振り返ったり，分

布全体の状況を確認したりした上で，他の代表値を根拠として用いて考察するように促す。

考査前の家庭学習時間が長い方かどうかについては，例えば，中央値の650分を根拠にして判断したり，相対度数や累積相対度数を用いて「自分の考査前の家庭学習時間は，短い方から40％に入るので，家庭学習時間が短い方である」などと，一層の確かさを伴って判断したりすることが考えられる。

イ　数学の事象から問題を見いだし解決したり，解決の過程や結果を振り返って統合的・発展的に考察したりする活動

数学の事象から問題を見いだし解決したり，解決の過程や結果を振り返って統合的・発展的に考察したりする活動は，既習のことを確定的，固定的に見ないで，新たな問題を見いだし，既習の内容を活用してそれを解決し，その過程や結果を振り返ることで概念を形成したり，新たなものを見いだしたりするなど創造的な活動といえる。この活動の中で見いだされるものは，概念，性質，定理など数学的な事実，アルゴリズムや手続きなど多様である。もちろん，既習の数学はこれらを見いだす際にその支えとして重要な働きをすることになるので，既習の数学のよさを再認識する機会にもなる。

この活動においては，試行錯誤すること，視点を変更して柔軟に考えること，一般化したり特殊化したりすること，抽象化したり具体化したりすること，分析したり統合したりすることなどが重要な役割を果たす。また，帰納的に考えたり類推的に考えたりすることで予測や推測をし，演繹的に考えることによりそれらを検証するといった数学的な推論を適切に用いて新たなものが見いだされることにもなる。このように，過程全体を通して数学的な見方・考え方を働かせた活動をすることが重要であり，そのことで数学的な見方・考え方は更に豊かなものになっていく。

第1学年における「数学の事象から問題を見いだし解決したり，解決の過程や結果を振り返って統合的・発展的に考察したりする活動」として，例えば次のような活動が考えられる。

○同じ符号の2数の加法の学習を基にして，符号の異なる2数の加法の計算の方法について考察する活動

この活動は，第1学年「A数と式」の(1)のイの(ア)「算数で学習した数の四則計算と関連付けて，正の数と負の数の四則計算の方法を考察し表現すること」の指導における数学的活動である。ここでのねらいは，同じ符号の2数の加法の学習を基にして，「(＋5)＋(－2)や(－4)＋(＋3)のような符号の異なる2数の加法の計算はどのようにすればよいだろうか」などの問題を見いだし，その計算の方法について考察し表現することとする。また，その後の減法や乗法，除法についても，同様の視点から計算の方法を考察し表現することができるようにする。

この活動に生徒が主体的・対話的に取り組むことができるようにし，深い学びの実現につなげることが大切である。そのために，（＋5）＋（＋3）や（－2）＋（－7）のような符号が同じ2数の加法の計算について，例えば，2数の加法の意味を数直線上における動きと考えるなどして計算の意味を理解し，それに基づいて計算できるよう指導とその計画を工夫する。その際，符号が同じ2数の加法は，数直線上を同じ方向に動くことによってその和を数直線上に表せることに着目し，計算の方法を説明できるようにすることが考えられる。その上で，符号の異なる2数の加法については数直線上ではどのように動くのだろうかなどの新たな問いを見いだすことができるようにし，その計算の方法について考察しようとするきっかけをつくることが大切である。

　こうした指導を踏まえ，生徒が自ら符号の異なる2数の加法の計算の方法を考察し，数直線や言葉，式などを用いて計算の過程をまとめ，符号が同じ2数の加法の場合と同じように考えて計算できることを説明する活動に取り組む機会を設ける。計算の方法を考えつかない生徒については，符号が同じ2数の加法の計算の方法とその考え方について振り返り，符号の異なる2数の加法の計算に適用できないか調べるように促す。

ウ　数学的な表現を用いて筋道立てて説明し伝え合う活動

　数量や図形などに関する問題場面について思考した過程や，その結果得られた事実や方法，判断の根拠などを数学的に表現するためには，言葉や数，式，図，表，グラフなどを適切に用いて的確に表現する必要がある。その際，数学的に表現することと数学的に表現されたものを解釈することを対にして考えることが大切である。

　また，考えたことや工夫したことなどを数学的な表現を用いて説明し伝え合う機会を設け，数学的に表現することのよさを実感できるようにすることも大切である。さらに，説明し伝え合うことにより，お互いの考えをよりよいものにしたり，一人では気付くことのできなかった新たなことを見いだしたりする機会が生まれることを実感できるようにする。

　数学の学習では，見いだしたことを伝えること，計算の仕方や方程式を解く方法などの手順を示すこと，見いだしたことが正しいことや妥当であることを説明することなどが必要不可欠であり，その際に筋道立てて説明し伝え合うことが重要である。

　第1学年においては，はじめからうまく表現したり適切に解釈したりすることを求めるのではなく，数学的な表現に慣れ，筋道立てて説明し伝え合う活動に取り組むことを大切にして，数学的な表現のよさを実感できるようにし，漸次洗練されたものにしていくことを目指す。

第1学年における「数学的な表現を用いて筋道立てて説明し伝え合う活動」として，例えば次のような活動が考えられる。

○30°や75°などの角を作図する方法を見いだし，その方法で作図ができる理由を説明する活動

この活動は，第1学年「B図形」の(1)のイの(ウ)「基本的な作図や図形の移動を具体的な場面で活用すること」の指導における数学的活動である。ここでのねらいは，いろいろな大きさの角の作図について，角の二等分線などの基本的な作図を振り返って根拠として用いたり，小学校算数科で学習した図形の性質などを根拠として用いたりすることで説明することとする。また，その過程において，ある事柄について，根拠を明らかにして説明することの基礎を培うとともに，説明し伝え合うことを通して自分とは異なる考えに気付き，自分の考えをよりよくしていくことに生かせるようにする。

この活動に生徒が主体的・対話的に取り組むことができるようにし，深い学びの実現につなげることが大切である。そのために，角の二等分線や垂線などの作図の方法を理解することや，それらの作図ができる理由を図形の対称性を根拠にして説明すること，また，それら基本的な作図をもとに45°，60°，90°などの角を作図することができるよう指導とその計画を工夫する。

こうした指導を踏まえ，実際に30°や75°などの角を作図する方法を見いだし，その方法で作図することに取り組む。その際，作図する方法を見いだすことができない生徒には，既習である45°などの作図の方法や式（90°÷2）を振り返って，30°などの角をつくる方法を見いだすように促す。

それぞれの方法で作図した後に，その方法で作図できる理由を説明する活動に取り組む機会を設ける。30°の角が作図できる理由を説明する場面では「正三角形の一つの角の大きさは，60°になる」のように，小学校算数科で学習した事柄を述べ，さらに，「大きさが60°の角の二等分線を作図しているから」のように，これまでに学習した作図を根拠として説明することが考えられる。また，30°の角を構成する方法は，大きさが60°の角を二等分する以外にもあり，説明し伝え合うことにより，その構成の仕方について考察したり，自分の作図の根拠を見直したりする機会にもなる。なお，作図をすることができても説明することができない生徒には，どのようにして角をつくったかということに着目するなどして説明の根拠となる事柄を見いだすように促したり，何の作図をしたのかについて用語を用いて表現するように促したりする。

ここでは，どの事柄を根拠とすることが優れているかを検討するのではなく，それぞれの説明が根拠となる事柄を明確に示しているかどうかについて説明し伝え合う活動を通して確認する。したがって，説明として形式的に整っているかどうかよ

りも，角，直線，線分，垂直二等分線などの用語を用いて筋道立てて説明しているかどうかや，記号を用いて対象を明確に表現しているかどうかを大切にする。

第2節　第2学年の目標及び内容

1　第2学年の目標

> (1) 文字を用いた式と連立二元一次方程式，平面図形と数学的な推論，一次関数，データの分布と確率などについての基礎的な概念や原理・法則などを理解するとともに，事象を数学化したり，数学的に解釈したり，数学的に表現・処理したりする技能を身に付けるようにする。
>
> (2) 文字を用いて数量の関係や法則などを考察する力，数学的な推論の過程に着目し，図形の性質や関係を論理的に考察し表現する力，関数関係に着目し，その特徴を表，式，グラフを相互に関連付けて考察する力，複数の集団のデータの分布に着目し，その傾向を比較して読み取り批判的に考察して判断したり，不確定な事象の起こりやすさについて考察したりする力を養う。
>
> (3) 数学的活動の楽しさや数学のよさを実感して粘り強く考え，数学を生活や学習に生かそうとする態度，問題解決の過程を振り返って評価・改善しようとする態度，多様な考えを認め，よりよく問題解決しようとする態度を養う。

(1) 知識及び技能

「知識」に関しては，学習するそれぞれの内容についての基礎的な概念や原理・法則などを，既習の知識と関連付けて確実に理解することが重要である。例えば，第1学年では，一元一次方程式の学習において，方程式の必要性と意味及び方程式の中の文字や解の意味を理解できるようにしている。このような学習と関連付けて，第2学年では，二元一次方程式や連立二元一次方程式の必要性と意味及びその解の意味を理解できるようにする。

「技能」に関しては，学習するそれぞれの内容について，第1学年での学習を踏まえ，問題発見・解決の基礎をなす技能を身に付けることが必要である。第2学年では図形を中心に，数学的な推論を用いて論理的に考察し表現することについて本格的な学習が始まる。観察や操作，実験などの活動を通して見いだした図形の性質や関係が成り立つことを，証明によって明らかにするときには，数学の世界で考察することが必要になる。これは図形の学習のみでなく，他の領域においても同様である。このように学年の進行に伴い，事象を数学化したり，数学的に解釈したりすることを，一層自立的に進めることができるようにすることが大切であり，その基礎をなす技能を身に付けることができるようにする。

(2) 思考力，判断力，表現力等

第2学年において育成を目指す「思考力，判断力，表現力等」に関わる資質・能力を具体的に示している。

数と式領域の学習では，式を目的に応じて見通しをもって的確に用いることができるようにし，数量の関係を一般的，効率的に処理し考察することができるようにする。また，一元一次方程式と関連付けて，連立二元一次方程式を解く方法を考察し表現したり，具体的な場面で連立二元一次方程式を活用したりできるようにする。

図形領域の学習では，基本的な三角形や四角形の性質や関係などを観察や操作，実験などの活動を通して見いだし，それを論理的に確かめることができるようにする。また，数学的な推論の過程に着目して自分の思考を振り返り，論理的に考察したことを徐々に表現することができるようにする。

関数領域の学習では，具体的な事象について調べることを通して，変化や対応の特徴を見いだし，表，式，グラフを相互に関連付けて具体的な事象を捉え考察し表現することができるようにする。

データの活用領域の学習では，複数の集団のデータの分布に着目し，四分位範囲や箱ひげ図を用いて分布の傾向を比較して読み取り，批判的に考察し判断できるようにする。また，場合の数を基にして得られる確率の求め方について考察するとともに，それを用いて不確定な事象を捉え考察し表現することができるようにする。

このようにして第2学年では，第1学年で養った資質・能力を基盤に，数学を用いて論理的，統合的・発展的に考察したり，簡潔・明瞭・的確に表現したりする力を，引き続き養っていくことが大切である。

(3) 学びに向かう力，人間性等

第1学年の目標(3)では，育成を目指す「学びに向かう力，人間性等」に関わる資質・能力を，「数学的活動の楽しさや数学のよさに気付いて粘り強く考え，数学を生活や学習に生かそうとする態度，問題解決の過程を振り返って検討しようとする態度，多面的に捉え考えようとする態度を養う」としている。第2学年では，このことを踏まえ，数学的活動の楽しさや数学のよさを「実感して」粘り強く考え，数学を生活や学習に生かそうとする態度を養うこととした。また，問題解決の過程を振り返って評価・改善しようとする態度，多様な考えを認め，よりよく問題解決しようとする態度を養うこととしている。「学びに向かう力，人間性等」に関わる資質・能力においても，「知識及び技能」，「思考力，判断力，表現力等」と同様に学年進行に伴って質的な向上を目指している。

2　第2学年の内容

A　数と式

A(1) 文字を用いた式

> (1) 文字を用いた式について，数学的活動を通して，次の事項を身に付けることができるよう指導する。
> 　ア　次のような知識及び技能を身に付けること。
> 　　(ｱ)　簡単な整式の加法と減法及び単項式の乗法と除法の計算をすること。
> 　　(ｲ)　具体的な事象の中の数量の関係を文字を用いた式で表したり，式の意味を読み取ったりすること。
> 　　(ｳ)　文字を用いた式で数量及び数量の関係を捉え説明できることを理解すること。
> 　　(ｴ)　目的に応じて，簡単な式を変形すること。
> 　イ　次のような思考力，判断力，表現力等を身に付けること。
> 　　(ｱ)　具体的な数の計算や既に学習した計算の方法と関連付けて，整式の加法と減法及び単項式の乗法と除法の計算の方法を考察し表現すること。
> 　　(ｲ)　文字を用いた式を具体的な場面で活用すること。
>
> 〔用語・記号〕
> 　同類項

　第1学年では，正の数と負の数を用いて数量や数量の関係を表すとともに，文字を用いて数量や数量の関係及び法則などを式に表現したり式の意味を読み取ったりすること，文字を用いた式が数の式と同じように操作できることなどを学習している。また，一つの文字についての一次式の加法と減法を取り扱い，一元一次方程式が解ける程度の簡単な式の計算について学習している。

　第2学年では，これらの学習の上に立って，幾つかの文字を含む整式の四則計算ができるようになることや，文字を用いた式で数量及び数量の関係を捉え説明できることを理解し，文字を用いて式に表現したり式の意味を読み取ったりする力を養うとともに，文字を用いた式を具体的な場面で活用することを通して，そのよさを実感できるようにする。

　第2学年での文字を用いた式の学習に当たっては，続いて学習する連立二元一次方程式,「B図形」や「C関数」の領域の内容などとの関連にも留意する必要がある。

整式の加法と減法及び単項式の乗法と除法の計算（アの(ア)，イの(ア)）

単項式と多項式の意味を理解し，例えば，$(3x-2y)-(2x+5y)$ 程度の簡単な整式の加法や減法，$2(4x-5y)$ 程度の整式に数をかける計算，また，単項式どうしの乗法や除法の計算ができるようになることをねらいとしている。

その際，必要以上に複雑で無目的な計算練習にならないようにし，特に整式の加法や減法については，連立二元一次方程式を解くのに必要な
$2(3x-2y)-3(2x+5y)$ 程度の簡単な式の計算ができるようにする。

また，第2学年で学習する整式の計算については，項の意味や計算の法則を振り返るなど第1学年で学習した文字を用いた式の計算と関連付けて考察し表現することができるようにする。

例えば，次のような誤りは，第1学年の式の計算の学習において，項の意味が理解できていないために起こると考えられる。

$$(4x+5)-(2x+3) \cdots ①$$
$$=4x-2x+5-3$$
$$=2x+2$$
$$=4x$$

第2学年で学習する二つの文字を含む整式の加法や減法については，「xとyは一つにまとめることができない」というように項についての理解が深まり，計算の誤りが減っていく。

$$(4x+5y)-(2x+3y) \cdots ②$$
$$=4x-2x+5y-3y$$
$$=2x+2y$$

このことを生かし，②のような式の計算についての学習を基に，①のような式の計算を再度取り上げるなど，学び直しの機会を設定することが考えられる。

文字を用いた式で数量及び数量の関係を捉え説明できること（アの(イ)，アの(ウ)）

数学の学習全般にわたり，文字を用いた式を積極的に活用していくことは重要である。第1学年では，数量の関係や法則などを文字を用いた式で表すことを学んでいる。第2学年では，その学習を更に深めて，文字を用いた式で数量及び数量の関係を捉え説明できることを理解し，文字を用いて式に表現したり，式の意味を読み取ったりする力を養う。

例えば，「二つの奇数の和は，偶数である」ことを説明する場合，その過程には次のような活動が含まれている。

① 二つの奇数を，整数を表す文字 m，n を用いて，$2m+1$，$2n+1$ と表す。

② それらの和 $(2m+1)+(2n+1)$ を計算し，その結果 $2m+2n+2$ を $2(m+n+1)$ の形の式に変形する。

③ ②で得られた式を2×(整数)とみて，偶数を表していることを読み取る。
④ ③のことから，二つの奇数の和が偶数になるといえる。

このように，文字を用いた式で数量及び数量の関係を捉え説明できることを理解できるようにするためには，文字を用いた式を使って，ある命題が成り立つことを説明する場面で，文字を用いて表現したり，文字を用いた式の意味を読み取ったり，計算したりする学習が総合的に行われることが重要である。

指導に当たっては，具体的な数で計算することから，成り立つ性質を生徒が見いだしたり，見いだした性質について文字を用いて表現する方法を検討したりするなどの機会を設けることが大切である。

このような学習を通して，事象の中に数量の関係を見いだし，文字を用いた式で表したり，その意味を読み取ったりする力を養うことはもちろん，数量の関係を帰納や類推によって推測し，それを文字を用いた式を使って一般的に表現し説明することの必要性と意味を理解し，文字を用いた式を具体的な場面で活用する力が養われていく。なお，これらのことはその方法の理解も含めて徐々に時間をかけて身に付くものと考えられるので，第3学年での文字を用いた式を活用することの学習も見通して，漸次理解を深められるように指導する。

目的に応じた式の変形（アの(エ)）

式の変形は，大きく二つに分けて考えることができる。

一つは，前述したように，数や図形の性質が成り立つことを説明するときに，数量を表す式を目的に応じてきまりに従って変形することである。

もう一つは，関係を表す式を，等式の性質などを用いて目的に合うように同値変形することである。例えば，三角形の面積を求める公式 $S=\frac{1}{2}ah$ から，底辺 a を求める式を得るために，a について解くことなどがあげられる。等式の変形は，いろいろな場面で活用されるので，上に述べた三角形の面積の公式から底辺の長さを求める式に書き換えるような簡単な場合について，自由に行えるようにしておくことが重要であり，取り上げる式が必要以上に複雑で無目的なものになることのないように留意する必要がある。

いずれの場合においても，無目的に式の変形を行うのではなく，具体的な場面に即して目的に応じて式を変形することのよさを実感することに指導の力点を置くようにする。

文字を用いた式を具体的な場面で活用すること（イの(イ)）

文字を用いた式は，様々な事象における問題解決の場面において，数量や数量の関係を簡潔，明瞭に表したり，能率的に処理したり，その意味を読み取ったりする際に有効である。例えば，運動場に陸上競技用のトラックを作ろうとする場面において，このトラックを二つの半円と一つの長方形を組み合わせた形とし，ゴールラ

インを同じにして1周するとき,各レーンが同じ距離になるように,隣り合うレーンとのスタートラインの位置を調整する問題を設定することが考えられる。例えば,各レーンの幅を1m,最も内側にある半円部分の半径をrm,直線部分の長さをamとすると,第1レーンの内側の周の長さは,
$a \times 2 + 2\pi \times r = 2a + 2\pi r$(m),第2レーンの内側の周の長さは,
$a \times 2 + 2\pi(r+1) = 2a + 2\pi r + 2\pi$(m)となり,その差は,
$(2a + 2\pi r + 2\pi) - (2a + 2\pi r) = 2\pi$(m)となる。よって,第2レーンのスタートラインは第1レーンのスタートラインより2π(m)だけ前にずらす必要があることが分かる。2πに文字aやrが含まれていないことから第2レーンの内側の周の長さから第1レーンの内側の周の長さを引いた差は,半円部分の半径や直線部分の長さに関係なく決まることを読み取ることができ,半円部分の半径や直線部分の長さを変えても常に差は2π(m)になることを理解できるようにすることも大切である。このように文字を用いた式を活用して,数量や数量の関係を簡潔,明瞭で一般的に表現し,処理することができるようにする。また,処理することによって得た結果を問題に即して解釈することができるようにする。

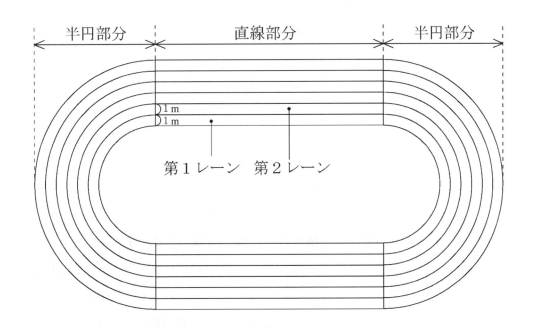

A(2) 連立二元一次方程式

(2) 連立二元一次方程式について,数学的活動を通して,次の事項を身に付けることができるよう指導する。
　ア　次のような知識及び技能を身に付けること。
　　(ア) 二元一次方程式とその解の意味を理解すること。
　　(イ) 連立二元一次方程式の必要性と意味及びその解の意味を理解するこ

　　　　と。
　　(ｳ) 簡単な連立二元一次方程式を解くこと。
　イ　次のような思考力，判断力，表現力等を身に付けること。
　　(ｱ) 一元一次方程式と関連付けて，連立二元一次方程式を解く方法を考察し表現すること。
　　(ｲ) 連立二元一次方程式を具体的な場面で活用すること。

　第1学年では，一元一次方程式について，その中の文字や解の意味を理解し，その解き方を考察することや具体的な場面で活用することについて学習している。

　第2学年では，これらの学習の上に立って，二元一次方程式とその解の意味や二元一次方程式を連立させることの必要性と意味及び連立二元一次方程式の解の意味を理解し，解を求めることができるようにする。さらに，連立二元一次方程式を具体的な場面で活用することができるようにする。

二元一次方程式とその解の意味（アの(ｱ)）

　二元一次方程式の学習では，二元一次方程式を成り立たせる二つの文字 x, y の値の組が，二元一次方程式の解であることを理解できるようにする。方程式の解の意味は，第1学年で学習した一元一次方程式と本質的に変わっていない。二元一次方程式の中の二つの文字はいずれも変数であり，これらの二つの文字に，その変域内の数値を代入して等式が成り立つとき，その値の組が二元一次方程式の解である。例えば，$2x+y=7$ の解については，変数 x, y の変域が自然数全体の集合であれば，その解は有限個であり，（1，5），（2，3），（3，1）である。また，変域が整数全体であれば解は無数にある。つまり，二元一次方程式の解は一つとは限らず，一元一次方程式の解が一つであったこととは異なる。このように，既習の一元一次方程式と対比させながら，二元一次方程式の解の意味を理解できるようにする。

連立二元一次方程式の必要性と意味及びその解の意味（アの(ｲ)）

　二元一次方程式を連立させることは，二元一次方程式によって二つの条件を表現することであり，連立させた方程式を解くことは，二つの方程式を同時に満たす値の組を求めることである。連立二元一次方程式とその解の意味を理解できるようにするためには，変域を仮に自然数の集合にして，連立させた二つの二元一次方程式のそれぞれの解を表などに整理し，二つの条件をともに満たす値の組を解として見いだす活動を設定することが考えられる。このようにして解を見いだすことは能率がよいとはいえないが，解の意味を理解する上では重要である。

　なお，連立二元一次方程式の解の意味については，一次関数と二元一次方程式のグラフとを関連付けることによって一層理解を深めることができる。

連立二元一次方程式を解くこと（アの(ウ)，イの(ア)）

　連立二元一次方程式を解くには，既に知っている一元一次方程式に帰着させて，二つの文字のうち一方の文字を消去すればよいことに気付き，加減法や代入法による解き方について考察し表現することができるようにする。この際，方程式を解くことについて，第１学年で学習した一元一次方程式と関連付け，学び直しの機会を設けることにも配慮する。

　このように一元一次方程式に帰着させて連立二元一次方程式について考察することは，新たな問題解決において，その方法を既に知っている方法に帰着させるという考え方に基づいている。連立二元一次方程式が解けるようになることとともに，こうした考え方に生徒自らが気付くように工夫し，加減法や代入法による解き方を理解できるようにする。なお，連立二元一次方程式を解くことについては，具体的な問題の解決に必要な程度の方程式が解けるようにし，それを活用できるようにする。

連立二元一次方程式を具体的な場面で活用すること（イの(イ)）

　一元一次方程式を活用する場合には，事象の中の数量の関係を式に表現するとき，一つの変数しか用いることができなかった。しかし，具体的な場面においては，一つの変数よりは二つの変数を用いた方が式に表しやすい場合が多いため，連立二元一次方程式を活用することにより，問題解決が容易になることが多い。

　連立二元一次方程式を活用するに当たっては，一元一次方程式の活用と同様，方程式を活用して問題を解決するための知識を身に付けるとともに，解決過程を振り返り，得られた結果を意味付けたり活用したりしようとする態度を養うことが大切である。特に立式の段階においては，数量の関係を捉えて，例えば，個数の関係，代金の関係，長さの関係，時間の関係，重さの関係など，ある特定の量に着目して式をつくるようにしたり，捉えた数量を表や線分図などで表してその関係を明らかにしたりすることも有効である。

　また，方程式を用いて，具体的な問題を解決するに当たっては，着目する数量によって様々な方程式が立てられることや，変数の数と方程式の数が一致していることが方程式の解が一通りに定まるために必要であることなどに気付き，一元一次方程式や連立二元一次方程式を見通しをもって的確に活用することができるようにする。

B 図形

B(1) 基本的な平面図形の性質

> (1) 基本的な平面図形の性質について，数学的活動を通して，次の事項を身に付けることができるよう指導する。
>   ア 次のような知識及び技能を身に付けること。
>   (ｱ) 平行線や角の性質を理解すること。
>   (ｲ) 多角形の角についての性質が見いだせることを知ること。
>   イ 次のような思考力，判断力，表現力等を身に付けること。
>   (ｱ) 基本的な平面図形の性質を見いだし，平行線や角の性質を基にしてそれらを確かめ説明すること。
>
> 〔用語・記号〕
>   対頂角　内角　外角

　第1学年では，図形の作図や移動を取り扱っている。また，空間における直線や面の位置関係を知り，空間図形を直線や平面図形の運動によって構成されているものと捉えたり，平面上に表現したり読み取ったりしている。さらに，扇形の弧の長さと面積，基本的な柱体，錐体及び球の表面積と体積が求められるようにしている。これらの学習を通して，図形についての豊かな感覚を育み，図形についての理解を深めるとともに，論理的に考察し表現する力を養ってきている。

　第2学年では，三角形や四角形などの多角形の角の大きさについての性質を，数学的な推論を用いて調べることができるようにする。その際，図形をよく観察したり，作図したりする操作や実験などの活動を通して，その推論の過程を他者に伝わるように分かりやすく表現できるようにする。

平行線や角の性質（アの(ｱ)）

　平行線の性質，平行線になるための条件としては，通常，次の二つの事柄が取り上げられ，中学校では，これらを証明の根拠とすることになる。

・平行な2直線に他の直線が交わったときにできる同位角は等しい。
・2直線に他の直線が交わってできる同位角が等しければ，この2直線は平行である。

　平行については，小学校第4学年で取り上げられ，例えば，1本の直線に垂直な2本の直線として捉えられている。その後，平行線をかくなど観察や操作，実験などの活動を通して，上の二つの事柄が直観的，実験的に認められてきている。小学校算数科の学習では，同位角が等しいことと，2直線が平行であることは，同時に

成り立っており，一方が他方の帰結ではない。中学校数学では，こうした小学校算数科での学びに配慮しつつ，例えば，2直線に1直線が交わってできる角について，2直線の位置関係を変えたとき，同位角の大きさがどのように変わるかについて調べたり，逆に，同位角が等しいかどうかに着目して2直線の位置関係を調べたりするなど観察や操作，実験などの活動を通して，一方が成り立つとき，他方は自ずと成り立つ体験をすることも大切である。このように平行線の性質などについて実感を伴って理解できるようにする。

「対頂角は等しい」ことと上の二つの事柄から，次のことを演繹的に導くことができる。

- 平行な2直線に他の直線が交わったときにできる錯角は等しい。
- 2直線に他の直線が交わってできる錯角が等しければ，この2直線は平行である。

多角形の角についての性質が見いだせることを知ること（アの(イ)）

小学校算数科では，三角形や四角形など多角形についての簡単な性質を理解し，その性質を筋道立てて考え説明することを学習している。この学習を踏まえ，中学校数学科では，多角形の内角と外角の性質について学習する。

多角形の内角の和については，結果も重要であるが，多角形を三角形に分割することなどによってその結果が見いだせるということを知ることも大切なねらいである。例えば，n角形を三角形に分割することより，三角形の内角の和が$180°$であることに基づいて，n角形の内角の和を求めるとともに，その和をnを用いた式で一般的に表すことができることを理解できるようにする。

また，多角形の外角の和についても，外角とその和の意味を理解し，多角形の内角の和などに基づいてその和を求めることができるようにする。具体的には，多角形の外角の和が各頂点における二つの外角の一方の和であることを理解できるようにし，その上で，一つの頂点における内角と外角の和が$180°$であることと，n角形の内角の和に基づくなどして，n角形の外角の和$360°$を求めることが考えられる。

基本的な平面図形の性質を見いだし，それらを確かめ説明すること（イの(ア)）

演繹的に推論することについては小学校算数科でも素地的な経験をしてきていることに留意し，中学校第2学年では，観察や操作，実験などの活動を通して，基本的な図形の性質を見いだすとともに，平行線の性質などを基にして確かめ説明することができるようにする。論理的に説明することについて，この段階では小学校算数科でも筋道立てて考え，理由を明らかにすることを経験していることに留意し，平行線の性質など根拠を明らかにして説明できるようにすることが大切である。例えば，「三角形の内角の和は$180°$である」ことについて，観察や操作，実験などの活動を通して三つの内角を集めると，その和が$180°$になっていることを振り返る

とともに，この方法ではその性質が常に成り立つことを示しているとはいえないことを理解できるようにする。その上で，三つの内角が集まっている様子を注意深く観察することで，頂点を通り対辺に平行な直線を引けば，集めた角と集める前の角が同位角や錯角の関係になっていることに気付くことができるようにする。続いて平行線の性質などを基にして三つの内角の和が180°であることを導き，「三角形の内角の和は180°である」が常に成り立つことを確かめ，その理由を説明することができるようにする。

また，平行線の性質を用いて角の大きさを求める場面でも，単に角の大きさを求めることのみで終わることなく，その過程について用いられている図形の性質や関係を明らかにして説明することが大切である。このような活動を，後の証明の学習につなげることができるような配慮が必要である。

B(2) 図形の合同

> (2) 図形の合同について，数学的活動を通して，次の事項を身に付けることができるよう指導する。
> 　ア　次のような知識及び技能を身に付けること。
> 　　(ｱ)　平面図形の合同の意味及び三角形の合同条件について理解すること。
> 　　(ｲ)　証明の必要性と意味及びその方法について理解すること。
> 　イ　次のような思考力，判断力，表現力等を身に付けること。
> 　　(ｱ)　三角形の合同条件などを基にして三角形や平行四辺形の基本的な性質を論理的に確かめたり，証明を読んで新たな性質を見いだしたりすること。
> 　　(ｲ)　三角形や平行四辺形の基本的な性質などを具体的な場面で活用すること。
> 〔用語・記号〕
> 　　定義　証明　逆　反例　≡

［内容の取扱い］

> (1) 内容の「B図形」の(2)のイの(ｱ)に関連して，正方形，ひし形及び長方形が平行四辺形の特別な形であることを取り扱うものとする。

(1)では，平面図形の角に関する性質を，平行線の性質を使って導き，根拠を基にして筋道立てて考え説明することを経験した。ここでは，更に三角形の合同条件

を使って，図形の性質を演繹(えき)的に確かめ，論理的に考察し表現する力を養うことをねらいとしている。

小学校算数科において，第3学年では二等辺三角形の性質について，また，第4学年では平行四辺形の性質について，それぞれ図形の角や辺に着目し，実験，実測，観察などによって調べてきている。

中学校第2学年では，数学的に推論することによって，図形の性質を調べることができるようにする。さらに，調べる過程やその結果について説明し伝え合う活動を通して，適切に表現できるようにする。

合同の意味と三角形の合同条件（アの㋐）

二つの図形は，次のそれぞれの場合に合同である。
① 一方の図形を移動して他方の図形に重ねることができる。
② 二つの図形の対応する線分と対応する角がすべて等しい。

①は，第1学年で学習した図形の移動という操作に基づいて，図形の合同を動的に定義するものである。一方，②は線分で囲まれた図形の合同の静的な定義である。第2学年ではこれらの定義によって，合同な図形の性質と三角形の合同条件などを基に，図形の性質を演繹(えき)的に確かめ，論理的に考察し表現する力を養うことをねらいとしている。

ここでは，三角形の合同条件も平行線の性質と同様に演繹(えき)的に導くものとせず，三角形の決定条件を基に，直観的，実験的に認める。

二つの三角形は，次のそれぞれの場合に合同となる。
・対応する3組の辺がそれぞれ等しい
・対応する2組の辺がそれぞれ等しく，その間の角が等しい
・対応する1組の辺が等しく，その両端の角がそれぞれ等しい

二つの三角形では対応する3組の辺と対応する3組の角があり，これら6組のうち，対応する3組の辺，対応する2組の辺とその間の角，対応する1組の辺とその両端の角のいずれかについて等しいかどうかを調べれば，二つの三角形が合同であるかどうかを判定することができることを理解できるようにすることが大切である。そして，これらを証明の根拠として用いることが重要である。

三角形の合同条件は，角を移す作図，角を二等分する作図などの正しいことの証明にも使われるが，三角形の合同条件を適用する範囲は極めて広い。その適用の度合いには，1組の図形が合同であることを示すものから，補助線をひくなどして，複数の図形の組が合同であることの証明を重ねて結論を導く問題に適用するものまで，その程度の差は大きい。したがって，指導に当たっては，生徒の理解の程度や発達の段階に応じた適切な取扱いが必要である。

なお，二つの三角形が直角三角形である場合には，次の条件を用いて二つの三角

形が合同であることを示すこともできる。

・斜辺と一つの鋭角がそれぞれ等しい
・斜辺と他の1辺がそれぞれ等しい

直角三角形の合同条件は，三角形の内角の和が180°であること，二等辺三角形の底角は等しいこと，そして三角形の合同条件から演繹的に導くことができる。

数学的な推論

数学的な推論の必要性と意味及びその方法を理解し，これを用いる学習は，図形の領域だけで行われるものではなく，他の領域でも必要に応じて行われるものである。しかしながら，特に図形の領域では，具体的な図形を通して推論の過程等を視覚的に捉えやすいことなどから，この領域が，数学的な推論の必要性と意味を理解し，その適用場面を設定するのに適している。

数学的な推論には，帰納，類推，演繹の三つの方法がある。帰納と類推は，小学校算数科でも多くの場面で用いられてきている。これらは，幾つかの場合についての観察や操作，実験などの活動を通して，それらを含んだより一般的な結果を導き出す際に用いられる。また，演繹も小学校算数科において用いられている。帰納や類推は，新たな事柄を発見するために大切である。演繹は，その発見された事柄が常に成り立つことを説明するために大切である。こうした三つの推論の役割を理解し，必要な場面に応じてそれらの推論の方法を適切に選択して活用できるようにする必要がある。

帰納や類推は，個々の具体的な図形を調べたり処理したりして，それに基づき図形の性質や関係を推測する際に大切な働きをする。しかし，その推測が常に成り立つことは演繹によって示される必要がある。また，推測は常に成り立つとは限らないので，その場合には反例を用いるなどして推測が常に成り立つとは限らないことを示したり，推測を修正したりする学習に取り組む機会を設けることに配慮する。

演繹的に推論するためには，証明の根拠を明確にしておかなければならない。「B図形」の領域で証明の根拠としては，対頂角の性質，平行線の性質，三角形の合同条件などがあり，それらを基にして演繹的に推論し，図形の性質などについて論理的に考察し表現する学習が中学校第2学年から本格的に始められる。

ただし，論理的に考察し表現していくことは，第2学年になって初めて学習するものではない。既に第1学年において，平面図形の作図の場面や空間図形の構成等の場面でも，それまでに学習してきた事柄に基づいて筋道立てて説明してきている。つまり，第1学年においても部分的，局所的には演繹的に推論することを経験している。

第2学年においては，数学的な推論の過程を簡潔・明瞭に表現する力を養うことが指導の大切なねらいである。しかし，これは一挙に達成できるものではない。そ

こで，はじめは，根拠を明らかにして説明し伝え合う活動を通して，数学的な推論の過程を他者に分かりやすく表現することを大切にする。

証明の必要性と意味及びその方法（アの(イ)）

命題は「仮定」と「結論」からなる。そこで，数学的な推論を行う前に命題の「仮定」と「結論」をはっきりさせる。その上で，常に成り立つことが認められている事柄を証明の根拠にして，「仮定」から「結論」を導くこと，それが証明である。

証明の必要性を理解するためには，観察や操作，実験などの活動によって帰納的に導かれたものと演繹(えき)的に導かれたものとの違いを理解することも大切である。幾つかの図形から帰納的に見いだした事柄が成り立つかどうかを同じ条件を満たす他の図形で調べることで，その事柄の妥当性を高めることができる。しかし，同じ条件を満たす全ての図形についてその事柄が成り立つかどうかを調べつくすことはできない。そこで，演繹(えき)的な推論による証明が必要であることを理解できるようにする。その際，「証明は，命題が常に成り立つことを明らかにする方法であること」や，「証明をするためにかかれた図は，全ての代表として示されている図であること」を理解できるようにする。

また，証明では，証明の根拠を明らかにすることが必要である。証明の根拠には，前述したように，対頂角の性質，平行線についての性質と条件，合同な図形についての性質と三角形の合同条件などがある。第3学年になると，これらの事柄に相似な図形についての性質と三角形の相似条件などが加わる。

証明をする際には，証明の方針を立てることが大切である。証明の方針を立てるには，例えば，結論を導くために必要な事柄を結論から逆向きに考えたり，仮定や仮定から導かれる事柄を明らかにしたりする。その上で，それらを結び付けるには，あと何がいえればよいかと探ることが必要である。このような活動は，いつもその順に進むわけではなく，試行錯誤をしながら方針は次第に明確になっていくものである。

証明の方法について理解するためには，証明の方針を立て，それに基づいて証明をすることが大切である。その際，「したがって」，「よって」などの言葉や用語，記号を適切に用いて自分なりに表現することから始め，よりよい証明に改善していくとよい。具体的には，何をどこに補えばよいか，それはなぜか，どのような順番で整理すると分かりやすくなるかなどの観点で証明を読み，よりよいものにしていくことが大切である。さらに，図形のある性質について，推論の過程が異なる二つの証明を読んでその相違点を見つけたり，推論の過程に誤りのある証明を読んでそれを指摘し改めたりするなど，証明を評価・改善する活動を適宜取り入れることも考えられる。なお，証明を書くことについては，必要以上に証明の書き方に拘(こだわ)ることをせず，第3学年までを見通し，次第に簡潔・明瞭なものとなるように，段階的

に指導していくように配慮する。

反例

命題には常に成り立つ場合と，常に成り立つとは限らない場合がある。常に成り立つことを示すには，命題を証明すればよい。これに対し，命題が常に成り立つとは限らないことを示すには，反例を一つあげればよい。反例は，命題の仮定を満たしているが，結論を満たしていない例である。証明の指導においては，命題が常に成り立つことを示すばかりでなく，常に成り立つとは限らないことも示すことができるようにすることが必要である。

例えば，命題「四角形の一組の対辺が平行で，もう一組の対辺の長さが等しいならば，その四角形は平行四辺形である」が常に成り立つかどうかについて，図の四角形 ABED のように，命題の仮定「四角形の一組の対辺が平行で，もう一組の対辺の長さが等しい」を満たしていても，その四角形が必ずしも平行四辺形になるとは限らないことを，反例となる図形を作図して確かめることができる。このようにして，命題が常に成り立つとは限らないことを示す際に，反例を一つあげればよいことを理解できるようにする。また，命題の「仮定」と「結論」を入れかえると，もとの命題の逆の命題ができる。もとの命題が常に成り立っていても，その逆の命題が常に成り立つとは限らないことを確かめ，理解できるようにする。

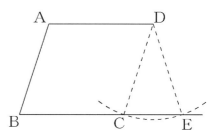

なお，「A数と式」の領域などにおいても，幾つかの場合から推測した事柄が常に成り立つとは限らない場合，反例を用いる必要があるので，場面に応じて適宜指導することが大切である。

三角形や平行四辺形の基本的な性質を論理的に確かめること（イの(ア)）

ここでは，既に学習した平行線の性質，三角形の合同条件などを基にして，演繹的に推論することによって三角形や平行四辺形の基本的な性質や条件について考察し，図形についての理解を深めるとともに，論理的に確かめ表現する力を養うことが大切なねらいである。

三角形や平行四辺形について次のような図形の基本的な性質や条件などを扱う。

- ・二等辺三角形の性質　　　　・直角三角形の合同条件
- ・平行四辺形の性質　　　　　・平行四辺形になるための条件
- ・正方形，長方形，ひし形の性質

「二等辺三角形の性質」，「平行四辺形の性質」などは既に小学校算数科で学んでいるので，ともすると「分かりきっているのにどうして証明するのか」という疑問を生徒が抱きがちである。そこで，これらの性質を論理的に確かめることを通して，同じ条件を満たす全ての図形について，既習の性質などが常に成り立つことを明ら

かにするために証明が必要であることなど証明の必要性や意味及びその方法について理解できるようにすることが大切である。

証明を読んで新たな性質を見いだすこと（イの(ア)）

三角形や平行四辺形の性質の証明の学習においては，証明を書くこととともに，証明を読むことも大切である。証明を読むことは，証明を評価・改善したり，証明をもとに発展的に考えたりする際に必要である。

例えば，「二つの線分 AB，CD が点 O で交わり，AO＝BO，CO＝DO ならば，△AOC≡△BOD である。」の証明から，△AOC≡△BOD を示すために，「AO＝BO，CO＝DO，∠AOC＝∠BOD」を用いていることが読み取れる。三角形の合同条件は，三角形の対応する辺や角の六つの関係のうち，三つの関係で合同を示すものであるから，△AOC≡△BOD を導く際に用いら

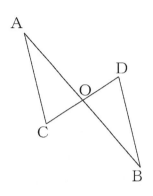

れていない三つの関係「AC＝BD，∠ACO＝∠BDO，∠CAO＝∠DBO」を合同な図形の性質に基づいて新たに見いだすことができる。さらに，新たに見いだした∠CAO＝∠DBO から，AC∥BD や四角形 ACBD が平行四辺形であることを見いだすこともできる。

指導に当たっては，証明に用いた前提や証明の根拠，結論を整理するなどして証明を振り返り，新たな性質を見いだす活動を取り入れることが大切である。このように，証明を読むことを通して，論理的に考察し表現する力を養うようにする。証明を読んで新たな性質を見いだすことは，「B図形」の領域だけでなく，「A数と式」の領域において，文字を用いた式で数量の関係を捉え説明する際など，他の場面においても必要である。

三角形や平行四辺形の性質などを具体的な場面で活用すること（イの(イ)）

日常の事象における問題発見・解決では，形や大きさ，位置関係に着目して観察し，事象を図形の問題として捉え，図形の性質などを用いて解決することができる場合がある。例えば，スライド式の道具箱の上の段を動かしたときの様子を観察して，「どのようにアームを取り付ければ上の段と下の段が平行に動くようになるのか」という問題を見いだし，【アームの取り付け方】について考察することが考えられる。

【アームの取り付け方】

1　同じアームを2本用意し，図1のように上の段に点A，下の段に点Bをとり，そこに1本のアームを取り付ける。

2　図2のように，BCが底面と平行になるように下の段に点Cをとり，そこにも

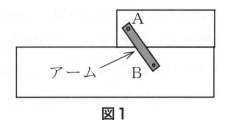

図1

う1本のアームを取り付ける。

3　図3のように，点Aを中心としBCの長さと等しい半径の円をかく。そして点Cを中心としてアームを回転させ，円と重なった点Dにこのアームを取り付ける。

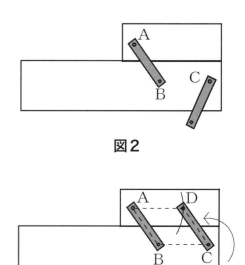

図2

図3

このようにアームを取り付ける場面から，「道具箱の上の段と下の段が平行に動くのはなぜか」という日常の事象から問題を見いだすことができる。その際，事象を理想化したり単純化したりすることによって2本のアームと留め金を線分や点として捉え，その線分でできた四角形に着目し，「四角形の2組の対辺の長さを等しくすると，対辺がそれぞれ平行になるのはどうしてだろうか」という疑問から「四角形ABCDにおいて，AB＝CD，BC＝ADならば，AB//DC，BC//ADは成り立つだろうか」という問題を設定することができる。この問題について，平行四辺形になるための条件を用いて解決し，その解決を道具箱の場面に戻して，道具箱の上の段と下の段が常に平行に動く仕組みとして意味付けることができる。

こうした活動を通して，事象における図形に着目して数学的に表現した問題を見いだす力，解決過程を振り返り，得られた結果を意味付けたり，活用したりする力を養うことが大切である。

正方形，ひし形，長方形が平行四辺形の特別な形であること（[内容の取扱い]（1））

「平行四辺形の性質」に関して，内容の取扱い(1)には，「正方形，ひし形，長方形が平行四辺形の特別な形であることを取り扱うものとする」とある。小学校算数科では，正方形，ひし形，長方形，平行四辺形について考察し，それぞれの性質を見いだすとともに，その性質を基に既習の図形を捉え直すことを学んでいる。これを踏まえ，中学校数学科では，正方形，ひし形，長方形，平行四辺形の定義に基づき，「平行四辺形になるための条件」などを手掛かりとして，正方形，ひし形，長方形，平行四辺形の間の関係を論理的に考察し，整理できるようにする。例えば，右のような図を用いて整理したり，平行四辺形で成り立つ性質は，その特別な形である長方形や正方形などでも成り立つことを確かめたりすることが考えられる。

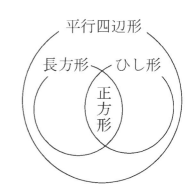

C 関数

C(1) 一次関数

> (1) 一次関数について，数学的活動を通して，次の事項を身に付けることができるよう指導する。
>
> ア 次のような知識及び技能を身に付けること。
>
> (ｱ) 一次関数について理解すること。
>
> (ｲ) 事象の中には一次関数として捉えられるものがあることを知ること。
>
> (ｳ) 二元一次方程式を関数を表す式とみること。
>
> イ 次のような思考力，判断力，表現力等を身に付けること。
>
> (ｱ) 一次関数として捉えられる二つの数量について，変化や対応の特徴を見いだし，表，式，グラフを相互に関連付けて考察し表現すること。
>
> (ｲ) 一次関数を用いて具体的な事象を捉え考察し表現すること。
>
> 〔用語・記号〕
>
> 変化の割合　傾き

第1学年では，具体的な事象における二つの数量の変化や対応を調べ，関数関係について理解し，比例，反比例を関数として捉え直した。そこでは，変数と変域や座標について理解するとともに，比例，反比例の関係を表，式，グラフなどで表し，それらを関連付けながら変化や対応の特徴を考察することや，比例，反比例を用いて具体的な事象を捉え考察し表現することを学習している。

第2学年では，第1学年と同様に具体的な事象における二つの数量の変化や対応を調べることを通して，一次関数について考察する。これらの学習を通して，関数関係を見いだし考察し表現することができるようにする。

一次関数の学習は比例の学習の発展である。同時に，変化の割合に着目するなど，文字を用いた式によって関数をより深く学習する入り口ともなっている。

事象と一次関数（アの(ｱ)，アの(ｲ)）

第2学年では，比例，反比例の学習を基に，一次関数について理解し，関数関係についての理解を深める。

具体的な事象の中から関数関係にある二つの数量x, yを取り出し，それらの変化や対応を調べることを通して，それらの間に，次のような関係があることを見いだす。

・xの値がk増えるに従い，yの値がak増える。

このような学習の上に立って，その関係を文字を用いた式で表現する。こうして，

一次関数が，一般的に，a，bを定数として，$y=ax+b$という式で表される関係であることを理解する。そして，事象の中には一次関数を用いて捉えられるものがあることを知る。

　第1学年における比例，反比例の学習の上に立って，具体的な事象について伴って変わる二つの数量を取り出し，それらの間にどのような関数関係があるか，また，それがどのような式やグラフで表されるかなどを考察する。比例関係は，一次関数$y=ax+b$の特別な場合である。

二元一次方程式を関数を表す式とみること（アの(ウ)）

　二元一次方程式$ax+by+c=0$を，二つの変数xとyの間の関係を表した式とみれば，この条件を満たすxとyの値の組が考察の対象となる。この式でxとyの値の組を求める場合，$b\neq0$のとき，xのとる値を一つ決めれば，それに対応してyの値が一つ決まることが分かり，このことから，$ax+by+c=0$は，xとyの間の関数関係を表す式とみることができる。

　例えば，二元一次方程式$x-2y+6=0$は，xとyの間の関数関係を表す式とみることができ，またこの式を，$y=\frac{1}{2}x+3$と変形することによって，yはxの一次関数であることが分かる。さらに，二元一次方程式のグラフが直線となることから，連立二元一次方程式の解は座標平面上の2直線の交点の座標としても求められる。グラフを用いることにより，連立二元一次方程式の解の意味を視覚的に捉えて理解することができる。

一次関数の表，式，グラフとそれらの相互関係（イの(ア)）

　第1学年では，生徒自らが関数関係にある二つの数量を取り出し，表，式，グラフを用いてそれらの変化や対応に関する特徴を考察し表現することについて学習している。第2学年では，これらの学習の上に立って，一次関数の特徴を表，式，グラフで捉えるとともに，それらを相互に関連付けることで，一次関数についての理解を深める。

　これまでは，関数の変化の仕方を捉える際に，表を基にして対応する数量の比を考えたり，増加するか減少するかを考えたりしてきた。一次関数の変化の仕方については，更に明確に捉えるために，xの増加量に対するyの増加量の割合である変化の割合について学習する。

　一次関数$y=ax+b$について，変数xの値がx_1からx_2まで変化すると，それに伴って変数yの値もy_1からy_2まで変化するものとする。このとき，変化の割合$\frac{y_2-y_1}{x_2-x_1}$は，常に一定でaに等しい。これは，一次関数の特徴であって，グラフが直線になることを意味している。

　このような変化の割合についての考察を通して，xの係数aは，xの値が1だけ増加したとき，対応するyの値がどれだけ増加するかを表していること，さらに，

x の値の増加に対しての y の値の増加分も，a の値を基にして求められることなどを理解できるようにする。

一次関数 $y=ax+b$ のグラフは直線であり，a は直線の傾きを決めるものであるから，y のとる値の増減については，傾き a の正，負によって判断できる。また，b は $x=0$ に対応する y の値であり，それは，グラフと y 軸との交点の y 座標であることも理解できるようにする。

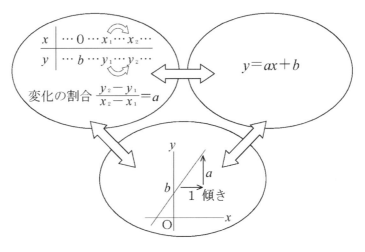

なお，変化の割合を指導する際には，形式的に変化の割合を計算して求めることに偏らないようにするとともに，変化の割合を事象の考察やその表現に適切に用いることができるようにすることが大切である。

一次関数を用いて具体的な事象を捉え考察し表現すること（イの(イ)）

第1学年でも指導したように，日常の事象や社会の事象及び数学の事象には，関数関係として捉えられるものが数多く存在する。ここでは，一次関数を用いて具体的な事象を捉え考察し表現することを指導する。事象を捉え考察し表現する際には，何を明らかにしようとするかという目的意識をもち，事象をどのように捉え，数学の対象にするのかを明確にした上で数学的に表現した問題を見いだすことが求められる。その上で問題を解決する際には，目的に応じて表，式，グラフを適切に選択し的確に表現することが大切である。

具体的な事象の中から観察や操作，実験などによって取り出した二つの数量について，事象を理想化したり単純化したりすることによって，それらの関係を一次関数とみなし，そのことを根拠として変化や対応の様子を考察したり予測したりすることができる。例えば，水を熱した時間と水温の関係を調べる際，実験を基にグラフを作成して考察する。ここで，実験によるデータの点がグラフでほぼ一直線上に並んでいることを基にして，一定の熱量で加熱しているなどと理想化したり，熱した時間だけで水温が決まると事象を単純化したりすることによって，二つの数量の関係を一次関数とみなす。その上で，一次関数を式に表し，それを基にして水がある温度になるまでの時間を予測し，その根拠を説明する。また，実験の結果と予測を比較・検討し，伝え合う活動を通して，結果と予測に違いがある原因について考えたり，よりよい予測のための手立てを工夫したりすることもできる。

なお,関数として考察することによって,他の領域において学習する内容についての理解を深めることもできる。例えば,図形の領域において学習するn角形の内角の和を求めるときに,nが増えていくときの内角の和の増え方を関数として考察すると,変化の割合が180であることから,多角形の頂点が一つ増えると,三角形一つ分の内角の和が増えていることが分かる。

D　データの活用

D(1)　データの分布

> (1) データの分布について,数学的活動を通して,次の事項を身に付けることができるよう指導する。
>   ア　次のような知識及び技能を身に付けること。
>   (ア) 四分位範囲や箱ひげ図の必要性と意味を理解すること。
>   (イ) コンピュータなどの情報手段を用いるなどしてデータを整理し箱ひげ図で表すこと。
>   イ　次のような思考力,判断力,表現力等を身に付けること。
>   (ア) 四分位範囲や箱ひげ図を用いてデータの分布の傾向を比較して読み取り,批判的に考察し判断すること。

　第1学年では,ヒストグラムや相対度数などについて学習している。第2学年では,これに加えて四分位範囲や箱ひげ図を学習することで,複数の集団のデータの分布に着目し,その傾向を比較して読み取り,批判的に考察して判断する力を養う。

四分位範囲や箱ひげ図の必要性と意味（アの(ア),アの(イ)）

　第1学年では,量的データの分布を捉える方法として,ヒストグラムや相対度数などについて学習している。ヒストグラムは分布の形は分かりやすい一方で,中央値などの指標が分かりづらい。複数のデータの分布を比較する際に,視覚的に比較がしやすい統計的な表現として,箱ひげ図がある。

　箱ひげ図とは,次のように,最小値,第1四分位数,中央値（第2四分位数）,第3四分位数,最大値を箱と線（ひげ）を用いて一つの図で表したものである。四分位数とは,全てのデータを小さい順に並べて四つに等しく分けたときの三つの区切りの値を表し,小さい方から第1四分位数,第2四分位数,第3四分位数という。第2四分位数は中央値のことである。なお,四分位数を求める方法として幾つかの方法が提案されているが,ここでは四分位数の意味を把握しやすい方法を用いる。

例えば，次の九つの値があるとき，中央値（第2四分位数）は5番目の26である。

23　　24　　25　　26　　26　　29　　30　　34　　39

この5番目の値の前後で二つに分けたときの，1番目から4番目までの値のうちの中央値24.5を第1四分位数，6番目から9番目までの値のうちの中央値32を第3四分位数とする。

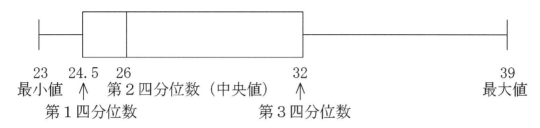

箱ひげ図の箱で示された区間に，全てのデータのうち，真ん中に集まる約半数のデータが含まれる。この箱の横の長さを四分位範囲といい，第3四分位数から第1四分位数を引いた値で求められる。上の例では四分位範囲は32－24.5＝7.5である。四分位範囲はデータの散らばりの度合いを表す指標として用いられる。極端にかけ離れた値が一つでもあると，最大値や最小値が大きく変化し，範囲はその影響を受けやすいが，四分位範囲はその影響をほとんど受けないという性質がある。また，この図中に，平均値を記入して中央値との差を考えたり，第1四分位数や第3四分位数と中央値との差を考えたりすることにより，データの散らばり具合が把握しやすくなるので，複数のデータの分布を比較する場合などに使われる。

四分位範囲や箱ひげ図を用いて批判的に考察し判断すること（イの(ア)）

　四分位範囲や箱ひげ図を用いて，複数の集団のデータの分布の傾向を比較して読み取り，批判的に考察したり判断したことを説明したりすることができるようにする。

　指導に当たっては，日常の事象を題材とした問題などを取り上げ，それを解決するために必要なデータを収集し，コンピュータなどを利用してデータを整理し，四分位範囲を求めたり箱ひげ図で表したりして複数の集団のデータの傾向を比較して読み取り，その結果を基に説明するという一連の活動を経験できるようにすることが重要である。例えば，中学生の体力は以前に比べて落ちているといえるかどうかについて考える。データとしては，生徒にとっての考察のしやすさから，同じ学校の中学校2年生男子の体力テストの結果を用いることができるであろう。そこで，ハンドボール投げに焦点化し，2000年，2005年，2010年，2015年のデータから箱ひげ図（図1）を作成するなどして分布の傾向を比較して読み取り，これを基に，「中学生の体力は前に比べて落ちているといえるかどうか」について考察する。具体的には，「四分位範囲を表す箱は，2005年からそれほど大きく下がっておらず，中央値を中心とする全体の約半数のデータはそれほど下がっているわけではないので，

体力が落ちているとは言えない」と判断することが考えられる。ここで，より詳しく検討するために，範囲の違いに着目して，2010 年と 2015 年に絞ってヒストグラムを作成し，これらの分布を詳しく比較することが考えられる。それにより，かけ離れた値があるかどうかなど，範囲が大きく異なる理由について検討することができる。また，5 年ごとではなく毎年の中央値や平均値などに着目して折れ線グラフ（図 2）を作成することで，経年変化の様子を調べることができる。さらに，「ハンドボール投げのデータだけで十分か」と批判的に考え，握力など他の体力テストのデータから箱ひげ図（図 3）やヒストグラムを作成するなどして，一層詳しい考察を加えることも考えられる。

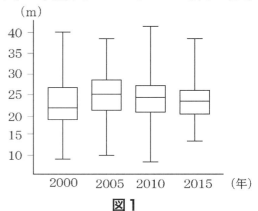

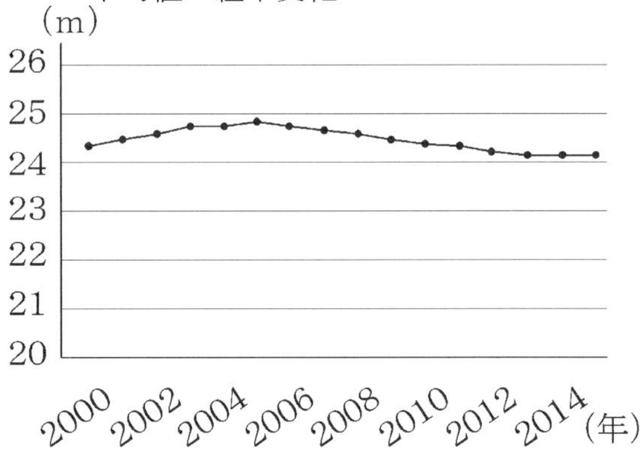

中学２年生男子のハンドボール投げの分布

図 1

中学２年生男子のハンドボール投げの平均値の経年変化

図 2

中学２年生男子の握力の分布

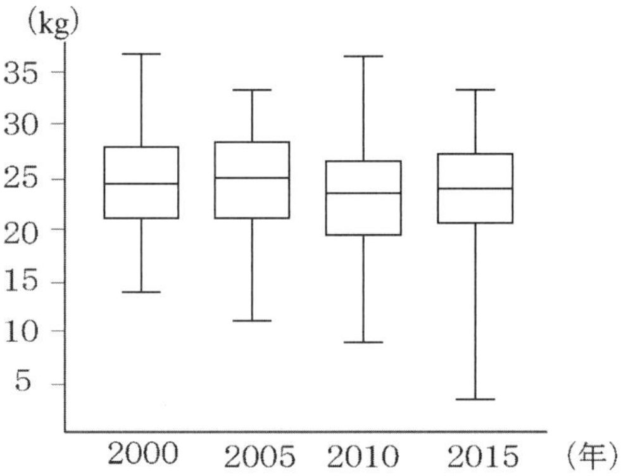

図 3

このように，体力に対して多様なデータや統計的な表現を用いて多面的に吟味することで，批判的に考察することの必要性に気付くことが大切である。また，データの傾向を捉える場合，日常生活では，簡潔さの観点から箱ひげ図のみを用いて説明することが予想される。しかし，そのことによって分布の形など，失われる情報もあるので，必要に応じてヒストグラムなどと合わせて用いることが必要な場面もあることに留意する。なお，同じ学校のデータについての判断の結果を，中学生一般について考察することは，第 3 学年で学習する標本調査に関わることである。

D (2) 不確定な事象の起こりやすさ

(2) 不確定な事象の起こりやすさについて，数学的活動を通して，次の事項を

身に付けることができるよう指導する。
ア　次のような知識及び技能を身に付けること。
　(ア)　多数回の試行によって得られる確率と関連付けて，場合の数を基にして得られる確率の必要性と意味を理解すること。
　(イ)　簡単な場合について確率を求めること。
イ　次のような思考力，判断力，表現力等を身に付けること。
　(ア)　同様に確からしいことに着目し，場合の数を基にして得られる確率の求め方を考察し表現すること。
　(イ)　確率を用いて不確定な事象を捉え考察し表現すること。

第１学年において，相対度数は，全体（総度数）に対する部分（各階級の度数）の割合を示す値で，各階級の頻度とみなされることや，多数の観察や多数回の試行の結果を基にして，不確定な事象の起こりやすさの傾向を読み取り表現することなどを学習している。第２学年では，これらの学習の上に立って，同様に確からしいことに着目し，確率を求める方法を考察するとともに，確率を用いて不確定な事象を捉え考察し表現することができるようにする。

場合の数を基にして得られる確率の必要性と意味（アの(ア)）

第１学年において，多数の観察や多数回の試行の結果を基にして確率を学習している。しかし，身の回りにはこれらを基にせずとも，場合の数を基にして確率を求めることができる事象が数多くある。

例えば，さいころを振る場合，その目の出方には６通りあり，どの目が出ることも同様に確からしいとすると，場合の数を基にして得られる確率は$\frac{1}{6}$であることが分かる。実際にさいころを多数回振ると，それぞれの目が出る回数の割合はどの目についても$\frac{1}{6}$に安定する傾向が見られる。このように，起こり得るどの場合も同様に確からしいとき，多数回の試行によって得られる確率は，試行回数を増やすにつれて，場合の数を基にして得られる確率に近づくことが知られている（大数の法則）。

確率を求めるには，実際に多数回の試行をするよりも，場合の数に基づいて考えた方が，時間も労力も節約できる。しかし，その反面，不確定な事象について何が分かるのかという確率本来の意味が見失われてしまいやすい。例えば，「さいころを振って１の目が出る確率が$\frac{1}{6}$である」ことから，「さいころを６回投げると，そのうち１回は１の目が必ず出る」と考えてしまうのは，確率の意味の理解が不十分であることが原因であると考えられる。

指導に当たっては，実際に多数回の試行によって得られた確率と場合の数を基にして求めた確率とを関連付けて，求めた確率を実感を伴って理解できるようにする。

簡単な場合について確率を求めること（アの(イ)，イの(ア)）

　起こり得る場合の数を基にして確率を求めるには，同様に確からしいと考えられる起こり得る場合全てを正しく求める必要がある。ここでは小学校第6学年における指導を踏まえ，起こり得る場合を順序よく整理し，落ちや重なりがないように数え上げる。その際，樹形図や二次元の表などを利用して，起こり得る全ての場合を簡単に求めることができる程度の事象を取り上げる。

　簡単な場合の例として，2個の硬貨を投げたときの表と裏の出方がある。2個の硬貨の表と裏の出方の全ての場合は（表，表），（表，裏），（裏，表），（裏，裏）の4通りであり，どの場合が起こることも同様に確からしいと考えられる。このうち，2個とも表になる場合は，同様に確からしい4通りの場合のうちの一つであるから，その確率は$\frac{1}{4}$になる。このとき，「確率が$\frac{1}{4}$である」とは，先にも述べたように2個の硬貨を4回投げると，そのうちの1回は必ず二つとも表が出るという確定的なことを意味するものではないことに注意する必要がある。

　また，上の事例では，表と裏の出方の全ての場合が（表，表），（表，裏），（裏，裏）の3通りであると考え，2個とも表になる確率は$\frac{1}{3}$であると考える誤りが起こりやすい。この場合，同様に確からしいことに着目し，起こり得る場合を落ちや重なりがないように数え上げられるようにするとともに，実際に多数回の試行をしてその結果と比較し，実感を伴って理解できるようにする。

　指導に当たっては，同様に確からしいことに着目し，樹形図や二次元の表などの数学的な表現を用いて説明し伝え合うことを通して，場合の数を基にして得られる確率の求め方を考察し表現できるようにすることが大切である。

確率を用いて不確定な事象を捉え考察し表現すること（イの(イ)）

　第1学年では，多数の観察や多数回の試行の結果を基にして，不確定な事象の起こりやすさを読み取り表現することについて学習した。ここでは，場合の数を基にして得られる確率を用いて不確定な事象を捉え考察し表現することについて学習する。

　指導に当たっては，確率を求めることだけを目的とするのではなく，不確定な事象に関する問題解決を重視し，生徒が確率を用いて説明することを大切にする。その際，日常生活や社会に関わる事象を取り上げ，確率を用いて説明できる事柄を明らかにすることが必要である。

　例えば，くじ引きをするとき，何番目に引くかで当たりやすさに違いがあるかどうか，つまりくじ引きが公平であるかどうかについて，その理由を確率に基づいて説明することが考えられる。この場合，くじ引きのルールを明確にすることの重要性や，ルールを変更すると判断も変わることがあることに気付くように指導することも大切である。

確率を用いて不確定な事象を捉え説明することを通して，「必ず〜になる」とは言い切れない事柄についても，数を用いて考えたり判断したりすることができることを理解し，数学と日常生活や社会との関係を実感できるようにする。

〔数学的活動〕

> (1)「A数と式」，「B図形」，「C関数」及び「Dデータの活用」の学習やそれらを相互に関連付けた学習において，次のような数学的活動に取り組むものとする。
> 　ア　日常の事象や社会の事象を数理的に捉え，数学的に表現・処理し，問題を解決したり，解決の過程や結果を振り返って考察したりする活動
> 　イ　数学の事象から見通しをもって問題を見いだし解決したり，解決の過程や結果を振り返って統合的・発展的に考察したりする活動
> 　ウ　数学的な表現を用いて論理的に説明し伝え合う活動

　第1学年においては，各領域の学習やそれらを相互に関連付けた学習において，「日常の事象を数理的に捉え，数学的に表現・処理し，問題を解決したり，解決の過程や結果を振り返って考察したりする活動」，「数学の事象から問題を見いだし解決したり，解決の過程や結果を振り返って統合的・発展的に考察したりする活動」，「数学的な表現を用いて筋道立てて説明し伝え合う活動」に取り組む機会を設けることで，生徒が数学的活動に主体的に取り組み，基礎的・基本的な知識及び技能を確実に身に付けるとともに，思考力，判断力，表現力等を高め，数学を学ぶことの楽しさや意義を実感できるようにすることを目指している。

　第2学年では，こうした基本的な考えを一層重視するとともに，生徒の発達の段階や学習の状況，第2学年で指導する各領域の内容との関係を考慮し，数学的活動の質を高めていく。なお，提示されている三つの活動は第3学年と同じである。これは，当該学年で指導する内容に即し，2年間をかけて継続した指導をすることが必要であると判断したためである。

ア　日常の事象や社会の事象を数理的に捉え，数学的に表現・処理し，問題を解決したり，解決の過程や結果を振り返って考察したりする活動

　第1学年における「日常の事象を数理的に捉え，数学的に表現・処理し，問題を解決したり，解決の過程や結果を振り返って考察したりする活動」は，生徒にとって身近なできごとなどを考察の対象として，数学を利用することを重視している。第2学年においては，数学を利用する範囲を広げ，社会における様々な事象なども視野に入れて活動に取り組む機会を設ける。

　数学を利用する範囲を広げ，直接体験できないことについても自分のこととして

考えながら活動に取り組むなどして，数学的活動の楽しさや数学のよさを実感できるようにすることが大切である。

なお，各領域の内容との関係を考慮して数学を利用する対象を適切に定め，この活動の趣旨が実現されるようにすることが大切である。

第2学年における「日常の事象や社会の事象を数理的に捉え，数学的に表現・処理し，問題を解決したり，解決の過程や結果を振り返って考察したりする活動」として，例えば次のような活動が考えられる。

○二つの数量の関係を一次関数とみなすことで未知の状況を予測する活動

この活動は，第2学年「C関数」の(1)のイの(イ)「一次関数を用いて具体的な事象を捉え考察し表現すること」の指導における数学的活動であり，例えば，8月に富士山の6合目まで登る予定を立て，服装を準備するために，「8月の6合目付近の高さの気温はどれくらいだろうか」という日常の事象の問題を取り上げる。この問題を解決するために，入手できる幾つかの観測地点の気温に関するデータを基に，8月の6合目付近の高さの気温を予測することをねらいとする。また，その過程において，事象を理想化したり単純化したりすることで，実験や観察による数量の関係を一次関数とみなし，表，式，グラフを用いて表現・処理し，それを基に予測できることのよさを知り，様々な事象の考察に生かすことができるようにする。

この活動に生徒が主体的・対話的に取り組むことができるようにし，深い学びの実現につなげることが大切である。そのために，一次関数の特徴を，表，式，グラフで捉えるとともに，それらを相互に関連付け，一次関数について理解できるよう指導とその計画を工夫する。また，事象を理想化したり単純化したりすることで，数量の関係を一次関数とみなすことの意味を，例えば，線香に火をつけてから燃え尽きるまでの時間を予測するなどの事例を基に理解できるような機会を設ける。その際，数量の関係を一次関数とみなして考察するときには，一定の制約が生じることについても理解できるようにする。

こうした指導を踏まえ，富士山の6合目付近の高さの気温を予測する活動に取り組む機会を設ける。まず，8月の富士山周辺地点や富士山の山頂地点の平均気温のデータを調べて表やグラフに表す。次に，変化の割合がほぼ同じであることや，グラフの点がほぼ一直線上に並んでいることなどを基に，気温が高さの一次関数であるとみなし，それらの点を基に直線を引いたり，表の中の数値を基に一次関数の式で表したりする。このことで，富士山の6合目付近の高さの気温を予測する。その際，グラフには，おおよその数値を読み取ることができるというよさがあるものの，グラフの直線の引き方によって予測した気温が異なる場合があることや，数値を用いて計算で求めるためには，高さと気温の関係を式で表すとよいことなど，解決の過程や結果を振り返って，表，式，グラフのそれぞれのよさについて検討する機会

を設けることも大切である。また，一次関数とみなしているのはある変域においてのことであることや，一次関数とみなすことに無理のある事象があることにも触れ，日常の事象や社会の事象から一次関数とみなすことで解決できる問題を考察する際に生かせるようにする。

イ　数学の事象から見通しをもって問題を見いだし解決したり，解決の過程や結果を振り返って統合的・発展的に考察したりする活動

数学科において主体的・対話的で深い学びを実現するためには，問題を解決することと同様に，見通しをもって問題を発見することにも焦点を当てることが求められる。第1学年における「数学の事象から問題を見いだし解決したり，解決の過程や結果を振り返って統合的・発展的に考察したりする活動」は，数学の事象から数学的に表現した新たな問題を見いだし，既習の内容を活用してそれを解決し，その過程や結果を振り返ることで概念を形成したり，新たなものを見いだしたりする過程を重視している。このことを踏まえ，第2学年においては，第1学年で経験した問題発見・解決の過程について，更に見通しをもって遂行できるようにすることを重視する。

数学的活動の過程では，各領域の内容の高まりとともに，演繹による検証の必要性や数学的な推論を適切に用いて新たな事柄を見いだすことの重要性が増してくる。このため，帰納や類推（予測や推測の構成）や演繹（正しさの確認や検証）などの数学的な推論の進め方の質を高め，より洗練されたものにしていくことが大切である。

見いだした数や図形の性質などから統合的・発展的に考察するためには，例えば，仮定や結論に目を向けて，条件をかえたり，逆を考えたりするなどの見通しをもって問題を見いだすことが必要になる。また，これまで進めてきた数学的な推論がそのきっかけになることにも留意する必要がある。

第2学年における「数学の事象から見通しをもって問題を見いだし解決したり，解決の過程や結果を振り返って統合的・発展的に考察したりする活動」として，例えば次のような活動が考えられる。

○ n 角形の内角の和，外角の和を求める活動

この活動は，第2学年「B図形」の(1)のイの(ア)「基本的な平面図形の性質を見いだし，平行線や角の性質を基にしてそれらを確かめ説明すること」の指導における数学的活動である。ここでのねらいは，多角形の内角や外角に関する事象から，n 角形の内角の和 $180°×(n-2)$ 及び外角の和 $360°$ についての問題を見いだし，既習の図形の性質などを用いて解決し，その過程や結果について統合的・発展的に考察することとする。このことによって既習の内容に結び付けて考えることのよさを知ったり，新たな問題が見いだせることに気付いたりできるようにして，その後の

図形の学習などに生かすことができるようにする。

この活動に生徒が主体的・対話的に取り組むことができるようにし，深い学びの実現につなげることが大切である。そのために，多角形を一つの頂点から引いた対角線で三角形に分割する(図1)ことで，n角形の内角の和が$180°×(n-2)$になることを理解できるよう指導とその計画を工夫する。その際，三角形，四角形などの内角の和を帰納的に調べ，そこには規則性がありそうなことに気付き，これまでに学習してきたことを基に，「多角形の内角の和は式に表すことができそうだ」などの見通しをもって問題として表現することができるようにする。また，見いだした内角の和を表す式が正しいといえるかどうかについては，「多角形を三角形に分割すればよい」，「三角形の内角の和が$180°$であることを証明の根拠にすればよい」などを明らかにし，「n角形の内角の和が$180°×(n-2)$になる」ことを説明する機会を設けるなど指導の計画を工夫する。

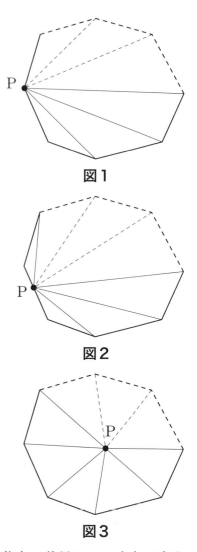

図1

図2

図3

こうした指導を踏まえ，多角形を三角形に分割する仕方に着目して，内角の和を求める他の方法を考察し表現する活動に取り組む機会を設ける。例えば，多角形の辺上の1点から各頂点に引いた線分で三角形に分割する（図2）ことや，多角形の内部の1点から各頂点に引いた線分で三角形に分割する（図3）ことから，三角形の内角の和が$180°$であることを証明の根拠にしてn角形の内角の和を表す式を導くことが考えられる。

これらの求め方について考察した後，それらの方法を比較し，「多角形を三角形に分割していること」，「三角形の内角の和が$180°$であることを証明の根拠にしていること」などの共通点や相違点に気付くことができるよう促す。さらに，共通する考え「三角形に分割して内角以外の角は除けばよい」で三つの求め方を統合することも考えられる。

次に，多角形の外角に着目し，その和について問題を見いだすことができる。（図4）

ここでは，四角形や五角形などの外角の和を帰

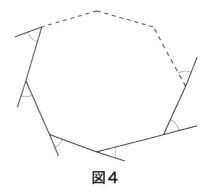

図4

納的に調べ，「どんな多角形でも外角の和は360°になるのではないか」という推測から問題を設定し，「一つの頂点で内角と外角の和が180°になることを使えばよい」などの見通しをもち，その説明を考えることもできる。

ウ　数学的な表現を用いて論理的に説明し伝え合う活動

第1学年における「数学的な表現を用いて筋道立てて説明し伝え合う活動」は，表現の簡潔さや形式などにとらわれ過ぎず，生徒が筋道立てて説明し伝え合うことを重視している。第2学年においては，それらが洗練され，より実質的なものになるように，根拠を明らかにし論理的に説明し伝え合う活動に取り組む機会を設ける。

数学の学習においては，学年が進むとともに，前提と結論を明示して見いだしたことを的確に伝えること，計算の手順や方程式を解く方法などを順序よく分かりやすく示すこと，見いだしたことの正しさや妥当性について根拠を明らかにして説明することなどの必要性が増し，論理的に説明し伝え合うことの重要性も高まる。

また，数学的な表現を用いることに関して，数量や図形などに関する事実や処理の仕方，思考の過程や判断の根拠などを数学的に表現したり，表現されたものを解釈したりすることの適切さを高めるためには，言葉や数，式，図，表，グラフなどを相互に関連付けて適切に用いることが重要になる。特に，数学的な表現を用いて伝え合う際には，相手に理解されやすくなるように説明することが重要であることを理解し，数学的に表現することのよさを実感できるようにする。

第2学年においては，思考の過程や判断の根拠などを数学的に表現するために，数学的な推論とその過程について理解し，これらを適切に用いることを重視する。

第2学年における「数学的な表現を用いて論理的に説明し伝え合う活動」として，例えば次のような活動が考えられる。

○くじ引きが公平である理由を，確率を用いて説明する活動

この活動は，第2学年「Dデータの活用」の(2)のイの(イ)「確率を用いて不確定な事象を捉え考察し表現すること」の指導における数学的活動である。ここでのねらいは，例えば「くじ引きをするとき，先に引くか，後に引くか，どちらでもよいか」について判断を求め，その理由について確率を用いて説明することとする。またその過程において，求めた確率に基づいてどのような判断ができるのかを知り，不確定な事象の考察に生かせるようにする。

この活動に生徒が主体的・対話的に取り組むことができるようにし，深い学びの実現につなげることが大切である。そのために，多数回の試行をしたり，起こり得る場合の数を求めたりして簡単な場合について確率を求めることができるよう指導とその計画を工夫する。

こうした指導を踏まえ，くじ引きが公平であるかどうかを説明する活動に取り組む機会を設ける。まず，くじを引く順序によって当たりやすさに違いがあるかどう

かについて「先に引いた方が当たりやすい」,「後から引いた方が当たりやすい」,「どちらも同じ」など直観的に予想を立てる。その上で,例えば「5本のうち2本の当たりくじが入っているくじを2人の生徒が引くとき,引く順番によって当たりやすさに違いがあるか」と問題を焦点化する。実際に何回かくじ引きを行うなどして試行の結果からも予想を立てておくようにするとよい。次に,予想が正しいかどうかを調べるために,樹形図などを作って起こり得る場合の数を求め,先に引いた場合と後から引いた場合で当たる確率をそれぞれ計算する。この場合,どちらの確率も $\frac{2}{5}$ となり,確率が等しいことから「引く順序によって当たりやすさに違いがない」と判断し,くじ引きが公平である理由を説明する。その際,各自の説明を他者のものと比較し,不十分な点を指摘し合うなどして,協働的に表現を洗練することが考えられる。確率を求めることができても説明することができない生徒には,確率の意味を見直すように促す。

また,焦点化された問題について,「問題の条件を変えても当たりやすさに違いはないか」と発展的に考え,新たな問題を見いだすことができる。例えば「4本のうち2本の当たりくじが入っているくじを3人の生徒で引くとき,何番目に引いても確率は $\frac{1}{2}$ になるか」など,くじの総数や当たりくじの本数,人数を変えてもくじ引きが公平であるかどうかについて,生徒の疑問に従って自立的に説明し,レポートにまとめ発表する機会を設けることも考えられる。

第3節　第3学年の目標及び内容

●1　第3学年の目標

> (1) 数の平方根，多項式と二次方程式，図形の相似，円周角と中心角の関係，三平方の定理，関数 $y=ax^2$，標本調査などについての基礎的な概念や原理・法則などを理解するとともに，事象を数学化したり，数学的に解釈したり，数学的に表現・処理したりする技能を身に付けるようにする。
>
> (2) 数の範囲に着目し，数の性質や計算について考察したり，文字を用いて数量の関係や法則などを考察したりする力，図形の構成要素の関係に着目し，図形の性質や計量について論理的に考察し表現する力，関数関係に着目し，その特徴を表，式，グラフを相互に関連付けて考察する力，標本と母集団の関係に着目し，母集団の傾向を推定し判断したり，調査の方法や結果を批判的に考察したりする力を養う。
>
> (3) 数学的活動の楽しさや数学のよさを実感して粘り強く考え，数学を生活や学習に生かそうとする態度，問題解決の過程を振り返って評価・改善しようとする態度，多様な考えを認め，よりよく問題解決しようとする態度を養う。

(1) 知識及び技能

「知識」に関しては，第3学年も他の学年と同様に，学習するそれぞれの内容についての基礎的な概念や原理・法則などを，既習の知識と関連付けて確実に理解することが重要である。例えば，二次方程式の必要性と意味，解の意味について理解するときには，一元一次方程式や連立二元一次方程式の学習を基に，類似点や相違点を明らかにしたり新たな視点を加えたりすることで，その理解をより深めていくことができる。

「技能」に関しては，学習するそれぞれの内容について，第2学年と同様に，問題発見・解決の過程を一層自立的に遂行できるよう，その基礎をなす技能を身に付けることが必要である。

(2) 思考力，判断力，表現力等

第3学年において育成を目指す「思考力，判断力，表現力等」に関わる資質・能力を具体的に示している。

数と式領域の学習では，既習の数や文字式の計算の方法と関連付けて，平方根を

含む式の計算の方法を見いだしたり，数の平方根を具体的な場面で活用したりできるようにする。また，式の展開や因数分解をする方法を，既習の数や文字式の計算の方法と関連付けて考察し表現できるようにするとともに，文字を用いた式で数量及び数量の関係を捉え説明できるようにする。さらに，一元一次方程式や連立二元一次方程式などの既習の方程式に関する学習や，因数分解，平方根の考え等を基に，二次方程式を解く方法について考察し表現できるようにするとともに，二次方程式を具体的な場面で活用できるようにする。

図形領域の学習では，三角形の相似条件などを基にして図形の基本的な性質を論理的に確かめたり，平行線と線分の比についての性質を見いだし，それらを確かめたりできるようにするとともに，相似な図形の性質を具体的な場面で活用できるようにする。さらに，円周角と中心角の関係や三平方の定理を見いだし，それらを具体的な場面で活用できるようにする。

関数領域の学習では，関数 $y=ax^2$ として捉えられる二つの数量について，変化や対応の特徴を見いだし，表，式，グラフを相互に関連付けて考察したり，関数 $y=ax^2$ を用いて具体的な事象を捉え表現したりできるようにする。

データの活用領域の学習では，簡単な場合について標本調査を行い，母集団の傾向を推定し判断することができるようにする。また，調査の方法や結果を批判的に考察する力を養う。

このようにして第3学年では，数学を活用して事象を論理的に考察したり，数量や図形などの性質を見いだし統合的・発展的に考察したり，数学的な表現を用いて簡潔・明瞭・的確に表現したりする力を一層伸ばしていくことが大切である。

(3) 学びに向かう力，人間性等

第3学年の目標(3)は，第2学年と同一であり，「学びに向かう力，人間性等」に関わる資質・能力は，第2学年と同様の視点で育成されるものである。方向性は同じであっても，第3学年として目指す資質・能力は，義務教育9年間の集大成としてのものであるから，生徒が自らの資質・能力の高まりを実感できるとともに，持続可能なものに達していることが大切である。数学的に考える資質・能力は，生涯の生活を通じて，たとえ数学と直接関わりのない場面であっても汎用性の高いものであることから，一層重視して育成されることが求められる。

● 2　第3学年の内容

A　数と式

A(1) 正の数の平方根

(1) 正の数の平方根について，数学的活動を通して，次の事項を身に付けることができるよう指導する。

　ア　次のような知識及び技能を身に付けること。
　　(ｱ)　数の平方根の必要性と意味を理解すること。
　　(ｲ)　数の平方根を含む簡単な式の計算をすること。
　　(ｳ)　具体的な場面で数の平方根を用いて表したり処理したりすること。
　イ　次のような思考力，判断力，表現力等を身に付けること。
　　(ｱ)　既に学習した計算の方法と関連付けて，数の平方根を含む式の計算の方法を考察し表現すること。
　　(ｲ)　数の平方根を具体的な場面で活用すること。

〔用語・記号〕
　　根号　有理数　無理数　$\sqrt{}$

［内容の取扱い］

(1) 内容の「A数と式」の(1)などに関連して，誤差や近似値，$a \times 10^n$ の形の表現を取り扱うものとする。

　第1学年では，取り扱う数の範囲を正の数と負の数に拡張して，正の数と負の数の必要性と意味を理解し，その四則計算について学習している。

　第2学年では，文字を用いた式や方程式，関数，確率などについての学習を通して，数についての理解を一層深めている。

　第3学年では，二次方程式を解く場合や，三平方の定理を活用して長さを求める場合には，有理数だけでは不十分なので，数の範囲を無理数にまで拡張する。新しい数として平方根を導入することで，これまで扱うことができなかった量を考察の対象とすることができる。このような正の数の平方根の必要性と意味を理解し，正の数の平方根を含む簡単な式の計算ができるようにするとともに，具体的な場面で平方根を用いて表したり処理したりすることを通して，それを具体的な場面で活用することができるようにする。

数の平方根の必要性と意味（アの(ア)）

　第1学年では，数の範囲を拡張し，正の数と負の数の必要性と意味を理解できるようにしている。数の範囲を拡張することは，新しい数が導入され，これまで数で表すことができなかったものが思考の対象になることを意味する。日常生活には，例えば，1辺の長さが1mである正方形の対角線の長さのように，これまでの有理数では表すことのできない量が存在している。このような量を定めるためには新しい数が必要になる。また，数を2乗することの逆演算を考える場面で，有理数ではない数が存在することの理解が必要となる。このような学習を通して，正の数の平方根の必要性を理解できるようにする。

　一般に，$x^2=a\,(a>0)$ を成り立たせる x の値を a の平方根といい，x を記号 $\sqrt{}$ を用いて $\sqrt{a}$ 及び $-\sqrt{a}$ と表す。$\sqrt{}$ は新しい数を表す記号であり，これを用いると，これまで十分に表し得なかった数を簡潔・明瞭に表現することができる。円周率 3.14…を π を用いて表したのと同じように，数を記号 $\sqrt{}$ を用いて表していく。このように，その記号のもつよさを知り，正しく用いることができるようにすることは大切なことである。また，正の数 a の平方根には正と負の二つの数があり，$\sqrt{a}$ はその正の方を表していること，0の平方根は0であることなどを理解できるようにする。

　正の数の平方根，例えば，$\sqrt{2}$ や $\sqrt{5}$ は，これまでに学習してきた有理数とは異なり，分数で表せない新しい数であり，無理数と呼ばれる数である。数の範囲を無理数に拡張することによって，二次方程式の解が得られるようになり，三平方の定理を活用して長さを求めることもできるようになる。また，有理数や無理数という新たな観点で数を分類することができるようになる。

　正の数の平方根の近似値は，$\sqrt{}$ キーのついた電卓を用いれば求めることができるが，正の数の平方根の意味を理解する上で，はじめに近似値を定めて，これを基に更に精度のよい近似値を求め，逐次この操作を繰り返して，近似値の精度を高めていくことも必要である。

　例えば，0.1だけ異なる数に着目して，1.4^2 と 1.5^2 を電卓などで計算し，それぞれの値を2と比べることによって，$1.4<\sqrt{2}<1.5$ という関係を見いだす。さらに，同じような手続きによって，順次，$\sqrt{2}$ のより正確な近似値を探し続けることができる。実際にこのような経験をすることは，正の数の平方根の理解を深める上で，また未知の数を逐次近似的に求める方法を知る上で重要である。

数の平方根を含む式の計算（アの(イ)，イの(ア)）

　正の数の平方根を含む式の四則計算では，交換法則，結合法則や分配法則はそのまま成り立つ。

正の数の平方根の乗法は$\sqrt{a}\times\sqrt{b}=\sqrt{a\times b}$，除法は$\dfrac{\sqrt{a}}{\sqrt{b}}=\sqrt{\dfrac{a}{b}}$ ($a>0$，$b>0$)を基にして計算できる。

$\sqrt{a}\times\sqrt{b}=\sqrt{a\times b}$となることについては，$a$と$b$に具体的な数を当てはめて考察することが考えられる。例えば$\sqrt{2}\times\sqrt{3}$の結果が$\sqrt{2\times 3}$になると予想し，電卓等を活用して，

$$\sqrt{2}\times\sqrt{3}=1.414\cdots\times 1.732\cdots$$
$$=2.449\cdots$$

と計算し，その結果が$\sqrt{6}=2.449\cdots$と近い値になることから$\sqrt{2}\times\sqrt{3}=\sqrt{2\times 3}$となりそうなことを予想できるようにすることが考えられる。

このような活動の上で，平方根の乗法の計算の方法については，$\sqrt{2}\times\sqrt{3}$を2乗して，その結果の平方根を調べることで，$\sqrt{2}\times\sqrt{3}$が$\sqrt{2\times 3}$と等しくなることを確かめる。除法についても同様の視点から計算の方法を考察し表現することができるようにする。

正の数の平方根の加法についても，乗法と同様に$\sqrt{a}+\sqrt{b}=\sqrt{a+b}$となると予想し，考察することが考えられる。しかし，この予想は成り立たない。
$\sqrt{a}+\sqrt{b}=\sqrt{a+b}$が成り立たないことを示すには，例えば，反例を一つあげればよい。このように，反例をあげることで，ある事柄が常に成り立つとは限らないことを説明できることは第2学年の「B図形」の領域で学習しているが，繰り返し確認することが大切である。

$\sqrt{2}+1$や$\sqrt{2}+\sqrt{3}$などは，これ以上簡単には表せない数であり，それぞれ一つの無理数を表している。このことは，文字を用いた式においてaやbが数を表すとき，$a+1$や$a+b$もそれぞれ一つの数を表すものとみることと同様である。正の数の平方根を含む加法や減法の式の計算の方法について，文字を用いた式の計算の方法を振り返りつつ考察することが必要である。なお，ここで取り上げるのは，二次方程式や三平方の定理を活用する場面で必要な程度の計算であり，必要以上に複雑で無目的な計算練習にならないようにする。

平方根を具体的な場面で活用すること（アの(ウ)，イの(イ)）

様々な事象における問題解決の場面において数の平方根を用いて表したり処理したりすることができるようにする。その際，正の数の平方根を用いることによって，数を用いて表したり処理したりする範囲が広がることを理解できるようにする。

例えば，日常生活においてもよく利用されるA判の紙は，2辺の長さの比が$1:\sqrt{2}$になるようにつくられている。このことは，図のように紙を折っていくと，はじめの折り目（点線）と，長い辺が一致することから確かめることができる。

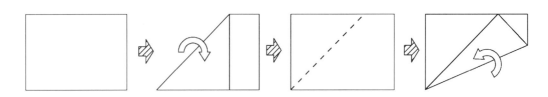

　また,例えば,半径2cmの円と半径4cmの円があるとき,面積がこの二つの円の和になるような円の半径を求めるために,平方根を用いて考察し表現する活動を設定することが考えられる。

　このように様々な事象を正の数の平方根を用いて考察し表現することで,それらを活用することができるようにする。

誤差や近似値（[内容の取扱い]（1））

　小学校算数科では,第4学年で,概数について理解し,概数で見積もったり,計算の結果を概数で表したりすることができるようにしている。また,十進位取り記数法についても学習している。ここでは,誤差や近似値,数を $a \times 10^n$ の形で表すことを取り扱う。

　測定には誤差が伴う。誤差とは,測定値と真の値の差である。例えば,最小目盛りがmmで表されている身長測定器を用いてデータを収集する際,ある生徒の身長の測定値が157.4cmということは,真の値が,157.35cm以上157.45cm未満の間にあることを意味する。

　すなわち,この生徒の身長を x cmとすると,真の値がある範囲は,

　　$157.35 \leqq x < 157.45$

と表される。さらに,これを数直線上に表すなどして,測定値には誤差が伴い,近似値として157.4cmを用いることなど,近似値と誤差の意味について実感を伴って理解できるようにする。

　また,数の表し方については,例えば,測定値として2300mが得られたとき,この値が十の位の数字まで信頼できるならば,一の位の0は位を示しているに過ぎないので,これを2300mではなく 2.30×10^3 mのように表す。このことによって,どの数字までが有効数字であるかを明らかにすることができ,近似値について誤差の見積もりもできる。ここでの学習は,このような数の表し方について知ることがねらいである。

　なお,誤差や近似値,数を $a \times 10^n$ の形で表すことについては,第3学年の「A数と式」の(1)での学習の他,直接測定することが困難な高さや距離を相似な図形の性質や三平方の定理を用いて求める学習の場面など「B図形」の(1)や(3)などの学習と関連付けて指導することが考えられる。

A(2) 簡単な多項式

> (2) 簡単な多項式について，数学的活動を通して，次の事項を身に付けることができるよう指導する。
>
> ア　次のような知識及び技能を身に付けること。
>
> (ア) 単項式と多項式の乗法及び多項式を単項式で割る除法の計算をすること。
>
> (イ) 簡単な一次式の乗法の計算及び次の公式を用いる簡単な式の展開や因数分解をすること。
>
> $$(a+b)^2 = a^2 + 2ab + b^2$$
> $$(a-b)^2 = a^2 - 2ab + b^2$$
> $$(a+b)(a-b) = a^2 - b^2$$
> $$(x+a)(x+b) = x^2 + (a+b)x + ab$$
>
> イ　次のような思考力，判断力，表現力等を身に付けること。
>
> (ア) 既に学習した計算の方法と関連付けて，式の展開や因数分解をする方法を考察し表現すること。
>
> (イ) 文字を用いた式で数量及び数量の関係を捉え説明すること。
>
> 〔用語・記号〕
>
> 因数

　第2学年では，文字を用いて数量の関係や法則などを考察する力を養うとともに，簡単な整式の加法・減法，単項式の乗法と除法の計算について学習している。また，数量や数量の関係を捉え説明するのに文字を用いた式が活用できることや，目的に応じて簡単な式を変形することについて学習している。

　第3学年では，これらの学習の上に立って，単項式と多項式の乗法，多項式を単項式で割る除法及び簡単な一次式の乗法の計算ができるようにする。さらに，公式を用いる簡単な式の展開と因数分解を取り扱い，これによって，文字を用いた式で数量及び数量の関係を捉え説明する力を養うようにする。

単項式と多項式の乗法及び多項式を単項式で割る除法（アの(ア)）

　単項式の乗法と除法，数と多項式の乗法，多項式を数で割る除法については，既に学習している。これらの学習を基にして，第3学年では，例えば，$2a \times (3a - 5b)$ のような単項式と多項式の乗法，$(4x^2 + 6x) \div 2x$ のような多項式を単項式で割る除法について学習する。

　特に，単項式と多項式の乗法は，多項式の乗法の前段階として位置付けられるので，技能の確実な習得について十分な配慮が必要である。

一次式の乗法，式の展開と因数分解（アの(イ)，イの(ア)）

一次式と一次式の乗法では，既習の単項式と多項式の乗法と関連付けて考察し，単に形式的に計算ができるようにするだけではなく，その方法が交換法則，結合法則や分配法則などを基にしていることを理解できるようにすることが大切である。例えば，$(a+b)(c+d)$ を展開するのに式 $a+b$ を一つの文字 M に置き換えて，$M(c+d)=Mc+Md$ とすることで，既習の法則を用いて計算することができるようになることが分かる。

また，式の展開の公式としては，次のものを取り扱う。

$$(a+b)^2=a^2+2ab+b^2$$
$$(a-b)^2=a^2-2ab+b^2$$
$$(a+b)(a-b)=a^2-b^2$$
$$(x+a)(x+b)=x^2+(a+b)x+ab$$

これらは，今後の学習においてしばしば活用される典型的なものであり，公式のもつ意味を理解し，式を能率よく処理することができるようにする。

因数分解の公式は，一次式の乗法や式の展開の公式の逆であることを理解し，その方法を見いだすことができるようにする。

また，式の展開の公式や因数分解の方法の理解を深めるために数の計算と関連付けて，そのよさを実感できるようにする。例えば，$(a+b)^2=a^2+2ab+b^2$ や $a^2-b^2=(a+b)(a-b)$ を用いて下のように計算することが考えられる。

【$(a+b)^2=a^2+2ab+b^2$ を活用】
$$101^2$$
$$=(100+1)^2$$
$$=100^2+2\times 100\times 1+1^2$$
$$=10000+200+1$$
$$=10201$$

【$a^2-b^2=(a+b)(a-b)$ を活用】
$$13^2-12^2$$
$$=(13+12)(13-12)$$
$$=25\times 1$$
$$=25$$

なお，ここで取り上げる式の展開や因数分解は，数や図形の性質が成り立つことを，文字を用いた式で説明したり，二次方程式を解いたりする程度の式の計算であり，必要以上に複雑で無目的な計算練習にならないようにする。

文字を用いた式で数量及び数量の関係を捉え説明すること（イの(イ)）

乗法公式や因数分解の公式は，数や図形の性質などが成り立つことを，文字を用いた式を使って説明したり，二次方程式を解いたりする場合にしばしば活用される。したがって，これらの公式を能率的に活用し，目的に応じて式を変形したり式の意味を読み取ったりできるようになることが重要である。第2学年における指導を踏

まえ,文字を用いた式で数量及び数量の関係を捉え説明することができるようにし,文字を用いた式を使うことのよさや必要性についての理解を一層深める。例えば,「連続する二つの偶数の積に1をたすと,奇数の2乗になる」ことを説明する場合,その過程は概ね次のようになる。

① 小さい方の偶数を自然数を表す文字nを用いて$2n$とすると,大きい方の偶数は$2n+2$と表すことができる。

② 「連続する二つの偶数の積に1をたす」ことは,$2n(2n+2)+1$を計算することを意味する。

③ その計算結果が「奇数の2乗になる」ことを示したいのだから,$2n(2n+2)+1$を(奇数)^{2}という形の式に変形することを目指す。

こうした方針を明らかにした上で具体的な式変形の過程を示し説明することで,「連続する二つの偶数の積に1をたすと,奇数の2乗になる」理由が伝わりやすくなる。ここで説明とは,単に説明が書けることだけを意味するものではなく,その内容を,簡潔・明瞭・的確に表現し相手に分かりやすく伝えることも意味する。

また,この学習では,$2n(2n+2)+1=(2n+1)^2$という式の変形を振り返り,$2n+1$が,連続する偶数$2n$と$2n+2$の間の奇数であることから,「連続する二つの偶数の積に1をたすと,二つの偶数の間にある奇数の2乗になる」とその意味を読み取ることもできる。これは,第2学年の「B図形」の領域における「証明を読んで新たな性質を見いだすこと」と関わる内容であり,統合的・発展的に考える力を養うことにつながる。

A(3) 二次方程式

(3) 二次方程式について,数学的活動を通して,次の事項を身に付けることができるよう指導する。
　ア　次のような知識及び技能を身に付けること。
　　(ア)　二次方程式の必要性と意味及びその解の意味を理解すること。
　　(イ)　因数分解したり平方の形に変形したりして二次方程式を解くこと。
　　(ウ)　解の公式を知り,それを用いて二次方程式を解くこと。
　イ　次のような思考力,判断力,表現力等を身に付けること。
　　(ア)　因数分解や平方根の考えを基にして,二次方程式を解く方法を考察し表現すること。
　　(イ)　二次方程式を具体的な場面で活用すること。

［内容の取扱い］

> (2) 内容の「A数と式」の(3)については，実数の解をもつ二次方程式を取り扱うものとする。
>
> (3) 内容の「A数と式」の(3)のア(イ)とイの(ア)については，$ax^2=b$（a，bは有理数）の二次方程式及び$x^2+px+q=0$（p，qは整数）の二次方程式を取り扱うものとする。因数分解して解くことの指導においては，内容の「A数と式」の(2)のアの(イ)に示した公式を用いることができるものを中心に取り扱うものとする。また，平方の形に変形して解くことの指導においては，xの係数が偶数であるものを中心に取り扱うものとする。

　第1学年では一元一次方程式を，第2学年では，それとの関連を図りながら，簡単な連立二元一次方程式を学習している。

　第3学年では，二次方程式を解くことができ，それを具体的な問題解決の場面で活用できるようにし，方程式をこれまでより多くの場面で問題の解決に活用できるようにする。

二次方程式の必要性と意味及びその解の意味（アの(ア)）

　具体的な場面では，二次方程式を用いることが必要となる問題がある。例えば，正方形の一方の辺を1cm長くし他方の辺を1cm短くしたとき，できた長方形の面積が24cm²になったとすると，もとの正方形の1辺の長さは，既習の一次方程式や連立方程式では求められない。このような具体的な問題の解決を通して，二次方程式の必要性を理解できるようにする。

　連立二元一次方程式を，一元一次方程式から文字の種類と方程式を増やして生み出された方程式とみると，二次方程式は一元一次方程式から文字の次数を増やして生み出された方程式とみることができる。このように文字の種類や次数に着目することは，更に新たな方程式が存在することに気付くきっかけともなる。また，二次方程式の意味をこのように捉えてその解き方を考えると，連立二元一次方程式についての「一つの文字を消去して一元一次方程式に帰着させる」という解き方から，二次方程式については，「次数を減らして一元一次方程式に帰着させる」という解き方があるのではないかと予想できる。このように二次方程式の意味を理解することを通して，方程式自体の広がりを実感できるようにするとともに，統合的・発展的に考える力を養うことが大切である。

　二次方程式の解の意味については，第1学年で学習した一元一次方程式や第2学年で学習した連立二元一次方程式と本質的に変わっていないが，一般に解が二つあることに注意する。

因数分解したり平方の形に変形したりして解くこと（アの(イ)，イの(ア)，［内容の取扱い］(2)，(3)）

一般の二次方程式 $ax^2+bx+c=0$ を解くのに，次の二つの方法がある。

① 因数分解によって一次式の積に変形し，「AB＝0ならば，A＝0または B＝0」であることを用いる方法

② 等式の変形によって，$X^2=k$ の形を導き，平方根の考えを用いる方法

①は，二次方程式 $x^2+px+q=0$ の左辺が一次式の積に因数分解でき，$(x-m)(x-n)=0$ の形に変形できるときに有効な方法である。この形から，「AB＝0ならば，A＝0またはB＝0」を用いて既習の一元一次方程式に帰着させることで解を求める。①を用いる際，論理的な用語としての「または」についての理解が必要となり，日常的な意味での「または」（どちらを選んでもよい）と関連させながら，二次方程式を解く方法を論理的に考察し表現することができるようにする。

②は，二次方程式 $x^2+px+q=0$ を平方の形 $(x+m)^2=k$（$k\geq 0$）に変形したときに用いることができる方法である。この式の左辺 $(x+m)$ を X と置き換えることで，$X^2=k$ の式と表し，平方根を求める際の考えに基づいて解を求める。この方法を用いることで，因数分解による方法では容易に解を求めることができない二次方程式であっても，その解を求めることができるようになる。

このように二次方程式を解く方法について考察し表現することができるようにするとともに，この方法のよさを実感できるようにすることが大切である。

なお，この②の方法は，式変形が容易でないこともある。そこで，②の方法については，例えば，$x^2+4x-7=0$ のように x の一次の項の係数が偶数であるものを中心に取り上げ，平方の形に変形すれば，これを解くことができることを理解できるようにする。x の一次の項の係数が奇数である二次方程式については，次に示す解の公式を知ることと関連付けて取り扱うことが考えられる。

解の公式を知り，二次方程式を解くこと（アの(ウ)）

上記②の方法を用いれば，因数分解で解を求めることができないような二次方程式でも，解を求めることができる。しかし，②の方法は式変形や操作が一般に複雑である。解の公式は，このような式変形や操作の反復を省略し，能率的に解を求めるためのものである。

二次方程式 $ax^2+bx+c=0$ の解の公式を導くためには，文字を含んだ分数の形の式や，根号の中に文字を含んだ式を操作することになるので，形式的な変形だけでは理解が困難である。したがって，係数が数字で表されている二次方程式を②の方法によって解を求める手順と対比させながら，解の公式が導かれる過程を知ることを重視する。

解の公式を用いて二次方程式を解く際には，ただ単に公式に係数の数値を代入するだけではなく，二次方程式 $ax^2+bx+c=0$ の解が三つの項の係数 a, b, c で定まること，つまり，解の公式を用いると，係数の演算操作によって解が求められることを知ることも大切である。また，因数分解で解くことができる二次方程式については，解の公式を用いて求めた解をもとにして因数分解できることを知ることも，先にあげた二つの方法による解き方と解の公式を用いた解き方の間の関連を知ることにつながる。

二次方程式を具体的な場面で活用すること（イの(イ)）

二次方程式を具体的な場面で活用できるようになることが，ここでのねらいである。これまで解決できなかった問題も，二次方程式を活用すると解決できる場合があることを知り，問題の解決に方程式がより広く活用できることを理解する。このことについては，三平方の定理を活用する場面などでも，その理解を一層深めることになる。

具体的な問題を二次方程式を活用して解決するためには，一元一次方程式や連立二元一次方程式の活用と同様で，次のような一連の活動を行うことになる。

① 求めたい数量に着目し，それを文字で表す。
② 問題の中の数量やその関係から，二通りに表される数量を見いだし，文字を用いた式や数で表す。
③ それらを等号で結んで方程式をつくり，その方程式を解く。
④ 求めた解を問題に即して解釈し，問題の答えを求める。

この一連の活動を通して，方程式を活用して問題を解決するための知識を身に付けるとともに，解決過程を振り返り，得られた結果を意味付けたり活用したりしようとする態度を養うことが大切である。特に，二次方程式については，その解が二つあることや大きさが分かりにくい平方根を含む数になることがあり，問題の答えとして適切ではない答えを出しても気付かない場合がある。こうした点も踏まえ，具体的な問題解決の場面で二次方程式を活用する場合には，解決の過程を振り返り，事象における数量の関係を的確に表した二次方程式がつくられているかどうかを吟味したり，得られた解が問題の答えとして適切であるかどうかをもとの事象に戻して調べたりすることなどが一層大切になる。

なお，日常の事象や社会の事象における問題を解決しようとしてつくった二次方程式で，数値がやや複雑な場合には，必要な計算を電卓等を利用して行うことに配慮するものとする。

B 図形

B(1) 図形の相似

> (1) 図形の相似について,数学的活動を通して,次の事項を身に付けることができるよう指導する。
>
> ア 次のような知識及び技能を身に付けること。
>
> (ア) 平面図形の相似の意味及び三角形の相似条件について理解すること。
>
> (イ) 基本的な立体の相似の意味及び相似な図形の相似比と面積比や体積比との関係について理解すること。
>
> イ 次のような思考力,判断力,表現力等を身に付けること。
>
> (ア) 三角形の相似条件などを基にして図形の基本的な性質を論理的に確かめること。
>
> (イ) 平行線と線分の比についての性質を見いだし,それらを確かめること。
>
> (ウ) 相似な図形の性質を具体的な場面で活用すること。
>
> 〔用語・記号〕
>
> ∽

数学的な推論の過程に着目して図形の性質や関係を論理的に考察し表現することの意義は,一つには既習の図形の性質や関係を論理的に整理し,体系付け,組み立てていくことにある。その際,合同と相似は重要な概念である。第2学年では,数学的な推論の過程に着目して,図形の合同に基づいて三角形や平行四辺形の基本的な性質を見いだし,論理的に確かめ説明することを学習している。

第3学年では,三角形の相似条件などを用いて図形の性質を論理的に確かめ,数学的な推論の必要性や意味及び方法の理解を深め,論理的に考察し表現する力を養う。また,基本的な立体の相似の意味を理解し,相似な図形の性質を用いて図形の計量ができるようにする。

相似の意味及び三角形の相似条件(アの(ア))

小学校算数科では,第6学年で,図形についての観察や構成などの活動を通して縮図や拡大図について学習し,二つの図形の形が同じであることを,縮図や拡大図を通して理解してきている。これを踏まえ,中学校数学科では,三角形や多角形などについて形が同じであることの意味を,さらに明確にすることになる。

相似の意味を理解する場合,いろいろな割合で拡大したり縮小したりして図をかくことによって,相似な図形のイメージを豊かにすることが大切である。ここで,拡大,縮小は,「図形Aを拡大して図形Bをかく」,「図形Aを縮小して図形Bをか

く」のように,一つの図形を操作して新たな図形を作ることを意味する。これに対して「図形Aと図形Bは相似である」のように,相似は二つの図形を対象とし,その関係を表す概念である。

なお,二つの図形は,次のそれぞれの場合に相似である。

① 一方の図形を拡大または縮小したときに他方の図形と合同になる。
② 対応する線分の比がすべて等しく,対応する角がそれぞれ等しい。
③ 適当に移動して相似の位置に置くことができる。

①は,第2学年で学習した合同を図形の移動という操作に基づいて,「一方を移動して他方に重ねることのできる二つの図形は合同である。」と定義しているものに対応する相似の定義となる。この定義は,相似な図形を作図する学習の導入として分かりやすい。また,曲線図形にも適用でき,元の図形との対応が比較的はっきりしている。この定義を基にすると,②は相似の性質とみることができる。②の定義は,証明の根拠として重要であり,これによって,演繹的に推論し,図形の性質を見いだしたり確かめたりすることが可能になる。③は,合同な図形が「ぴったりと重ね合わすことができる図形」を意味するのに対し,相似な図形は「1点から見通すことによって重ね合わすことができる図形」であるということを意味している。つまり,二つの図形の対応する点どうしを通る直線が全て1点を通り,その点から対応する点までの距離の比が全て等しいとき,二つの図形は,その点を相似の中心として,相似の位置にあるといえる。この定義は曲線図形にも適用ができる。ただ,裏返さないと相似の位置に置けない場合があることに注意する必要がある。

三角形の相似条件としては,次の三つを取り上げる。

二つの三角形は,次のそれぞれの場合に相似となる。

・対応する3組の辺の比がすべて等しい
・対応する2組の辺の比とその間の角がそれぞれ等しい
・対応する2組の角がそれぞれ等しい

これらについては,第2学年で学習した三角形の合同条件と対比させながら,初期の段階では作図を通して直観的に,そして学習が進むにつれて論理的に理解できるように指導する。

図形の基本的な性質を論理的に確かめること(イの(ア))

三角形の相似条件を証明の根拠として位置付け,その相似条件などを基にして図形の基本的な性質を論理的に確かめることを学習する。

例えば,直角三角形 ABC の直角の頂点 A から対辺 BC に垂線 AD をひいたときに

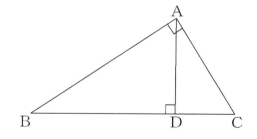

できる△DBAと△DACが，△ABCと相似であることを，三角形の相似条件などを用いて証明することが考えられる。

指導に当たっては，証明の方針を立てるに当たり，相似であることを示すには，何がいえればよいかを考えたり，証明を振り返り，相似条件がどのようにして用いられていたかを確かめたりすることなどを通して，論理的に考察し表現する力を養う。

平行線と線分の比についての性質（イの(イ)）

平行線と線分の比についての性質を観察や操作を通して見いだし，それが平行線の性質や三角形の相似条件を用いて，演繹的に推論することによって導かれることを学習する。

平行線と線分の比についての指導では，見いだした性質を別々のものとしたままにせず，統合的・発展的に考えることが大切である。

例えば，点P，Qが，線分AB，AC上にあるとき，PQ//BCならば，
AP：AB＝AQ：AC＝PQ：BC
が成り立つことを推測し，三角形の相似条件や相似な図形の性質に基づいて論理的に確か

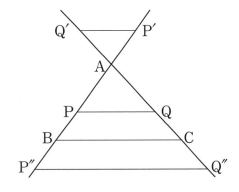

めた後，点P，Qが線分AB，ACの延長上にあるときに，同じことが成り立つかと発展的に考察し，その結果から平行線と線分の比についての性質を統合的に捉えることが考えられる。同様に，ここで中点連結定理を，平行線と線分の比の特別な場合として，統合的に捉え直すことが考えられる。そして，この定理を基にして，例えば，四角形の各辺の中点を結んでできる四角形は平行四辺形であるなど，新たな図形の性質を発見することができるようにすることが大切である。

指導に当たっては，平行線と線分の比に関する内容を，点の位置を変化させることで発展的に取り扱い，また，その結果を統合的に捉えることで，平行線と線分の比についての性質の理解を一層深めることが大切である。このようにして，図形に対する見方をより豊かにするとともに，図形の性質が成り立つ理由を数学的な表現を用いて説明したり，統合的・発展的に捉えたりすることを通して，論理的に考察し表現する力を養う。

相似比と面積比や体積比との関係（アの(イ)）

平面図形についての相似の意味から類推して，立方体，直方体，柱体，錐体，球などの基本的な立体についての相似の意味が理解できるようにする。一般に，相似な立体では，対応する線分の長さの比はすべて等しい。また，対応する角の大きさもすべて等しい。対応する線分の長さの比が，相似な立体の相似比である。相似な

立体では，対応する面は相似で，対応する面の相似比はもとの立体の相似比に等しい。相似な平面図形では，対応する線分の長さの比は相似比に等しいが，それらの面積比は線分の長さの比に等しくならず，相似比の２乗に等しくなっていること及び相似な立体の体積比は相似比の３乗に等しくなっていることを理解できるようにする。また，相似な図形の相似比と面積比及び体積比との関係をこのように捉えることによって，ある図形の面積や体積が分かっているとき，その図形と相似な図形の面積や体積を，元の図形との相似比を基にして求めることができるようにする。

相似な図形の性質を具体的な場面で活用すること（イの(ウ)）

相似な図形の性質を活用する場面においては，与えられた図形の中の相似な三角形に着目するなどして，線分の比を見いだしたり位置関係を捉えたりすることが必要となる。

例えば「△ABC において，∠Aの二等分線と辺 BC の交点をDとするとき，AB：AC＝BD：CDである」ことの証明において，辺の比を示すために相似な三角形に着目すればよいことは分かるが，そのままでは相似な三角形を見いだすことができない。そこで，

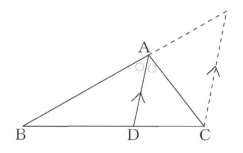

AB，AC，BD，CDの位置関係に注意して，相似条件に着目しながら見通しをもって試行錯誤し，図のように△ABDと相似な三角形を作図できるようにすることが考えられる。なお，ここで証明しようとしている性質を推測する際には，第２学年で学習した「二等辺三角形の頂角の二等分線は底辺を垂直に二等分する」という性質を振り返り，二等辺三角形を一般の三角形に置き換えたらどうなるかと実測等を通じて調べていくことが考えられる。

日常生活で相似な図形の性質を利用する場面として地図がある。地図は縮図であり，現地まで出かけなくとも，地図上で実際の距離を求めることができる。また，電気製品などの小さな部品の設計図は拡大図である。実際には大変細かな部品でも，拡大することで正確に設計できる。このように日常生活で相似を利用している場面を生徒が見いだし，利用の仕方を調べることも大切である。また，直接測定することが困難な木の高さや，間に池などの障害物がある２本の木の間の距離を求めることなども考えられる。測定が可能な距離や角を作業によって求め，それをもとにして縮図を作成し，必要な高さや距離を求めるというような学習も取り扱うことができる。なお，小学校算数科における縮図や拡大図の学習においても上記のような課題を取り扱ってきている。したがって，相似について学習したことによって，活用の深まりを生徒が実感できるような配慮が必要である。

さらに，相似な立体の体積比に関連して，例えば，ある商品が相似な立体とみな

せる二つの箱詰めで売られているとき,相似比から体積比を求め,体積比と価格の比からどちらが割安かを調べていく学習が考えられる。

B(2) 円周角と中心角の関係

> (2) 円周角と中心角の関係について,数学的活動を通して,次の事項を身に付けることができるよう指導する。
> 　ア　次のような知識及び技能を身に付けること。
> 　　(ア) 円周角と中心角の関係の意味を理解し,それが証明できることを知ること。
> 　イ　次のような思考力,判断力,表現力等を身に付けること。
> 　　(ア) 円周角と中心角の関係を見いだすこと。
> 　　(イ) 円周角と中心角の関係を具体的な場面で活用すること。

［内容の取扱い］

> (4) 内容の「B図形」の(2)に関連して,円周角の定理の逆を取り扱うものとする。

　円は,直線とともに最も身近な図形の一つであり,小学校から学習している。例えば,小学校算数科では,円の中心,半径及び直径,円周率,円の面積を学習してきている。中学校数学科においては,第1学年で円の接線について学習している。
　中学校第3学年では,これらの学習の上に立って,数学的な推論の過程に着目し,円周角と中心角の関係について考察し,これによって円の性質の理解をより深めるとともに,円周角と中心角の関係を具体的な場面で活用できるようにする。

円周角と中心角の関係の意味（アの(ア)）

　円周角と中心角の間には,「一つの円において同じ弧に対する円周角の大きさは,中心角の大きさの$\frac{1}{2}$である」という関係がある。この関係を,観察や操作,実験などの活動を通して見いだし考察できるようにすることが大切である。この円周角と中心角の関係を基にすると,「一つの円において同じ弧に対する円周角の大きさは等しい」ことを見いだすことができる。これら二つの見いだした事柄を,円周角の定理とする。

円周角と中心角の関係を見いだすこと（イの(ア)）

　「一つの円において同じ弧に対する円周角の大きさは,中心角の大きさの$\frac{1}{2}$である」という関係を,観察や操作,実験などの活動を通して見いだし,証明できるこ

とを知ることができるようにする。また，円周角と中心角の関係を基にして，「一つの円において同じ弧に対する円周角の大きさは等しい」ことを見いだすことができるようにすることも必要である。

例えば，円を一つかき，その円周上に2点A，Bを決めると，円周が二つの弧に分けられる。この二つのうち弧をどちらかに決めると，2点A，Bと円の中心Oを結んで，その弧に対する中心角が一つ決まる。このとき，決めた弧ABを除いた円周上に点Pをとると∠APBができ，これが弧ABに対する円周角である。弧ABを除いた円周上で点Pの位置を変え，∠APBの大きさを分度器等で測ることを通して，弧ABを除いた円周上であれば，一つの弧に対する円周角の大きさは，その弧に対する中心角の大きさの半分であるという関係を推測することができる。また，決めた弧ABを除いた円周上に点Qをとり同様に測ることを通して，一つの円において同じ弧に対する円周角の大きさは等しいことも推測できる。その際，コンピュータなどを利用して，同一円周上の点を動かしたときの円周角と中心角の関係を直観的に捉えてから分度器等で測り推測することも考えられる。

円周角と中心角の関係が証明できることを知ること（アの㋐，〔内容の取扱い〕(4)）

生徒が証明の必要性やよさを感じ取るためには，今まで知らなかったことや，推測したことが常に成り立つかどうかに疑いがもたれるようなことについて，証明で明らかにできることを理解できるようにすることが大切である。

一つの円において同じ弧に対する円周角の大きさが等しいことを，観察や操作，実験などの活動を通して見いだし，それを中心角との関係において考察することで，円周角についての性質を証明することができる。これらの学習を通して，数学に対する生徒の興味・関心を一層高めることができる。例えば，実測を通して見いだした「一つの弧に対する円周角の大きさは，その弧に対する中心角の大きさの$\frac{1}{2}$である」という関係について，既習である「二等辺三角形の底角が等しいこと」，「三角形の一つの外角が内対角の和に等しいこと」などを証明の根拠として証明することができる。このように，円周角と中心角の関係が証明できることを知る際には，円周角と中心角の位置関係に関する場合分けの必要性を理解することがねらいではなく，証明のよさを理解できるようにすることがねらいであることに留意する。

さらに，「2点P，Qが直線ABの同じ側にあり，∠APB＝∠AQBならば，4点A，B，P，Qは一つの円周上にある。」という円周角の定理の逆については，それを具体的な場面で活用できるようにすることに指導の力点を置く。

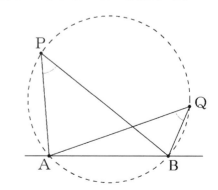

円周角と中心角の関係を具体的な場面で活用すること（イの(イ)）

円周角と中心角の関係の活用として，例えば，次の図のように円Oの外側にある1点Pから円Oに接線を作図する活動が考えられる。円の接線はその接点を通る半径に垂直であるから，点Pから円Oに接線PQがひけたとすると，∠OQP＝90°となる。したがって，接点Qの位置を決めるには，線分OPを直径とする円O′をかき，円Oとの交点をQとすればよい。これは，円O′の弧OPの中心角∠OO′Pは180°であり，円周角の定理より弧OPの円周角∠OQPが90°になるからである。このように円周角と中心角の関係を活用して，円の接線を作図することは，見通しを立てて作図し，その作図が正しい理由を説明するよい機会ともなる。

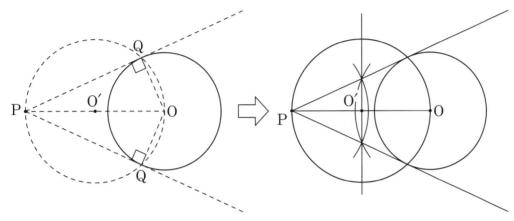

日常生活で円周角と中心角の関係を活用する場面として，例えば，中心の分からない丸い木材の直径を見積もる方法がある。大工道具の「さしがね」を使うと，円の直径を定めることができ，それを基に，その木材からとれる角材の1辺を定めることもできる。ここでは，丸い木材の断面を円とみなし，円周角が直角になる場合について円周角と中心角の関係が利用されている。

B(3) 三平方の定理

> (3) 三平方の定理について，数学的活動を通して，次の事項を身に付けることができるよう指導する。
>   ア 次のような知識及び技能を身に付けること。
>   (ア) 三平方の定理の意味を理解し，それが証明できることを知ること。
>   イ 次のような思考力，判断力，表現力等を身に付けること。
>   (ア) 三平方の定理を見いだすこと。
>   (イ) 三平方の定理を具体的な場面で活用すること。

三平方の定理は直角三角形の3辺の長さの関係を表しており，数学において重要な定理であり，測量の分野でも用いられるなど活用される範囲が極めて広い定理で

ある。指導に当たっては，ただ単に様々な図形の性質を証明することの延長として三平方の定理を扱うのではなく，直角三角形だからこそ成り立つ関係の美しさに触れられるような工夫と配慮が望まれる。

三平方の定理の意味（アの(ア)）

　三平方の定理は，先にも述べた通り，直角三角形の3辺の長さの関係を表したものであるとともに，直角三角形のそれぞれの辺を1辺とする三つの正方形の面積の間には，常に一定の関係が成り立つということも表している。したがって，三平方の定理は，長さの関係とともに，面積の関係とみることもできる。つまり，ここでの三平方の定理の学習は，図形と数式を統合的に把握することができる場面の一つといえる。

三平方の定理を見いだすこと（イの(ア)）

　三平方の定理の導入に当たっては，例えば，古代エジプトでの縄張り師の話や，古代ギリシャの数学者ピタゴラスによって定理としてまとめられたとされている話など，この定理にまつわる歴史的な背景や逸話の紹介などを通して，生徒の興味・関心を引き出す工夫をし，三角形の3辺の長さについての観察や操作，実験などの活動を通して，三平方の定理を見いだしていくことが大切である。

　例えば，方眼用紙のます目を使って直角三角形をかき，その周りにできる正方形の面積の関係に着目し，観察や操作，実験などの活動を通して三平方の定理を見いだすことが考えられる。

三平方の定理を証明できることを知ること（アの(ア)）

　三平方の定理の証明については，図形による方法，代数的な方法など，様々な方法が知られている。しかし，それらの証明の中には，生徒にとって技巧的ととられる向きのものも見受けられる。したがって，三平方の定理を証明できることを知る程度とし，生徒の興味・関心に応じて柔軟に取り扱うこととする。この場合，生徒の理解を助けるために，コンピュータ，情報通信ネットワークなどを活用して三平方の定理の証明のアイデアや仕組みを視覚的に提示する動画などの資料を学習に用いることも考えられる。

　また，三平方の定理の逆，つまり「三角形の3辺の長さをa, b, cとするとき，$a^2+b^2=c^2$ならば，この三角形は直角三角形である。」については，その証明に深入りするのではなく，むしろ直角三角形になるかどうかは3辺の長さの関係によって決定されていることに着目できるようにすることが大切である。

三平方の定理を具体的な場面で活用すること（イの(イ)）

　三平方の定理を活用する場面では，例えば，求めたいものを直接測らなくても，直角三角形に着目して三平方の定理を活用することによって求めることができることを学習する。

数学では，座標平面における2点間の距離や，長方形の対角線の長さ，あるいは，円錐の高さを求めることなど，平面図形や空間図形の計量について考察する際に，多くの場面で三平方の定理が活用される。一見して直角三角形が存在しないような場面においても，その中に解決に必要な直角三角形を見つけたり，補助的に作り出したりすることで，必要な線分の長さを求めることができる。

　日常生活や社会では，三平方の定理を利用する場面として，地図上に表された標高差のある2地点間の距離，あるいは，山の頂上や人工衛星などの地上から離れた地点から見える範囲を求めることがある。このように，求めたいものを直接測らなくとも三平方の定理を利用することによって導くことができる。

　三平方の定理を空間でも用いることや，日常生活や社会の事象で解決したい場面を理想化したり単純化したりして，数学的に表現した問題を三平方の定理を用いて解決する経験をすることが大切である。この際，現実の場面を理想化したり単純化したりしたことによって，求めた結果の適用できる範囲に一定の制約が生じることについても理解できるようにする。また，解決に必要となる直角三角形に着目できるよう，解決に必要な図を自分でかいてみることも大切である。

　なお，三平方の定理を活用して距離などを求める場合には，その結果得られる値は平方根を用いて表されることが多い。これは，第3学年における平方根の学習の必要性が実感できる一つの場面になる。例えば，$\sqrt{2}$や$\sqrt{3}$など正の整数の平方根を表す線分は，次の図のような正方形と三平方の定理を活用して作図し，これによって数直線上に整数の平方根を定めることができる。

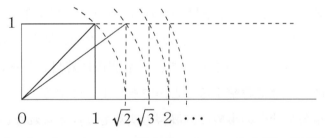

　さらに，例えば，地図上に表された標高差のある2地点間の距離を求めるときは，平方根をそのまま求める値とするのではなく，その値を近似値で求め，実感を伴った理解につなげることによって，有効数字の学習の必要性を実感することもできる。

C 関数

C（1）関数 $y=ax^2$

> （1）関数 $y=ax^2$ について，数学的活動を通して，次の事項を身に付けることができるよう指導する。
>
> ア 次のような知識及び技能を身に付けること。
>   - (ア) 関数 $y=ax^2$ について理解すること。
>   - (イ) 事象の中には関数 $y=ax^2$ として捉えられるものがあることを知ること。
>   - (ウ) いろいろな事象の中に，関数関係があることを理解すること。
>
> イ 次のような思考力，判断力，表現力等を身に付けること。
>   - (ア) 関数 $y=ax^2$ として捉えられる二つの数量について，変化や対応の特徴を見いだし，表，式，グラフを相互に関連付けて考察し表現すること。
>   - (イ) 関数 $y=ax^2$ を用いて具体的な事象を捉え考察し表現すること。

　第1学年では，比例，反比例を学習し，第2学年では，一次関数を学習している。いずれにおいても，関数関係に着目し，その特徴を表，式，グラフを相互に関連付けて考察する力を漸次高めてきている。

　第3学年では，この学習の上に立って，具体的な事象における二つの数量の変化や対応を調べることを通して，関数 $y=ax^2$ について考察する。その際，表，式，グラフを相互に関連付けながら，変化の割合やグラフの特徴など関数の理解を一層深める。そして，これらの学習を通して，関数関係に着目し，その特徴を表，式，グラフを相互に関連付けて考察することができるようにする。

　また，日常の事象や社会の事象には既習の関数では捉えられない関数関係があることを学習することにより，関数の概念の広がりを実感できるようにし，中学校における関数についての学習内容を一層豊かにするとともに，後の学習の素地となるようにする。

事象と関数 $y=ax^2$（アの(ア)，アの(イ)）

　具体的な事象の中から二つの数量 x, y を取り出し，それらの変化や対応を調べることを通して，二つの数量 x, y の間に，次のような関係があることを知る。

- x の値が m 倍になれば，y の値は m^2 倍となる。

　また，表を用いて，x の値に対応する x^2 と y の値を考察することでそれらの比（商）が一定であることが分かる。このことから，「y は x の2乗に比例する関数である」とみることができる。すなわち，2乗に比例する関数が，一般的に，a を定

数として，$y=ax^2$ という式で表されることを理解する。そして，事象の中には関数 $y=ax^2$ を用いて捉えられるものがあることを知る。

いろいろな事象と関数（アの(ウ)）

第1学年において，既に関数関係の意味について学んでいる。第3学年では，これまでの学習の上に立って，比例，反比例，一次関数，関数 $y=ax^2$ とは異なる関数関係について学習する。ここでは，更に式に表すことが困難な関数を学ぶことで，関数の概念の広がりを実感できるようにすることが大切である。例えば，交通機関や郵便物の料金の仕組みを取り上げ，二つの数量の関係を式で表すことが困難な場合であっても，これまでに学習してきた表やグラフを用いて変化や対応の様子を調べ，その特徴を明らかにすることができる。こうした経験を通して，伴って変わる二つの数量の一方の値を決めれば他方の値がただ一つ決まるという関数についての理解を一層深め，身の回りにある事象を関数関係として捉えたり，その事象の考察に生かしたりしようとする態度を養い，後の学習の素地となるようにする。このように関数の概念については，中学校3年間を通して，繰り返し指導していくことで，着実に理解できるようにすることが大切である。

関数 $y=ax^2$ の表，式，グラフとそれらの相互関係（イの(ア)）

関数 $y=ax^2$ については，これまでの関数の学習と同様に，表において x や y の値の対応から関数の変化の様子をつかみ，更にグラフによって関数の変化や対応の特徴を理解する。また，関数 $y=ax^2$ の特徴を表，式，グラフで捉えるとともに，それらを相互に関連付けることで，関数 $y=ax^2$ についての理解を深めることも，これまでの関数の学習と同じである。

式に表すことができる関数でグラフが曲線になるのは，第1学年で学習した反比例に次いで二つ目である。関数 $y=ax^2$ では，変化の割合が一定ではないので，グラフが直線にならないことが分かる。このように，グラフの特徴を表と相互に関連付けて明らかにすることができる。また，グラフの増減が原点を境にして変わるのは，関数の式 $y=ax^2$ で，x が2乗されていることに関連付けて理解することができる。同じように，グラフの開く方向と開き具合は，比例定数 a の符号と絶対値の大きさに関連付けて理解することができる。

このように，関数の指導においては，第1学年や第2学年でも強調したように，第3学年においても，表，式，グラフが，関数の変化と対応の特徴をつかむ手立てとなるように，相互に関連付けて考察し表現することができるように指導することが大切である。

また，変化の割合については，単に計算の仕方を覚えてその数値を求められるようになることのみをねらいとしているのではなく，その数値を求めることを通して，比例や一次関数で変化の割合が一定でグラフが直線になったのに対し，関数 $y=ax^2$

では変化の割合が一定でなく，それゆえグラフが曲線になることを理解するとともに，変化の割合の関数の考察における役割や，グラフでの見方を知ることも大切である。

関数 $y=ax^2$ を用いて具体的な事象を捉え考察し表現すること（イの(イ)）

　関数は，具体的な事象との関わりの中で学習することが大切である。関数 $y=ax^2$ に関わる具体的な事象として，例えば，理科で学習する斜面をころがる物の運動や，車の制動距離，また，噴水の水が作る形，パラボラアンテナなど，身近に感じたり目にしたりすることができるものがある。こうした事象を関数 $y=ax^2$ を用いて捉え説明することを通して，関数関係を見いだし考察し表現する力を養う。

　関数 $y=ax^2$ を用いて具体的な事象を捉え考察し表現する際には，第1学年や第2学年と同様に，観察や実験などによって取り出した二つの数量について，事象を理想化したり単純化したりすることによって，それらの関係を関数 $y=ax^2$ とみなし，事象を捉え説明することができる。例えば，車のスピードと制動距離の関係を考察する際には，観察や実験によるデータの点がグラフで放物線上にあることから見当を付け，制動距離を車の時速の2乗で割った商がほぼ一定になることなどから，制動距離が車の時速の2乗に比例するとみなして，与えられた速度の停止距離を予測し，その理由を表，式，グラフを適切に用いて説明する活動が考えられる。ここでも，第2学年と同様に，実験の結果と予測を比較・検討し，説明し伝え合う活動を通して，その食い違いの原因を探ったり，よりよい予測のための手立てを工夫したりすることも考えられる。

　また，数学の事象として，面積や体積を扱った具体的な場面で，関数 $y=ax^2$ について学ぶこともできる。例えば，円の面積を求める公式 $S=\pi r^2$ を「S は r の2乗に比例する関数」と読み取ることができれば，「半径が2倍になると面積は4倍になる」ということが，数値を求めなくても分かり，相似比と面積比の関係の理解を深めることもできる。

　このように，関数関係に着目し，その特徴を表，式，グラフを相互に関連付けて考察する力を伸ばすためには，数学的な表現を用いながら他者に説明するような場面を意図的に設けることが必要である。その際には，表，式，グラフを適切に選択したり，自分の表現を他者の表現と比較したりすることにより，事象の考察を深めることを体験できるようにすることが重要である。

D　データの活用

D(1) 標本調査

> (1) 標本調査について，数学的活動を通して，次の事項を身に付けることができるよう指導する。
>   ア 次のような知識及び技能を身に付けること。
>   (ｱ) 標本調査の必要性と意味を理解すること。
>   (ｲ) コンピュータなどの情報手段を用いるなどして無作為に標本を取り出し，整理すること。
>   イ 次のような思考力，判断力，表現力等を身に付けること。
>   (ｱ) 標本調査の方法や結果を批判的に考察し表現すること。
>   (ｲ) 簡単な場合について標本調査を行い，母集団の傾向を推定し判断すること。
>
> 〔用語・記号〕
>   全数調査

中学校数学科において第1学年では，目的に応じてデータを収集して整理し，ヒストグラムや相対度数などを用いてデータの傾向を読み取ることを学習している。また，多数回の試行によってデータを集めることにより，不確定な事象の起こりやすさに一定の傾向があることを調べる活動を通して，確率について学習している。第2学年では，四分位範囲や箱ひげ図を学習し，複数の集団のデータの分布に着目し，その傾向を比較して読み取り批判的に考察して判断する力を養っている。また，同様に確からしいことを利用することで数学的に確率を求めることができる場合があることを学習している。

第3学年では，これらの学習の上に立って，母集団の一部分を標本として抽出する方法や，標本の傾向を調べることで，母集団の傾向が読み取れることを理解できるようにするとともに，標本調査の方法や結果を批判的に考察し表現したり，母集団の傾向を推定し判断したりできるようにする。

標本調査の必要性と意味（アの(ｱ)）

第1学年においては，全てのデータがそろえられることを前提に，ヒストグラムや相対度数などを用いてデータの分布の傾向を読み取ることを学習している。しかし，日常生活や社会においては，様々な理由から，全てのデータを収集できない場合がある。例えば，社会の動向を調査する世論調査のために全ての成人から回答を得ることは，時間的，経済的に考えて現実的ではない。また，食品の安全性をチェックするために，製造した商品を全て開封して調べることはしない。このような場合，一部のデータを基にして，全体についてどのようなことがどの程度まで分かるのかを考えることが必要になる。このようにして生み出されたのが標本調査である。

国勢調査や進路希望調査などの全数調査と比較するなどして，標本調査の必要性と意味の理解を深めるようにする。

無作為に標本を取り出し，整理すること（アの(イ)）

　日常生活や社会では，母集団から標本を抽出する方法には様々なものがあり，その目的，費用，精度などから選択，実施されている。その中で，標本が母集団の特徴を的確に反映するように偏りなく抽出するための代表的な方法として，無作為抽出を学習する。無作為に標本を抽出することにより，母集団における個々の要素が取り出される確率が等しくなると考えられる。確率の学習を前提として，乱数を利用することにより無作為抽出が可能になることを，経験的に理解できるようにする。

　例えば，ある英和辞典に掲載されている見出しの単語の総数を標本調査で推定することを考える。この英和辞典が980ページであるとすると，乱数さいやコンピュータなどを利用して，001から980までの乱数を発生させ，ある程度の数のページを無作為に抽出する。そして，抽出したそれぞれのページに掲載されている単語の数を調べ，その平均値から，この英和辞典に掲載されている見出しの単語の総数を推定する。英和辞典に見出しの単語の総数が示されるなどしてあれば，その数と推定した見出しの単語の総数とを比較することができる。最初の10ページを抽出するというように無作為抽出をしない場合と比較したりして，無作為抽出についての理解を深める。このような経験を基にして，無作為に抽出された標本から母集団の傾向を推定すれば，その結果が大きく外れることが少ないことを実感できるようにする。

　また，無作為抽出で取り出すページ数を変えて何回か標本調査をしてその結果を比較することで，標本の大きさが大きい方が母集団の傾向を推定しやすくなることを，経験的に理解できるようにすることが大切である。例えば，取り出すページ数を10, 20, 30, …と変えて，それぞれについて見出しの単語の総数を何回か推定し，その推定した値をデータとする。そのようにして得られたデータの分布のばらつきを箱ひげ図などを用いて表し，標本の大きさが大きい方がその範囲や四分位範囲が小さくなる傾向があることを理解できるようにすることが考えられる。

　なお，大量のデータを整理したり，大きな数値，端数のある数値を扱ったりする場合や，無作為抽出に必要な乱数を簡単に数多く得たい場合には，コンピュータなどを利用することが効果的である。

標本調査の方法や結果を批判的に考察し表現すること（イの(ア)）

　実際に行った標本調査だけではなく，新聞やインターネットなどから得られた標本調査の方法や結果についても，批判的に考察し表現できるようにすることが大切である。例えば，日常生活や社会の中で行われた標本調査の事例を取り上げ，標本調査の結果をどのように解釈すればよいのかを考察する場面を設けることが考えられる。その際，母集団としてどのような集団を想定しているのか，その母集団から

どのように標本を抽出しているのか，抽出した標本のうちどのくらいの人が回答しているのか，などを観点として話し合うことが大切である。

また，実際の調査においては，無作為抽出以外の標本の抽出方法が用いられることもあること，そのときには標本がどのような集団を代表しているのかを検討することも考えられる。このような活動を通して，統計的な情報を的確に活用できるようにすることが大切である。

標本調査を行い，母集団の傾向を推定し判断すること（イの(イ)）

簡単な場合について，標本調査から母集団の傾向を推定し判断したことを説明できるようにする。指導に当たっては，日常生活や社会に関わる問題を取り上げ，それを解決するために母集団を決めて，そこから標本を無作為に抽出して整理し，その結果を基に母集団の傾向を推定し説明するという一連の活動を経験できるようにすることが重要である。

標本調査では，母集団についての確定的な判断は困難である。社会で実際に標本調査を利用する場合には，この点を補完するため，予測や判断に誤りが生じる可能性を定量的に評価するのが一般的である。しかし，ここでは標本調査の学習の初期の段階であることに留意し，実験などの活動を通して，標本調査では予測や判断に誤りが生じる可能性があることを経験的に理解できるようにする。

生徒が導いた予測や判断については，生徒が何を根拠にしてそのことを説明したのかを重視し，調査の方法や結論が適切であるかどうかについて，説明し伝え合う活動などを通して相互に理解を図るようにする。

例えば，「自分の中学校の3年生の全生徒200人の，一日の睡眠時間は何時間くらいだろうか」について調べる場合，次のような活動が考えられる。

① 「一日の睡眠時間」の意味を明らかにして（昨日の睡眠時間か，過去1週間の平均睡眠時間かなど）質問紙を作成する。
② 標本となる生徒を抽出し，調査を実施する。
③ 調査の結果を整理する。
④ 調査結果を基にして，全生徒の睡眠時間を予測して説明する。

この場合，④で説明することには，予測だけでなく，①から③のような標本調査に基づいて母集団の傾向を捉える過程が含まれている。また，これらを基に，標本の抽出の仕方や予測の適切さについて検討する。

このように，標本調査を行い，母集団の傾向を推定し説明することを通して，生徒が標本調査の結果や，それに基づく説明を正しく解釈できるようにする。例えば，調査する標本が偏っていないか，アンケート調査の質問が誘導的でないか，アンケートの実施方法が適切かどうかなどにも目を向けられるようにする。

〔数学的活動〕

> (1)「A数と式」,「B図形」,「C関数」及び「Dデータの活用」の学習やそれらを相互に関連付けた学習において,次のような数学的活動に取り組むものとする。
> 　ア　日常の事象や社会の事象を数理的に捉え,数学的に表現・処理し,問題を解決したり,解決の過程や結果を振り返って考察したりする活動
> 　イ　数学の事象から見通しをもって問題を見いだし解決したり,解決の過程や結果を振り返って統合的・発展的に考察したりする活動
> 　ウ　数学的な表現を用いて論理的に説明し伝え合う活動

　第2学年においては,各領域の学習やそれらを相互に関連付けた学習において,「日常の事象や社会の事象を数理的に捉え,数学的に表現・処理し,問題を解決したり,解決の過程や結果を振り返って考察したりする活動」,「数学の事象から見通しをもって問題を見いだし解決したり,解決の過程や結果を振り返って統合的・発展的に考察したりする活動」,「数学的な表現を用いて論理的に説明し伝え合う活動」に取り組む機会を設けることで,生徒が数学的活動に主体的に取り組み,基礎的・基本的な知識及び技能を確実に身に付けるとともに,思考力,判断力,表現力等を高め,数学を学ぶことの楽しさや意義を実感できるようにすることを目指している。

　第3学年では,こうした基本的な考え方を引き続き重視する。第2学年と三つの活動の示し方が同じであるのは,第2学年と第3学年を通して数学的活動がより充実したものになるように指導することが必要であると判断したためである。

ア　日常の事象や社会の事象を数理的に捉え,数学的に表現・処理し,問題を解決したり,解決の過程や結果を振り返って考察したりする活動

　第3学年においては第2学年に引き続き,「日常の事象や社会の事象を数理的に捉え,数学的に表現・処理し,問題を解決したり,解決の過程や結果を振り返って考察したりする活動」を更に充実することが必要である。この数学的活動の例として,次のような活動が考えられる。

○三平方の定理を利用して,実測することが難しい距離などを求める活動

　この活動は,第3学年「B図形」の(3)のイの(イ)「三平方の定理を具体的な場面で活用すること」の指導における数学的活動である。山の頂上から見渡せる距離について求める場面で,地球を球とみなしたり,視界を遮るものがないとしたりするなど事象を理想化したり単純化したりすることで,この具体的な場面を図形として捉える。このようにすることで,「山頂からどこまで見渡せるのか」という日常生活や社会に関わる問題を,「円の外の1点から接線をひくと,その点から接点まで

の長さはどのように求めることができるか」と数学的に表現した問題として捉え直し，三平方の定理や円の接線の性質などをもとにして解決することができる。このように具体的な場面を理想化したり単純化したりすることで数学を利用できるようにし，日常生活や社会に関わる問題を解決できることや，解決の結果や方法を具体的な場面に即して意味付けたり吟味したりすることができるようになることがねらいである。

この活動に生徒が主体的・対話的に取り組むことができるようにし，深い学びの実現につなげることが大切である。そのために，直角三角形の2辺の長さから三平方の定理を用いて残りの1辺の長さを求めることや，2点間の距離を求めるために直角三角形を見いだして三平方の定理を用いることができるよう指導とその計画を工夫する。また，具体的な場面を理想化したり単純化したりすることで数学を利用できるようにすることを図形領域に限らず，他の領域の指導においても意図的に扱っておく。

こうした指導を踏まえ，山頂から見渡すことができる距離を求めるための見通しを立てる。つまり，既に分かっていることを整理して，問題場面を図に表し，山頂から見渡すことができる距離とはどの長さを意味するか，その長さを求めるためには更に何を求める必要があるのか，これまでに学習した図形の性質のうち，どれを用いればよいのかなどを明らかにしていく。

このような見通しに基づいて，地球の半径や山の高さなどの必要なデータを集め，図形として捉えた場面に直角三角形をつくり出し，三平方の定理や円の接線の性質などを用いて見渡せる範囲を求める。

なお，対象となる山頂を遠くから撮影した写真などを事前に準備して，求めた結果と比較・検討するとともに，一定の制約が生じていることを確認できるようにしておくことが必要である。また，授業で，三平方の定理を用いて線分ABの長さを求める際，山頂から見渡すことができる距離として妥当であるかについて解決の過程や結果を振り返ることが考えられる。

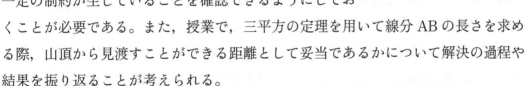

イ 数学の事象から見通しをもって問題を見いだし解決したり，解決の過程や結果を振り返って統合的・発展的に考察したりする活動

第3学年においては第2学年に引き続き，「数学の事象から見通しをもって問題を見いだし解決したり，解決の過程や結果を振り返って統合的・発展的に考察したりする活動」を更に充実させることが必要である。この数学的活動の例として，次のような活動が考えられる。

○新しい数の性質を見いだし，文字を用いてその性質を明らかにする活動

この活動は，第3学年「A数と式」の(2)のイの(イ)「文字を用いた式で数量及び数量の関係を捉え説明すること」の指導における数学的活動である。ここでのねらいは，例えば，「連続する二つの偶数の積に1をたすと，奇数の2乗になる」ことを，文字式を用いて説明し，それを振り返って統合的・発展的に考えることとする。また，その過程において，文字式を用いて数や数量などを一般的に表すことや目的に応じて式を変形すること，式の意味を読み取ることなどのよさを知り，その後の方程式や図形の学習に生かすことができるようにする。

　この活動に生徒が主体的・対話的に取り組むことができるようにし，深い学びの実現につなげることが大切である。そのために，連続する数などを文字を用いて表すことや，乗法公式や因数分解の公式を用いて式の変形をすることができるよう指導とその計画を工夫する。

　こうした指導を踏まえ，「連続する二つの偶数の積に1をたすとどのような数になるか」を文字を用いて説明する活動に取り組む機会を設ける。

　例えば，連続する偶数の積について，具体的な数を用いて計算し，幾つかの結果から，「連続する二つの偶数の積に1をたすと，奇数の2乗になる」という予想を立て，この予想が常に成り立つかという問題を見いだす。この予想が常に成り立つことを説明するために，整数を表す文字nを用いて二つの連続する偶数を$2n$，$2n+2$と表すこと，「二つの偶数の積に1をたす」ことは，文字式で$2n(2n+2)+1$と表現できること，そして，「奇数の2乗になる」ことは，$2n(2n+2)+1$の計算結果を（奇数）^{2}という形の式に変形すればよいことを確認する。その上で，具体的な式変形の過程を示し，予想について説明できるようにする。

　この学習では，$2n(2n+2)+1=\cdots=(2n+1)^2$という一連の式の変形を振り返り，$2n+1$が，連続する偶数$2n$と$2n+2$の間の奇数に当たることから，発展的に考えて，新たな性質として「連続する二つの偶数の積に1をたすと，二つの偶数の間にある奇数の2乗になる」を発見することが大切である。

　また，新たに発見した性質をもとに，問題の条件を偶数から奇数に変え，「連続する二つの奇数の積に1をたすと，二つの奇数の間にある偶数の2乗になるのではないか」と新たな予想を立て，これを説明することが考えられる。

　さらに，「連続する偶数の積から1を引いたらどのような数になるか」という問題を見いだし，具体的な数を用いて計算し，幾つかの結果から，例えば，「連続する偶数の積から1を引いたら素数になる」という予想を立てることが考えられる。連続する二つの偶数が10と12の場合は，$10\times12-1=119=7\times17$となり，119は素数にはならない。このことから，予想が常に成り立つとは限らないことを示すには反例を一つ示せばよいことを学び直すことも考えられる。

ウ　数学的な表現を用いて論理的に説明し伝え合う活動

　第3学年においては第2学年に引き続き,「数学的な表現を用いて論理的に説明し伝え合う活動」を更に充実させることが必要である。この数学的活動の例として,次のような活動が考えられる。

○いろいろな事象の中にある関数関係を見いだし,その変化や対応の特徴を説明する活動

　この活動は,第3学年「C関数」の(1)のアの(ウ)「いろいろな事象の中に,関数関係があることを理解すること」の指導における数学的活動である。ここでのねらいは,例えば,身の回りにある交通機関の乗車距離と料金や郵便物の重さと料金などを依存関係にある二つの数量として捉え,表やグラフを用いて,その変化や対応の特徴を考察し説明し伝え合うことを通して,関数関係についての理解を深めることとする。

　この活動に生徒が主体的・対話的に取り組むことができるようにし,深い学びの実現につなげることが大切である。そのために,関数関係に着目し,その特徴を表,式,グラフを相互に関連付けて考察することができるよう指導とその計画を工夫する。

　こうした指導を踏まえ,いろいろな事象の中にある関数関係の特徴を説明する活動に取り組む機会を設ける。交通機関の乗車距離と料金の関係や郵便物の重さと料金の関係に着目してその関係を調べ,関数関係の意味に基づいて,それぞれの料金が距離や重さの関数であることを明らかにし,その関係を表やグラフに表して変化や対応の特徴を説明する。また,複数の交通機関や異なる郵送方法を比較し,どのような場合にどちらを利用すれば料金が安くなるかをグラフを用いて説明することも考えられる。関数関係は必ず式で表すことができると考えている生徒については,伴って変わる二つの数量について,一方の値を決めたとき他方の値がただ一つに決まれば関数といえることを確認し,この意味に基づいて関数であるかどうかを判断するように促す。グラフについては,連続した直線や曲線にはならず,階段状の線分になることを明らかにし,このことは,それぞれの区間の料金が一定であることを意味していることなどを説明する。グラフに表すことができない生徒については,具体的な距離と料金の関係などを座標平面上に点で示すことで,グラフの概形を捉えることができるように配慮する。

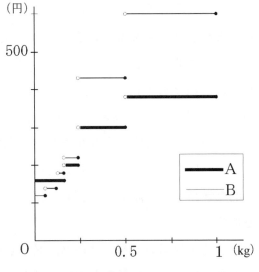

2種類の輸送方法（A，B）の
重さと料金の関係

第4章　指導計画の作成と内容の取扱い

　学習指導要領の「第3 指導計画の作成と内容の取扱い」では，今回の改訂においてはその趣旨に鑑み，「指導計画作成上の配慮事項」，「第2で示した内容の取扱いについての配慮事項」，「数学的活動の取組における配慮事項」及び「課題学習とその位置付け」の四つの事項で構成することとした。以下，これらの趣旨について簡単な説明を加えることとする。

1　指導計画作成上の配慮事項

(1) 主体的・対話的で深い学びの実現に向けた授業改善

> (1) 単元など内容や時間のまとまりを見通して，その中で育む資質・能力の育成に向けて，数学的活動を通して，生徒の主体的・対話的で深い学びの実現を図るようにすること。その際，数学的な見方・考え方を働かせながら，日常の事象や社会の事象を数理的に捉え，数学の問題を見いだし，問題を自立的，協働的に解決し，学習の過程を振り返り，概念を形成するなどの学習の充実を図ること。

　この事項は，数学科の指導計画の作成に当たり，生徒の主体的・対話的で深い学びの実現を目指した授業改善を進めることとし，数学科の特質に応じて，効果的な学習が展開できるように配慮すべき内容を示したものである。

　数学科の指導に当たっては，(1)「知識及び技能」が習得されること，(2)「思考力，判断力，表現力等」が育成されること，(3)「学びに向かう力，人間性等」を涵養することが偏りなく実現されるよう，単元など内容や時間のまとまりを見通しながら，生徒の主体的・対話的で深い学びの実現に向けた授業改善を行うことが重要である。

　生徒に数学科の指導を通して「知識及び技能」や「思考力，判断力，表現力等」の育成を目指す授業改善を行うことはこれまでも多くの実践が重ねられてきている。そのような着実に取り組まれてきた実践を否定し，全く異なる指導方法を導入しなければならないと捉えるのではなく，生徒や学校の実態，指導の内容に応じ，「主体的な学び」，「対話的な学び」，「深い学び」の視点から授業改善を図ることが重要である。

　主体的・対話的で深い学びは，必ずしも1単位時間の授業の中で全てが実現されるものではない。単元など内容や時間のまとまりの中で，例えば，主体的に学習に取り組めるよう学習の見通しを立てたり学習したことを振り返ったりして自身の学

びや変容を自覚できる場面をどこに設定するか，対話によって自分の考えなどを広げたり深めたりする場面をどこに設定するか，学びの深まりをつくりだすために，生徒が考える場面と教師が教える場面をどのように組み立てるか，といった視点で授業改善を進めることが求められる。また，生徒や学校の実態に応じ，多様な学習活動を組み合わせて授業を組み立てていくことが重要であり，単元などのまとまりを見通した学習を行うに当たり基礎となる知識及び技能の習得に課題が見られる場合には，それを身に付けるために，生徒の主体性を引き出すなどの工夫を重ね，確実な習得を図ることが必要である。

　主体的・対話的で深い学びの実現に向けた授業改善を進めるに当たり，特に「深い学び」の視点に関して，各教科等の学びの深まりの鍵となるのが「見方・考え方」である。各教科等の特質に応じた物事を捉える視点や考え方である「見方・考え方」を，習得・活用・探究という学びの過程の中で働かせることを通じて，より質の高い深い学びにつなげることが重要である。

　数学科では，数学的な見方・考え方を働かせながら，事象を数理的に捉え，数学の問題を見いだし，問題を自立的，協働的に解決し，学習の過程を振り返り，概念を形成するなどの学習が充実されるようにすることが大切である。これは，目的意識をもって生徒が取り組む営みというこれまで重視してきた数学的活動を学習指導においてより明確に反映させ，学習活動の質を向上させることを意図している。

　授業の改善に当たっては，生徒自らが，問題の解決に向けて見通しをもち，粘り強く取り組み，問題解決の過程を振り返り，よりよく解決したり，新たな問いを見いだしたりするなどの「主体的な学び」を実現することが求められる。

　また，事象を数学的な表現を用いて論理的に説明したり，よりよい考えや事柄の本質について話し合い，よりよい考えに高めたり事柄の本質を明らかにしたりするなどの「対話的な学び」を実現することが求められる。

　さらに，数学に関わる事象や，日常生活や社会に関わる事象について，数学的な見方・考え方を働かせ，数学的活動を通して，新しい概念を形成したり，よりよい方法を見いだしたりするなど，新たな知識・技能を身に付けてそれらを統合し，思考，態度が変容する「深い学び」を実現することが求められる。

　このような活動を通して生徒の「主体的な学び」「対話的な学び」「深い学び」が実現できているかどうかについて確認しつつ一層の充実を求めて進めることが重要であり，育成を目指す資質・能力及びその評価の観点との関係も十分に踏まえた上で指導計画等を作成することが必要である。

(2) 各学年で指導する内容について

> (2) 第2の各学年の目標の達成に支障のない範囲内で，当該学年の内容の一部を軽く取り扱い，それを後の学年で指導することができるものとすること。また，学年の目標を逸脱しない範囲内で，後の学年の内容の一部を加えて指導することもできるものとすること。

　中学校数学科の指導に当たっては，生徒の実態に応じて適切な指導計画を作成することが必要であり，指導計画作成に当たっては，教師の創意工夫をより一層生かすためにも，弾力的な取扱いができるようにすることが重要である。

　そのため，この項目では，各学年の目標の実現に支障のない範囲内で，各学年で取り扱う内容の一部について，学年にまたがって指導順序を変更したり，前の学年の復習を取り入れたり，後の学年の内容の一部を加えたりすることもできるものとして，弾力的な指導が行えるようにしている。

(3) 学び直しの機会を設定することについて

> (3) 生徒の学習を確実なものにするために，新たな内容を指導する際には，既に指導した関連する内容を意図的に再度取り上げ，学び直しの機会を設定することに配慮すること。

　学習指導要領においては，一度示した内容を再度示すことは原則としてしていない。しかし，実際の指導においては，ある内容を取り上げる際にそれまでに指導した内容を意図的に取り上げることが，生徒の理解を広げたり深めたりするために有効な場合がある。例えば，第2学年において一次関数の変化の割合について指導する際に，第1学年で指導した反比例を再度取り上げ，その変化の様子やグラフの形状についての理解をより確かなものにするとともに，変化の割合が一定でない関数が存在することを理解できるようにすることが考えられる。

　このように，学び直しの機会を設定することは，単に復習の機会を増やすことだけを意味するものではないことに注意し，適切に位置付けることが必要である。

(4) 障害のある生徒への指導

> (4) 障害のある生徒などについては，学習活動を行う場合に生じる困難さに応じた指導内容や指導方法の工夫を計画的，組織的に行うこと。

障害者の権利に関する条約に掲げられたインクルーシブ教育システムの構築を目指し，生徒の自立と社会参加を一層推進していくためには，通常の学級，通級による指導，特別支援学級，特別支援学校において，生徒の十分な学びを確保し，一人一人の生徒の障害の状態や発達の段階に応じた指導や支援を一層充実させていく必要がある。

　通常の学級においても，発達障害を含む障害のある生徒が在籍している可能性があることを前提に，全ての教科等において，一人一人の教育的ニーズに応じたきめ細かな指導や支援ができるよう，障害種別の指導の工夫のみならず，各教科等の学びの過程において考えられる困難さに対する指導の工夫の意図，手立てを明確にすることが重要である。

　これを踏まえ，今回の改訂では，障害のある生徒などの指導に当たっては，個々の生徒によって，見えにくさ，聞こえにくさ，道具の操作の困難さ，移動上の制約，健康面や安全面での制約，発音のしにくさ，心理的な不安定，人間関係形成の困難さ，読み書きや計算等の困難さ，注意の集中を持続することが苦手であることなどを，学習活動を行う場合に生じる困難さが異なることに留意し，個々の生徒の困難さに応じた指導内容や指導方法を工夫することを，各教科等において示している。

　その際，数学科の目標や内容の趣旨，学習活動のねらいを踏まえ，学習内容の変更や学習活動の代替を安易に行うことがないよう留意するとともに，生徒の学習負担や心理面にも配慮する必要がある。

　例えば，数学科における配慮として，次のようなものが考えられる。

- 文章を読み取り，数量の関係を文字式を用いて表すことが難しい場合，生徒が数量の関係をイメージできるように，生徒の経験に基づいた場面や興味のある題材を取り上げ，解決に必要な情報に注目できるよう印を付けさせたり，場面を図式化したりすることなどの工夫を行う。
- 空間図形のもつ性質を理解することが難しい場合，空間における直線や平面の位置関係をイメージできるように，立体模型で特徴のある部分を触らせるなどしながら，言葉でその特徴を説明したり，見取図や投影図と見比べて位置関係を把握したりするなどの工夫を行う。

　なお，学校においては，こうした点を踏まえ，個別の指導計画を作成し，必要な配慮を記載し，他教科等の担任と共有したり，翌年度の担任等に引き継いだりすることが必要である。

(5) 道徳科などとの関連

　(5) 第1章総則の第1の2の(2)に示す道徳教育の目標に基づき，道徳科など

> との関連を考慮しながら，第3章特別の教科道徳の第2に示す内容について，数学科の特質に応じて適切な指導をすること。

　数学科の指導においては，その特質に応じて，道徳について適切に指導する必要があることを示すものである。

　第1章総則第1の2(2)においては，「学校における道徳教育は，特別の教科である道徳（以下「道徳科」という。）を要として学校の教育活動全体を通じて行うものであり，道徳科はもとより，各教科，総合的な学習の時間及び特別活動のそれぞれの特質に応じて，生徒の発達の段階を考慮して，適切な指導を行うこと」と規定されている。

　数学科における道徳教育の指導においては，学習活動や学習態度への配慮，教師の態度や行動による感化とともに，以下に示すような数学科と道徳教育との関連を明確に意識しながら，適切な指導を行う必要がある。

　数学科の目標にある「数学を活用して事象を論理的に考察する力」，「数量や図形などの性質を見いだし統合的・発展的に考察する力」，「数学的な表現を用いて事象を簡潔・明瞭・的確に表現する力」を高めることは，道徳的判断力の育成にも資するものである。また，数学的活動の楽しさや数学のよさを実感して粘り強く考え，数学を生活や学習に生かそうとする態度を養うことは，工夫して生活や学習をしようとする態度を養うことにも資するものである。

　次に，道徳教育の要としての特別の教科である道徳（以下「道徳科」という。）の指導との関連を考慮する必要がある。数学科で扱った内容や教材の中で適切なものを，道徳科に活用することが効果的な場合もある。また，道徳科で取り上げたことに関係のある内容や教材を数学科で扱う場合には，道徳科における指導の成果を生かすように工夫することも考えられる。そのためにも，数学科の年間指導計画の作成などに際して，道徳教育の全体計画との関連，指導の内容及び時期等に配慮し，両者が相互に効果を高め合うようにすることが大切である。

2 内容の取扱いについての配慮事項

(1) 考えを表現し伝え合うなどの学習活動

> (1) 思考力，判断力，表現力等を育成するため，各学年の内容の指導に当たっては，数学的な表現を用いて簡潔・明瞭・的確に表現したり，互いに自分の考えを表現し伝え合ったりするなどの機会を設けること。

中学校数学科においては，生徒が既習の数学を活用して考えたり判断したりすることをよりよく行うことができるよう，言葉や数，式，図，表，グラフなどの数学的な表現を用いて，論理的に考察し表現したり，その過程を振り返って考えを深めたりする学習活動を充実させる。その際，数学的な表現を適切に用いることができるよう，具体的な事象を数学的に表現したり，処理したりする技能を高める学習活動の充実を図ることが考えられる。また，数学的な推論を的確に進めることができるよう，思考の過程や判断の根拠などを数学的な表現を用いて簡潔・明瞭・的確に表現して説明したり，数学的に表現されたものについて話し合って解釈したりする学習活動の充実を図ることも考えられる。

このように問題解決の結果や過程，見いだした数や図形の性質などについて説明し伝え合う機会を設け，お互いの考えをよりよいものに改めたり，一人では気付くことのできなかったことを見いだしたりする機会を設けることに配慮する。こうした学習を通して，数学的に表現したり，それを解釈したりすることのよさを実感できるようにすることが大切である。

(2) コンピュータ，情報通信ネットワークなどの情報手段の活用

> (2) 各領域の指導に当たっては，必要に応じ，そろばんや電卓，コンピュータ，情報通信ネットワークなどの情報手段を適切に活用し，学習の効果を高めること。

中学校数学科におけるコンピュータや情報通信ネットワークなどの情報手段の活用については，大きく分けて，計算機器としての活用と，教具としての活用，情報通信ネットワークの活用が考えられる。すなわち，コンピュータや情報通信ネットワークなどの使用方法についての指導ではなく，生徒が数学をよりよく学ぶための道具としての活用である。各学年の「Dデータの活用」の(1)のアの(イ)においては，その内容との関連を踏まえ，「コンピュータなどの情報手段を用いるなど」と記述しているが，他の内容においてもどのような指導にコンピュータなどの情報手段を用いることができるかを検討して，積極的な活用を図ることが必要である。

また，前述の「主体的・対話的で深い学び」の過程において，コンピュータなどを活用することも効果的である。例えば，一つの問題について複数の生徒の解答を大型画面で映して，どのような表現がよいかを考えたり，1時間の授業の終わりにその授業を振り返って大切だと思ったことや疑問に感じたことなどをタブレット型のコンピュータに整理して記録し，一定の内容のまとまりごとに更に振り返ってどのような学習が必要かを考えたり，数学の学びを振り返り「数学的な見方・考え方」

を確かで豊かなものとして実感したりすることの指導を充実させることもできる。

なお,「適切に活用し」とは,特にインターネットなどの情報通信ネットワークの活用において,情報を収集したり,他者とのコミュニケーションを図ったりする際に,生徒が的確に判断し対処することができるよう,メディア・リテラシーの育成にも配慮する必要があることを意図したものである。

① 計算機器としての活用

計算機器としてのそろばん,電卓,コンピュータなどの活用について,例えば電卓について考えると,基礎的な計算力を身に付けることは必要なことであるが,複雑な計算を伴うものについては,電卓を活用することにより,学習効果を一層高めることができる。特に,やや大きな数や小数が含まれている面積や体積を求めるなどの数値計算に関わる内容の指導,あるいは観察や操作,実験などの活動により得られた数量を処理する際に数値計算を伴う内容の指導などには,計算するために時間を多く費やすのではなく,電卓を積極的に活用し,考えたり説明したりする時間を確保することが望まれる。その際,簡単に計算結果が得られるが,結果をそのまま書き写すのではなく,求めようとしている数値のおおよその大きさと比較して確かめたり,どの程度まで詳しい数値であればよいのか考えて適切に判断したりできるよう指導する必要がある。

また,電卓の手軽さとコンピュータの簡易機能をもち合わせたグラフが表示できる電卓を活用することも考えられる。こうした電卓の機能を使うことによって,例えば,関数の学習で,表,式,グラフの関連を有機的に示したり,センサーを取り付けて動的な事象に対するデータの収集に利用したり,あるいは日常生活や社会に関わる問題解決において方程式の解を簡単に求めたりすることができる。

② 教具としての活用

教具としてのコンピュータは,それを活用して教師の指導方法を工夫改善していく道具であると同時に,観察や操作,実験などの活動を通して生徒が学習を深めたり,数学的活動の楽しさを実感したりできるようにする道具である。

「Dデータの活用」に関わる活用の例は,既に第3章で紹介したが,それ以外にも例えば,「A数と式」の指導においては,文字を用いた式の計算の確実な習得を図るために,個々の生徒に応じて補充,習熟といった学習に用いることができる。「B図形」の指導においては,三角形の2辺の中点を結んだ線分について,この「2辺の中点を結ぶ」という条件が当てはまる図形を,ディスプレイ上でいろいろな形に変形することにより,形は変わっても長さの比が一定であることに気付くなど,その中に含まれる図形の性質を見つけ,問題を設定することができる。「C関数」の指導においては,グラフのxの値を細かく取って,その形状をより正確に表示したり,xの値の変化に応じて座標上の点を動かし表示したりすることができる。また,

一次関数 $y=ax+b$ について，b の値を固定し a の値を変化させる，あるいは a の値を固定し b の値を変化させることによってグラフの変化の様子を考察するなど，条件設定を状況に応じて自在に変えながら考えを進めることができる。課題学習の指導においても，学習効果を高められると判断できるものについては，必要に応じてコンピュータなどを活用する。このように数学的な性質の発見という場面で生徒が思考するための道具としてコンピュータを活用することについても特に配慮する必要がある。

また，その活用の形態については，コンピュータ教室などで生徒一人が一台のコンピュータを用いて学習するだけでなく，普通教室にノートパソコンと液晶プロジェクタを持ち込んで提示器具として用いるなど，指導内容との関係で柔軟に対応できるようにすることも考えられる。

③ 情報通信ネットワークの活用

教具としての活用のうち，特にインターネットなどの情報通信ネットワークの活用については，その目的を明確にして積極的な活用を図る。例えば，三平方の定理の証明方法，江戸時代の和算や算額の問題など，数学に関する歴史的な事柄について調べたり，統計に関わるデータを集めたりして学習している内容の理解をより深めるためには，参考書や事典類ばかりでなく，情報通信ネットワークで検索することが有効である。また，電子メールや掲示板，動画通信などを用いて遠隔地にいる者の間で問題を出し合ったり，解き合ったりして相互に伝え合い，考えを共有するなど数学を楽しむことで数学を学ぶことに対する興味や関心を高めることも考えられる。この際，何のために活用するのか，目的を明確にした活動が求められるとともに，資料の収集や問題解決に当たってメディア・リテラシーなどにも配慮する必要がある。

(3) 具体的な体験を伴う学習

> (3) 各領域の指導に当たっては，具体物を操作して考えたり，データを収集して整理したりするなどの具体的な体験を伴う学習を充実すること。

数学の学習では，観察や操作，実験などの活動を通して事象に深く関わる体験を経ることが大切である。例えば，実際に立体模型を作りながら考え，構成要素の位置関係を把握したり，図形の辺や角の大きさを測り，その関係を調べることによって相似や三平方の定理などを考察したり，データをもとに統計的な処理をして，その結果を考察したりするなど具体的な体験を伴う学習を充実していくことに配慮する。このようにして，生徒が，数学に関わる基礎的な概念や原理・法則などを実感

を伴って理解できるように配慮することは重要である。

(4) 用語・記号

> (4) 第2の各学年の内容に示す〔用語・記号〕は，当該学年で取り扱う内容の程度や範囲を明確にするために示したものであり，その指導に当たっては，各学年の内容と密接に関連させて取り上げること。

　この項目は，数学の学習における用語・記号，学習指導要領における用語・記号の示し方について述べたものである。

① 数学の学習と用語・記号

用語・記号の重要性

　用語・記号は，社会で共通に認められた内容を簡潔に表現し，それらを的確に用いることによって，思考が楽になり，コミュニケーションの効率性が高まる。数学においては，特に記号が大きな役割を果たしている。記号は，抽象的で形式的であるだけに，操作がしやすく，しかも，より一般性をもっている。上手に記号体系を作ることにより，現実の意味を離れて形式的な操作が可能になり，思考を能率的に進めることができるようになるのである。このように，数学において用語や記号の使い方に慣れることで，思考を，より正確に，より的確に，より能率的に行うことができるようになることは，社会や文化の発展に貢献することにもつながる。

　数学の用語・記号は，その機能によって大まかに三種類に分けられる。第一は，数学の考察の対象に関する用語・記号であり，第二は，対象に対する操作や演算に関する用語・記号であり，第三は，対象間の関係に関する用語・記号である。このような数学における用語・記号の機能を意識することによって，数学の理解が一層深まるとともに，より正確に，より能率的に思考を進めることができるようになる。

用語・記号の指導上の留意点

　数学の用語・記号については，各領域における具体的な内容の学習を通して，用語・記号の意味や内容が十分に理解でき，用語・記号を用いることのよさ，すなわち，簡潔さ，明瞭さ，そして，的確さについて把握できるように指導する必要がある。つまり，用語・記号が具体的な内容から離れ，形式的な指導に陥ったりすることのないようにしなくてはならない。用語・記号の指導については，例えば，次のような点に配慮する必要がある。

　用語には，数学と日常生活で同じ言葉遣いなのに，それらの意味にずれがある場合がある。例えば，比例，反比例は，日常生活では伴って変わる二つの数量について単に一方が増えると他方が増える，一方が増えると他方が減るというように使わ

れる場面を見かけることもあるが，数学においては二つの数量の比としての関係が重要なのである。数学と日常生活における用語の使われ方の微妙な差異を指導する側が意識する必要がある。

② **学習指導要領における用語・記号**

数学の指導において使われる用語・記号は，基本的に次のようにまとめることができる。

ア 数学の学習に当たって，意味を理解し，それを使用することが必要であると考えられる用語・記号

イ 内容と関連して，内容の取扱いを明確にするのに必要であると考えられる用語・記号

ウ 内容を示すときに用いる用語・記号

エ 内容を示すときに用いられなくても，その内容と関連して取り扱われることが自明である用語・記号

学習指導要領に示す用語・記号は，内容の記述との関連で，上のアからエのうちからウ，エを除外したものである。内容が示されれば，それに伴う用語・記号は当然含まれると考えるからである。

例えば，第1学年の内容の「A数と式」の(1)については，符号や絶対値はアとしての用語・記号に，自然数や項はイとしての用語・記号にそれぞれ該当するものとして示している。また，ウに該当するものとして，正の数，負の数，四則計算があり，エに該当するものとして，プラス，マイナスなどがある。

学習指導要領において各学年段階で示した用語・記号は，その学年で指導が完結して「用いることができるようにする」というのではなく，その学年からそれらの用語・記号の使用が始まることを示しているものである。したがって，その学年以降において，それらの用語・記号を用いる能力を次第に伸ばしていくように配慮して取り扱うことが必要である。

3　数学的活動の取組における配慮事項

数学的活動とは，第1章でも述べたとおり，事象を数理的に捉え，数学の問題を見いだし，問題を自立的，協働的に解決する過程を遂行することである。

問題発見や問題解決の学習過程においては「日常生活や社会の事象を数理的に捉え，数学的に表現・処理し，問題を解決し，解決過程を振り返り得られた結果の意味を考察する」ことと「数学の事象から問題を見いだし，数学的な推論などによって問題を解決し，解決の過程や結果を振り返って統合的・発展的に考察する」ことの二つの過程が相互に関わり合っている。生徒が，目的意識をもってこれらの二つ

の過程を遂行できるようにすることが大切である。また，これらの基盤として，各場面で言語活動を充実し，それぞれの過程や結果を振り返り，評価・改善することができるようにすることも大切である。

(1) 数学的活動を楽しみ，数学を学習することの意義や数学の必要性を実感すること

> （1）数学的活動を楽しめるようにするとともに，数学を学習することの意義や数学の必要性などを実感する機会を設けること。

　生徒が数学的活動の楽しさを実感することについては，中学校数学科の目標にも示されており，生徒が数学的活動に主体的に取り組むことができるようにする上で重要である。第２章第１節でも述べた通り，数学的活動の楽しさを実感するには，単にでき上がった数学を知るだけでなく，事象を理想化したり抽象化したりして数学の舞台にのせ，事象に潜む法則を見つけたり，観察や操作，実験などによって数や図形の性質などを見いだし，見いだした性質を発展させたりする活動などを通して数学を学ぶことを重視することが大切である。さらに，自立的，協働的な活動を通して数学を学ぶことを体験する機会を設け，その過程で様々な工夫，驚き，感動を味わい，数学を学ぶことの面白さ，考えることの楽しさを味わえるようにすることが大切である。また，こうした経験を基にして，生徒が数学を学習する意義や数学の必要性について自らに問いかけ，自分なりの答えを見いだすことができるようにすることにも配慮する。

(2) 見通しをもって数学的活動に取り組み，振り返ること

> （2）数学を活用して問題解決する方法を理解するとともに，自ら問題を見いだし，解決するための構想を立て，実践し，その過程や結果を評価・改善する機会を設けること。

　数学的活動は，基本的に問題解決の形で行われる。その過程では，生徒が見通しをもって活動に取り組めるよう配慮する。生徒が取り組む問題については，教師が提示するものだけでなく，適切な場面を設け，生徒が既習の数学を基にするなどして自ら問題を見いだしたり，その問題から導かれるであろう結果を予想したりする機会を設けることが大切である。また，その解決の過程では，問題を解決するために既習の何を用いてどのように表したり処理したりする必要があるのかについて生

徒が構想する場面を設けることが重要である。さらに，その構想に基づいて試行錯誤をしたり，データを収集整理したり，観察したり，操作したり，実験したりするなどの活動を必要に応じて選択し行いながら，結果を導くことができるようにすることも重要である。このように生徒が見通しをもつことは，数学的活動に主体的に取り組むことができるようにするために必要である。また，見いだした問題を一旦解決し終えた後で，導いた結果やその価値を振り返って自覚化することは，問題解決の意義や数学のよさを実感する上で大切である。同時に，統合的・発展的な考察に向けた新しい問題を得る機会ともなる。

さらに，これらの一連の問題解決の過程を振り返ることで，数学を活用して問題解決する方法を生徒が理解できるようにする。どのような場面で何をどのように捉えて考察したり，どのように表現・処理したりすれば問題がよりよく解決できるのかといった各場面における方法に着目し，うまくいったことやうまくいかなかったことを場面と関連付けて整理することが大切である。

このように，数学を活用して問題解決する方法を理解することは，生徒の数学的な見方・考え方を確かで豊かなものに鍛えていくことにつながる。その後に出合う新たな問題解決で見通しをもって主体的に取り組むためにも重要である。

(3) 観察や操作，実験などの活動を通すこと

> (3) 各領域の指導に当たっては，観察や操作，実験などの活動を通して，数量や図形などの性質を見いだしたり，発展させたりする機会を設けること。

中学校数学科においては，単にでき上がった数学を知るだけでなく，事象を観察して法則を見つけたり，具体的な操作や実験を試みて数学的内容を帰納したりするなどして，数量や図形の性質などを見いだし，発展させる活動を通して数学を学ぶことが重要である。

例えば，連続する三つの整数の和をいろいろと求め，その値を観察することによって「連続する三つの整数の和は3の倍数になる」という事柄が帰納される。帰納した事柄を演繹し，その事実が成り立つ理由を文字式を使って表現する。表現された式を観察することは新たな性質の発見にもつながる。さらに，見いだした性質をもとにして「三つの連続する偶数の和」や「三つの連続する奇数の和」などについて具体的に調べ，評価・改善や発展する活動につなげることもできる。

このように，各領域の指導においては，観察や操作，実験などの活動を通して数学的な事柄（命題）に気付き，確かな根拠を基にこれを論理的に考察し，数学的に考える資質・能力が育成されるように配慮する。

(4) 数学的活動の成果を共有すること

> （4）数学的活動の過程を振り返り，レポートにまとめ発表することなどを通して，その成果を共有する機会を設けること。

　数学的活動の取組においては，結果だけではなくその過程を重視する観点から，レポートにまとめ発表することなどを通して，数学的活動の過程を振り返り，生徒間でその成果を共有する機会を設ける。

　「レポートにまとめ発表する」というと，それだけで膨大な時間が必要であるように思われるかもしれないが，例えば，見いだした問題を一通り解決した場面で，レポート用紙1枚程度に簡潔にまとめて説明し伝え合ったり，レポートを掲示し観賞したりすることでも十分に可能である。共有するものとしては，活動の成果だけでなく，例えば，途中までであっても自分なりに考えたことやその過程で苦労したこと，結果そのものは間違いであったとしても問題を追究して感じた成就感などが考えられる。

　重要なことは，数学的活動に関わる思いや取組に対して，「どこがよかったか」等のよさを評価したり，「新たに調べてみたいことは何か」等の疑問点を生徒間で共有したりして，今後の数学的活動に生かすことができるようにすることである。

4　課題学習とその位置付け

> 4　生徒の数学的活動への取組を促し思考力，判断力，表現力等の育成を図るため，各領域の内容を総合したり日常の事象や他教科等での学習に関連付けたりするなどして見いだした問題を解決する学習を課題学習と言い，この実施に当たっては各学年で指導計画に適切に位置付けるものとする。

　課題学習については，今回の学習指導要領においても，そのねらいを踏まえ，生徒の実態等に応じて各学年の指導計画に適切に位置付けることとした。

(1) 課題学習のねらい

　課題学習のねらいは，「A数と式」，「B図形」，「C関数」及び「Dデータの活用」の各領域の内容を総合したり日常の事象や他教科等での学習に関連付けたりするなどして見いだした問題を生徒が主体的に解決していくことを通して，数学的な見方・

考え方を更に確かで豊かなものにしていくことである。このため，課題学習においては生徒の数学的活動への取組を促し，その楽しさを実感するとともに，思考力，判断力，表現力等を高めることが大切である。これらが重要であることは，通常の授業においても同様であるが，通常の授業では，主に領域ごとに指導が行われるため，取り上げる問題はその領域の内容を中心としたものが多い。このため，生徒は問題解決の場面で，直前に学習した内容をそのまま適用すれば解決できるだろうという見通しを立て，実行する傾向がある。それに対して課題学習では，上記のような問題を取り上げるため，それまでに学習した内容のうち，どれをどのように用いればよいか見通しがつきにくく，これまでの学習の振り返りを基に，生徒の思考力，判断力，表現力等が発揮されやすくなる。これまでの学習の積み重ねを基に構想を立て，実践し評価・改善する一連の過程を経験することは，生徒の思考力，判断力，表現力等を高め，問題解決能力を一層伸ばす上で大いに効果的であるとともに，数学のよさをより深く理解する機会となる。

(2) 通常の授業と課題学習

課題学習は，「実施に当たっては各学年で指導計画に適切に位置付けるものとする」とされている。実施に当たり，通常の授業では知識を一方的に教え込み，課題学習では主体的な学習を促すということでは，これまで述べてきたような課題学習の指導の実現は難しい。通常の授業においても生徒の「主体的・対話的で深い学び」として問題解決的な学習を定着，充実させていくことが求められており，課題学習では一層その実現を図る必要がある。つまり，問題解決的な学習と課題学習とは，互いに独立した学習ではない。

指導計画においては，通常の授業における各領域の内容に関する問題解決的な学習を継続し，各領域で学習した内容を総合したり日常の事象や他教科等での学習に関連付けたりするなどして見いだした問題を解決する学習として課題学習を位置付け，各領域の学習が一層深まりをもつように配慮することが大切である。

このような課題学習の指導は，教師にとって数学的活動の本質の理解を促し，教材研究や指導法の改善，カリキュラム・マネジメントの必要性を理解する上でよい機会になるとともに，他教科や異校種の教師，学校外の人材との連携を生かす機会になり得る。教師自身が課題学習の位置付けに一層主体的に取り組んでいくことが求められる。

付録

目次

- 付録1：学校教育法施行規則（抄）
- 付録2：中学校学習指導要領　第1章　総則
- 付録3：中学校学習指導要領　第2章　第3節　数学
- 付録4：小学校学習指導要領　第2章　第3節　算数
- 付録5：中学校学習指導要領　第3章　特別の教科　道徳
- 付録6：「道徳の内容」の学年段階・学校段階の一覧表

学校教育法施行規則（抄）

昭和二十二年五月二十三日文部省令第十一号
一部改正：平成二十九年三月三十一日文部科学省令第二十号

第四章　小学校

第二節　教育課程

第五十条　小学校の教育課程は，国語，社会，算数，理科，生活，音楽，図画工作，家庭，体育及び外国語の各教科（以下この節において「各教科」という。），特別の教科である道徳，外国語活動，総合的な学習の時間並びに特別活動によつて編成するものとする。

2　私立の小学校の教育課程を編成する場合は，前項の規定にかかわらず，宗教を加えることができる。この場合においては，宗教をもつて前項の特別の教科である道徳に代えることができる。

第五十四条　児童が心身の状況によつて履修することが困難な各教科は，その児童の心身の状況に適合するように課さなければならない。

第五十五条　小学校の教育課程に関し，その改善に資する研究を行うため特に必要があり，かつ，児童の教育上適切な配慮がなされていると文部科学大臣が認める場合においては，文部科学大臣が別に定めるところにより，第五十条第一項，第五十一条（中学校連携型小学校にあつては第五十二条の三，第七十九条の九第二項に規定する中学校併設型小学校にあつては第七十九条の十二において準用する第七十九条の五第一項）又は第五十二条の規定によらないことができる。

第五十五条の二　文部科学大臣が，小学校において，当該小学校又は当該小学校が設置されている地域の実態に照らし，より効果的な教育を実施するため，当該小学校又は当該地域の特色を生かした特別の教育課程を編成して教育を実施する必要があり，かつ，当該特別の教育課程について，教育基本法（平成十八年法律第百二十号）及び学校教育法第三十条第一項の規定等に照らして適切であり，児童の教育上適切な配慮がなされているものとして文部科学大臣が定める基準を満たしていると認める場合においては，文部科学大臣が別に定めるところにより，第五十条第一項，第五十一条（中学校連携型小学校にあつては第五十二条の三，第七十九条の九第二項に規定する中学校併設型小学校にあつては第七十九条の十二において準用する第七十九条の五第一項）又は第五十二条の規定の全部又は一部によらないことができる。

第五十六条　小学校において，学校生活への適応が困難であるため相当の期間小学校を欠席し引き続き欠席すると認められる児童を対象として，その実態に配慮した特別の教育課程を編成して教育を実施する必要があると文部科学大臣が認める場合においては，文部科学大臣が別に定めるところにより，第五十条第一項，第五十一条（中学校連携型小学校にあつては第五十二条の三，第七十九条の九第二項に規定する中学校併設型小学校にあつては第七十九条の十二において準用する第七十九条の五第一項）又は第五十二条の規定によら

ないことができる。

第五十六条の二　小学校において，日本語に通じない児童のうち，当該児童の日本語を理解し，使用する能力に応じた特別の指導を行う必要があるものを教育する場合には，文部科学大臣が別に定めるところにより，第五十条第一項，第五十一条（中学校連携型小学校にあつては第五十二条の三，第七十九条の九第二項に規定する中学校併設型小学校にあつては第七十九条の十二において準用する第七十九条の五第一項）及び第五十二条の規定にかかわらず，特別の教育課程によることができる。

第五十六条の三　前条の規定により特別の教育課程による場合においては，校長は，児童が設置者の定めるところにより他の小学校，義務教育学校の前期課程又は特別支援学校の小学部において受けた授業を，当該児童の在学する小学校において受けた当該特別の教育課程に係る授業とみなすことができる。

第五十六条の四　小学校において，学齢を経過した者のうち，その者の年齢，経験又は勤労の状況その他の実情に応じた特別の指導を行う必要があるものを夜間その他特別の時間において教育する場合には，文部科学大臣が別に定めるところにより，第五十条第一項，第五十一条（中学校連携型小学校にあつては第五十二条の三，第七十九条の九第二項に規定する中学校併設型小学校にあつては第七十九条の十二において準用する第七十九条の五第一項）及び第五十二条の規定にかかわらず，特別の教育課程によることができる。

第三節　学年及び授業日

第六十一条　公立小学校における休業日は，次のとおりとする。ただし，第三号に掲げる日を除き，当該学校を設置する地方公共団体の教育委員会（公立大学法人の設置する小学校にあつては，当該公立大学法人の理事長。第三号において同じ。）が必要と認める場合は，この限りでない。
一　国民の祝日に関する法律（昭和二十三年法律第百七十八号）に規定する日
二　日曜日及び土曜日
三　学校教育法施行令第二十九条第一項の規定により教育委員会が定める日

第六十二条　私立小学校における学期及び休業日は，当該学校の学則で定める。

第五章　中学校

第七十二条　中学校の教育課程は，国語，社会，数学，理科，音楽，美術，保健体育，技術・家庭及び外国語の各教科（以下本章及び第七章中「各教科」という。），特別の教科である道徳，総合的な学習の時間並びに特別活動によつて編成するものとする。

第七十三条　中学校（併設型中学校，第七十四条の二第二項に規定する小学校連携型中学校，第七十五条第二項に規定する連携型中学校及び第七十九条の九第二項に規定する小学校

併設型中学校を除く。）の各学年における各教科，特別の教科である道徳，総合的な学習の時間及び特別活動のそれぞれの授業時数並びに各学年におけるこれらの総授業時数は，別表第二に定める授業時数を標準とする。

第七十四条　中学校の教育課程については，この章に定めるもののほか，教育課程の基準として文部科学大臣が別に公示する中学校学習指導要領によるものとする。

第七十九条　第四十一条から第四十九条まで，第五十条第二項，第五十四条から第六十八条までの規定は，中学校に準用する。この場合において，第四十二条中「五学級」とあるのは「二学級」と，第五十五条から第五十六条の二まで及び第五十六条の四の規定中「第五十条第一項」とあるのは「第七十二条」と，「第五十一条（中学校連携型小学校にあつては第五十二条の三，第七十九条の九第二項に規定する中学校併設型小学校にあつては第七十九条の十二において準用する第七十九条の五第一項）」とあるのは「第七十三条（併設型中学校にあつては第百十七条において準用する第百七条，小学校連携型中学校にあつては第七十四条の三，連携型中学校にあつては第七十六条，第七十九条の九第二項に規定する小学校併設型中学校にあつては第七十九条の十二において準用する第七十九条の五第二項）」と，「第五十二条」とあるのは「第七十四条」と，第五十五条の二中「第三十条第一項」とあるのは「第四十六条」と，第五十六条の三中「他の小学校，義務教育学校の前期課程又は特別支援学校の小学部」とあるのは「他の中学校，義務教育学校の後期課程，中等教育学校の前期課程又は特別支援学校の中学部」と読み替えるものとする。

第八章　特別支援教育

第百三十八条　小学校，中学校若しくは義務教育学校又は中等教育学校の前期課程における特別支援学級に係る教育課程については，特に必要がある場合は，第五十条第一項（第七十九条の六第一項において準用する場合を含む。），第五十一条，第五十二条（第七十九条の六第一項において準用する場合を含む。），第五十二条の三，第七十二条（第七十九条の六第二項及び第百八条第一項において準用する場合を含む。），第七十三条，第七十四条（第七十九条の六第二項及び第百八条第一項において準用する場合を含む。），第七十四条の三，第七十六条，第七十九条の五（第七十九条の十二において準用する場合を含む。）及び第百七条（第百十七条において準用する場合を含む。）の規定にかかわらず，特別の教育課程によることができる。

第百四十条　小学校，中学校若しくは義務教育学校又は中等教育学校の前期課程において，次の各号のいずれかに該当する児童又は生徒（特別支援学級の児童及び生徒を除く。）のうち当該障害に応じた特別の指導を行う必要があるものを教育する場合には，文部科学大臣が別に定めるところにより，第五十条第一項（第七十九条の六第一項において準用する場合を含む。），第五十一条，第五十二条（第七十九条の六第一項において準用する場合を含む。），第五十二条の三，第七十二条（第七十九条の六第二項及び第百八条第一項におい

て準用する場合を含む。），第七十三条，第七十四条（第七十九条の六第二項及び第百八条第一項において準用する場合を含む。），第七十四条の三，第七十六条，第七十九条の五（第七十九条の十二において準用する場合を含む。）及び第百七条（第百十七条において準用する場合を含む。）の規定にかかわらず，特別の教育課程によることができる。

一　言語障害者
二　自閉症者
三　情緒障害者
四　弱視者
五　難聴者
六　学習障害者
七　注意欠陥多動性障害者
八　その他障害のある者で，この条の規定により特別の教育課程による教育を行うことが適当なもの

第百四十一条　前条の規定により特別の教育課程による場合においては，校長は，児童又は生徒が，当該小学校，中学校，義務教育学校又は中等教育学校の設置者の定めるところにより他の小学校，中学校，義務教育学校，中等教育学校の前期課程又は特別支援学校の小学部若しくは中学部において受けた授業を，当該小学校，中学校若しくは義務教育学校又は中等教育学校の前期課程において受けた当該特別の教育課程に係る授業とみなすことができる。

附　則

この省令は，平成三十二年四月一日から施行する。

別表第二（第七十三条関係）

区分		第1学年	第2学年	第3学年
各教科の授業時数	国語	140	140	105
	社会	105	105	140
	数学	140	105	140
	理科	105	140	140
	音楽	45	35	35
	美術	45	35	35
	保健体育	105	105	105
	技術・家庭	70	70	35
	外国語	140	140	140
特別の教科である道徳の授業時数		35	35	35
総合的な学習の時間の授業時数		50	70	70
特別活動の授業時数		35	35	35
総授業時数		1015	1015	1015

備考
一　この表の授業時数の一単位時間は，五十分とする。
二　特別活動の授業時数は，中学校学習指導要領で定める学級活動（学校給食に係るものを除く。）に充てるものとする。

中学校学習指導要領　第1章　総則

● 第1　中学校教育の基本と教育課程の役割

1　各学校においては，教育基本法及び学校教育法その他の法令並びにこの章以下に示すところに従い，生徒の人間として調和のとれた育成を目指し，生徒の心身の発達の段階や特性及び学校や地域の実態を十分考慮して，適切な教育課程を編成するものとし，これらに掲げる目標を達成するよう教育を行うものとする。

2　学校の教育活動を進めるに当たっては，各学校において，第3の1に示す主体的・対話的で深い学びの実現に向けた授業改善を通して，創意工夫を生かした特色ある教育活動を展開する中で，次の(1)から(3)までに掲げる事項の実現を図り，生徒に生きる力を育むことを目指すものとする。

(1)　基礎的・基本的な知識及び技能を確実に習得させ，これらを活用して課題を解決するために必要な思考力，判断力，表現力等を育むとともに，主体的に学習に取り組む態度を養い，個性を生かし多様な人々との協働を促す教育の充実に努めること。その際，生徒の発達の段階を考慮して，生徒の言語活動など，学習の基盤をつくる活動を充実するとともに，家庭との連携を図りながら，生徒の学習習慣が確立するよう配慮すること。

(2)　道徳教育や体験活動，多様な表現や鑑賞の活動等を通して，豊かな心や創造性の涵養を目指した教育の充実に努めること。

学校における道徳教育は，特別の教科である道徳（以下「道徳科」という。）を要として学校の教育活動全体を通じて行うものであり，道徳科はもとより，各教科，総合的な学習の時間及び特別活動のそれぞれの特質に応じて，生徒の発達の段階を考慮して，適切な指導を行うこと。

道徳教育は，教育基本法及び学校教育法に定められた教育の根本精神に基づき，人間としての生き方を考え，主体的な判断の下に行動し，自立した人間として他者と共によりよく生きるための基盤となる道徳性を養うことを目標とすること。

道徳教育を進めるに当たっては，人間尊重の精神と生命に対する畏敬の念を家庭，学校，その他社会における具体的な生活の中に生かし，豊かな心をもち，伝統と文化を尊重し，それらを育んできた我が国と郷土を愛し，個性豊かな文化の創造を図るとともに，平和で民主的な国家及び社会の形成者として，公共の精神を尊び，社会及び国家の発展に努め，他国を尊重し，国際社会の平和と発展や環境の保全に貢献し未来を拓く主体性のある日本人の育成に資することとなるよう特に留意すること。

(3)　学校における体育・健康に関する指導を，生徒の発達の段階を考慮して，学校の教育活動全体を通じて適切に行うことにより，健康で安全な生活と豊かなスポーツライフの実現を目指した教育の充実に努めること。特に，学校における食育の推進並びに体力の向上に関する指導，安全に関する指導及び心身の健康の保持増進に関する指導については，保健体育科，技術・家庭科及び特別活動の時間はもとより，各教科，道徳科及び総合的な学習の時間などにおいてもそれぞれの特質に応じて適切に行うよう努めること。また，それらの指導を通して，家庭や地域社会との連携を図りながら，日常生活において適切な体育・健康に関する活動の実践を促し，生涯を通じて健康・安全で活力ある生活を送るための基礎が培われるよう配慮すること。

3　2の(1)から(3)までに掲げる事項の実現を図り，豊かな創造性を備え持続可能な社会の創り手となることが期待される生徒に，生きる力を育むことを目指すに当たっては，学校教育全体並びに各教科，道徳科，総合的な学習の時間及び特別活動（以下「各教科等」という。ただし，第2の3の(2)のア及びウにおいて，特別活動については学級活動（学校給食に係るものを除く。）に限る。）の指導を通してどのような資質・能力の育成を目指すのかを明確にしながら，教育活

付録2

動の充実を図るものとする。その際，生徒の発達の段階や特性等を踏まえつつ，次に掲げることが偏りなく実現できるようにするものとする。
(1) 知識及び技能が習得されるようにすること。
(2) 思考力，判断力，表現力等を育成すること。
(3) 学びに向かう力，人間性等を涵養すること。
4 　各学校においては，生徒や学校，地域の実態を適切に把握し，教育の目的や目標の実現に必要な教育の内容等を教科等横断的な視点で組み立てていくこと，教育課程の実施状況を評価してその改善を図っていくこと，教育課程の実施に必要な人的又は物的な体制を確保するとともにその改善を図っていくことなどを通して，教育課程に基づき組織的かつ計画的に各学校の教育活動の質の向上を図っていくこと（以下「カリキュラム・マネジメント」という。）に努めるものとする。

第2　教育課程の編成

1 　各学校の教育目標と教育課程の編成
　　教育課程の編成に当たっては，学校教育全体や各教科等における指導を通して育成を目指す資質・能力を踏まえつつ，各学校の教育目標を明確にするとともに，教育課程の編成についての基本的な方針が家庭や地域とも共有されるよう努めるものとする。その際，第4章総合的な学習の時間の第2の1に基づき定められる目標との関連を図るものとする。
2 　教科等横断的な視点に立った資質・能力の育成
(1) 各学校においては，生徒の発達の段階を考慮し，言語能力，情報活用能力（情報モラルを含む。），問題発見・解決能力等の学習の基盤となる資質・能力を育成していくことができるよう，各教科等の特質を生かし，教科等横断的な視点から教育課程の編成を図るものとする。
(2) 各学校においては，生徒や学校，地域の実態及び生徒の発達の段階を考慮し，豊かな人生の実現や災害等を乗り越えて次代の社会を形成することに向けた現代的な諸課題に対応して求められる資質・能力を，教科等横断的な視点で育成していくことができるよう，各学校の特色を生かした教育課程の編成を図るものとする。
3 　教育課程の編成における共通的事項
(1) 内容等の取扱い
　ア　第2章以下に示す各教科，道徳科及び特別活動の内容に関する事項は，特に示す場合を除き，いずれの学校においても取り扱わなければならない。
　イ　学校において特に必要がある場合には，第2章以下に示していない内容を加えて指導することができる。また，第2章以下に示す内容の取扱いのうち内容の範囲や程度等を示す事項は，全ての生徒に対して指導するものとする内容の範囲や程度等を示したものであり，学校において特に必要がある場合には，この事項にかかわらず加えて指導することができる。ただし，これらの場合には，第2章以下に示す各教科，道徳科及び特別活動の目標や内容の趣旨を逸脱したり，生徒の負担過重となったりすることのないようにしなければならない。
　ウ　第2章以下に示す各教科，道徳科及び特別活動の内容に掲げる事項の順序は，特に示す場合を除き，指導の順序を示すものではないので，学校においては，その取扱いについて適切な工夫を加えるものとする。
　エ　学校において2以上の学年の生徒で編制する学級について特に必要がある場合には，各教科の目標の達成に支障のない範囲内で，各教科の目標及び内容について学年別の順序によらないことができる。
　オ　各学校においては，生徒や学校，地域の実態を考慮して，生徒の特性等に応じた多様な学習活動が行えるよう，第2章に示す各教科や，特に必要な教科を，選択教科として開設し生

徒に履修させることができる。その場合にあっては，全ての生徒に指導すべき内容との関連を図りつつ，選択教科の授業時数及び内容を適切に定め選択教科の指導計画を作成し，生徒の負担過重となることのないようにしなければならない。また，特に必要な教科の名称，目標，内容などについては，各学校が適切に定めるものとする。

カ　道徳科を要として学校の教育活動全体を通じて行う道徳教育の内容は，第3章特別の教科道徳の第2に示す内容とし，その実施に当たっては，第6に示す道徳教育に関する配慮事項を踏まえるものとする。

(2) 授業時数等の取扱い

ア　各教科等の授業は，年間35週以上にわたって行うよう計画し，週当たりの授業時数が生徒の負担過重にならないようにするものとする。ただし，各教科等や学習活動の特質に応じ効果的な場合には，夏季，冬季，学年末等の休業日の期間に授業日を設定する場合を含め，これらの授業を特定の期間に行うことができる。

イ　特別活動の授業のうち，生徒会活動及び学校行事については，それらの内容に応じ，年間，学期ごと，月ごとなどに適切な授業時数を充てるものとする。

ウ　各学校の時間割については，次の事項を踏まえ適切に編成するものとする。

(ｱ)　各教科等のそれぞれの授業の1単位時間は，各学校において，各教科等の年間授業時数を確保しつつ，生徒の発達の段階及び各教科等や学習活動の特質を考慮して適切に定めること。

(ｲ)　各教科等の特質に応じ，10分から15分程度の短い時間を活用して特定の教科等の指導を行う場合において，当該教科等を担当する教師が，単元や題材など内容や時間のまとまりを見通した中で，その指導内容の決定や指導の成果の把握と活用等を責任をもって行う体制が整備されているときは，その時間を当該教科等の年間授業時数に含めることができること。

(ｳ)　給食，休憩などの時間については，各学校において工夫を加え，適切に定めること。

(ｴ)　各学校において，生徒や学校，地域の実態，各教科等や学習活動の特質等に応じて，創意工夫を生かした時間割を弾力的に編成できること。

エ　総合的な学習の時間における学習活動により，特別活動の学校行事に掲げる各行事の実施と同様の成果が期待できる場合においては，総合的な学習の時間における学習活動をもって相当する特別活動の学校行事に掲げる各行事の実施に替えることができる。

(3) 指導計画の作成等に当たっての配慮事項

各学校においては，次の事項に配慮しながら，学校の創意工夫を生かし，全体として，調和のとれた具体的な指導計画を作成するものとする。

ア　各教科等の指導内容については，(1)のアを踏まえつつ，単元や題材など内容や時間のまとまりを見通しながら，そのまとめ方や重点の置き方に適切な工夫を加え，第3の1に示す主体的・対話的で深い学びの実現に向けた授業改善を通して資質・能力を育む効果的な指導ができるようにすること。

イ　各教科等及び各学年相互間の関連を図り，系統的，発展的な指導ができるようにすること。

4　学校段階間の接続

教育課程の編成に当たっては，次の事項に配慮しながら，学校段階間の接続を図るものとする。

(1) 小学校学習指導要領を踏まえ，小学校教育までの学習の成果が中学校教育に円滑に接続され，義務教育段階の終わりまでに育成することを目指す資質・能力を，生徒が確実に身に付けることができるよう工夫すること。特に，義務教育学校，小学校連携型中学校及び小学校併設型中学校においては，義務教育9年間を見通した計画的かつ継続的な教育課程を編成すること。

(2) 高等学校学習指導要領を踏まえ，高等学校教育及びその後の教育との円滑な接続が図られる

よう工夫すること。特に，中等教育学校，連携型中学校及び併設型中学校においては，中等教育6年間を見通した計画的かつ継続的な教育課程を編成すること。

第3　教育課程の実施と学習評価

1　主体的・対話的で深い学びの実現に向けた授業改善
　各教科等の指導に当たっては，次の事項に配慮するものとする。
(1)　第1の3の(1)から(3)までに示すことが偏りなく実現されるよう，単元や題材など内容や時間のまとまりを見通しながら，生徒の主体的・対話的で深い学びの実現に向けた授業改善を行うこと。
　　特に，各教科等において身に付けた知識及び技能を活用したり，思考力，判断力，表現力等や学びに向かう力，人間性等を発揮させたりして，学習の対象となる物事を捉え思考することにより，各教科等の特質に応じた物事を捉える視点や考え方（以下「見方・考え方」という。）が鍛えられていくことに留意し，生徒が各教科等の特質に応じた見方・考え方を働かせながら，知識を相互に関連付けてより深く理解したり，情報を精査して考えを形成したり，問題を見いだして解決策を考えたり，思いや考えを基に創造したりすることに向かう過程を重視した学習の充実を図ること。
(2)　第2の2の(1)に示す言語能力の育成を図るため，各学校において必要な言語環境を整えるとともに，国語科を要としつつ各教科等の特質に応じて，生徒の言語活動を充実すること。あわせて，(7)に示すとおり読書活動を充実すること。
(3)　第2の2の(1)に示す情報活用能力の育成を図るため，各学校において，コンピュータや情報通信ネットワークなどの情報手段を活用するために必要な環境を整え，これらを適切に活用した学習活動の充実を図ること。また，各種の統計資料や新聞，視聴覚教材や教育機器などの教材・教具の適切な活用を図ること。
(4)　生徒が学習の見通しを立てたり学習したことを振り返ったりする活動を，計画的に取り入れるように工夫すること。
(5)　生徒が生命の有限性や自然の大切さ，主体的に挑戦してみることや多様な他者と協働することの重要性などを実感しながら理解することができるよう，各教科等の特質に応じた体験活動を重視し，家庭や地域社会と連携しつつ体系的・継続的に実施できるよう工夫すること。
(6)　生徒が自ら学習課題や学習活動を選択する機会を設けるなど，生徒の興味・関心を生かした自主的，自発的な学習が促されるよう工夫すること。
(7)　学校図書館を計画的に利用しその機能の活用を図り，生徒の主体的・対話的で深い学びの実現に向けた授業改善に生かすとともに，生徒の自主的，自発的な学習活動や読書活動を充実すること。また，地域の図書館や博物館，美術館，劇場，音楽堂等の施設の活用を積極的に図り，資料を活用した情報の収集や鑑賞等の学習活動を充実すること。
2　学習評価の充実
　学習評価の実施に当たっては，次の事項に配慮するものとする。
(1)　生徒のよい点や進歩の状況などを積極的に評価し，学習したことの意義や価値を実感できるようにすること。また，各教科等の目標の実現に向けた学習状況を把握する観点から，単元や題材など内容や時間のまとまりを見通しながら評価の場面や方法を工夫して，学習の過程や成果を評価し，指導の改善や学習意欲の向上を図り，資質・能力の育成に生かすようにすること。
(2)　創意工夫の中で学習評価の妥当性や信頼性が高められるよう，組織的かつ計画的な取組を推進するとともに，学年や学校段階を越えて生徒の学習の成果が円滑に接続されるように工夫すること。

第4　生徒の発達の支援

1　生徒の発達を支える指導の充実
　教育課程の編成及び実施に当たっては，次の事項に配慮するものとする。
 (1) 学習や生活の基盤として，教師と生徒との信頼関係及び生徒相互のよりよい人間関係を育てるため，日頃から学級経営の充実を図ること。また，主に集団の場面で必要な指導や援助を行うガイダンスと，個々の生徒の多様な実態を踏まえ，一人一人が抱える課題に個別に対応した指導を行うカウンセリングの双方により，生徒の発達を支援すること。
 (2) 生徒が，自己の存在感を実感しながら，よりよい人間関係を形成し，有意義で充実した学校生活を送る中で，現在及び将来における自己実現を図っていくことができるよう，生徒理解を深め，学習指導と関連付けながら，生徒指導の充実を図ること。
 (3) 生徒が，学ぶことと自己の将来とのつながりを見通しながら，社会的・職業的自立に向けて必要な基盤となる資質・能力を身に付けていくことができるよう，特別活動を要としつつ各教科等の特質に応じて，キャリア教育の充実を図ること。その中で，生徒が自らの生き方を考え主体的に進路を選択することができるよう，学校の教育活動全体を通じ，組織的かつ計画的な進路指導を行うこと。
 (4) 生徒が，基礎的・基本的な知識及び技能の習得も含め，学習内容を確実に身に付けることができるよう，生徒や学校の実態に応じ，個別学習やグループ別学習，繰り返し学習，学習内容の習熟の程度に応じた学習，生徒の興味・関心等に応じた課題学習，補充的な学習や発展的な学習などの学習活動を取り入れることや，教師間の協力による指導体制を確保することなど，指導方法や指導体制の工夫改善により，個に応じた指導の充実を図ること。その際，第3の1の(3)に示す情報手段や教材・教具の活用を図ること。
2　特別な配慮を必要とする生徒への指導
 (1) 障害のある生徒などへの指導
　ア　障害のある生徒などについては，特別支援学校等の助言又は援助を活用しつつ，個々の生徒の障害の状態等に応じた指導内容や指導方法の工夫を組織的かつ計画的に行うものとする。
　イ　特別支援学級において実施する特別の教育課程については，次のとおり編成するものとする。
　　(ｱ)　障害による学習上又は生活上の困難を克服し自立を図るため，特別支援学校小学部・中学部学習指導要領第7章に示す自立活動を取り入れること。
　　(ｲ)　生徒の障害の程度や学級の実態等を考慮の上，各教科の目標や内容を下学年の教科の目標や内容に替えたり，各教科を，知的障害者である生徒に対する教育を行う特別支援学校の各教科に替えたりするなどして，実態に応じた教育課程を編成すること。
　ウ　障害のある生徒に対して，通級による指導を行い，特別の教育課程を編成する場合には，特別支援学校小学部・中学部学習指導要領第7章に示す自立活動の内容を参考とし，具体的な目標や内容を定め，指導を行うものとする。その際，効果的な指導が行われるよう，各教科等と通級による指導との関連を図るなど，教師間の連携に努めるものとする。
　エ　障害のある生徒などについては，家庭，地域及び医療や福祉，保健，労働等の業務を行う関係機関との連携を図り，長期的な視点で生徒への教育的支援を行うために，個別の教育支援計画を作成し活用することに努めるとともに，各教科等の指導に当たって，個々の生徒の実態を的確に把握し，個別の指導計画を作成し活用することに努めるものとする。特に，特別支援学級に在籍する生徒や通級による指導を受ける生徒については，個々の生徒の実態を

的確に把握し，個別の教育支援計画や個別の指導計画を作成し，効果的に活用するものとする。
(2) 海外から帰国した生徒などの学校生活への適応や，日本語の習得に困難のある生徒に対する日本語指導
　ア　海外から帰国した生徒などについては，学校生活への適応を図るとともに，外国における生活経験を生かすなどの適切な指導を行うものとする。
　イ　日本語の習得に困難のある生徒については，個々の生徒の実態に応じた指導内容や指導方法の工夫を組織的かつ計画的に行うものとする。特に，通級による日本語指導については，教師間の連携に努め，指導についての計画を個別に作成することなどにより，効果的な指導に努めるものとする。
(3) 不登校生徒への配慮
　ア　不登校生徒については，保護者や関係機関と連携を図り，心理や福祉の専門家の助言又は援助を得ながら，社会的自立を目指す観点から，個々の生徒の実態に応じた情報の提供その他の必要な支援を行うものとする。
　イ　相当の期間中学校を欠席し引き続き欠席すると認められる生徒を対象として，文部科学大臣が認める特別の教育課程を編成する場合には，生徒の実態に配慮した教育課程を編成するとともに，個別学習やグループ別学習など指導方法や指導体制の工夫改善に努めるものとする。
(4) 学齢を経過した者への配慮
　ア　夜間その他の特別の時間に授業を行う課程において学齢を経過した者を対象として特別の教育課程を編成する場合には，学齢を経過した者の年齢，経験又は勤労状況その他の実情を踏まえ，中学校教育の目的及び目標並びに第2章以下に示す各教科等の目標に照らして，中学校教育を通じて育成を目指す資質・能力を身に付けることができるようにするものとする。
　イ　学齢を経過した者を教育する場合には，個別学習やグループ別学習など指導方法や指導体制の工夫改善に努めるものとする。

● 第5　学校運営上の留意事項

1　教育課程の改善と学校評価，教育課程外の活動との連携等
　ア　各学校においては，校長の方針の下に，校務分掌に基づき教職員が適切に役割を分担しつつ，相互に連携しながら，各学校の特色を生かしたカリキュラム・マネジメントを行うよう努めるものとする。また，各学校が行う学校評価については，教育課程の編成，実施，改善が教育活動や学校運営の中核となることを踏まえ，カリキュラム・マネジメントと関連付けながら実施するよう留意するものとする。
　イ　教育課程の編成及び実施に当たっては，学校保健計画，学校安全計画，食に関する指導の全体計画，いじめの防止等のための対策に関する基本的な方針など，各分野における学校の全体計画等と関連付けながら，効果的な指導が行われるように留意するものとする。
　ウ　教育課程外の学校教育活動と教育課程の関連が図られるように留意するものとする。特に，生徒の自主的，自発的な参加により行われる部活動については，スポーツや文化，科学等に親しませ，学習意欲の向上や責任感，連帯感の涵養等，学校教育が目指す資質・能力の育成に資するものであり，学校教育の一環として，教育課程との関連が図られるよう留意すること。その際，学校や地域の実態に応じ，地域の人々の協力，社会教育施設や社会教育関係団体等の各種団体との連携などの運営上の工夫を行い，持続可能な運営体制が整えられるようにするものとする。

2　家庭や地域社会との連携及び協働と学校間の連携

　教育課程の編成及び実施に当たっては，次の事項に配慮するものとする。

　　ア　学校がその目的を達成するため，学校や地域の実態等に応じ，教育活動の実施に必要な人的又は物的な体制を家庭や地域の人々の協力を得ながら整えるなど，家庭や地域社会との連携及び協働を深めること。また，高齢者や異年齢の子供など，地域における世代を越えた交流の機会を設けること。

　　イ　他の中学校や，幼稚園，認定こども園，保育所，小学校，高等学校，特別支援学校などとの間の連携や交流を図るとともに，障害のある幼児児童生徒との交流及び共同学習の機会を設け，共に尊重し合いながら協働して生活していく態度を育むようにすること。

第6　道徳教育に関する配慮事項

　道徳教育を進めるに当たっては，道徳教育の特質を踏まえ，前項までに示す事項に加え，次の事項に配慮するものとする。

1　各学校においては，第1の2の(2)に示す道徳教育の目標を踏まえ，道徳教育の全体計画を作成し，校長の方針の下に，道徳教育の推進を主に担当する教師（以下「道徳教育推進教師」という。）を中心に，全教師が協力して道徳教育を展開すること。なお，道徳教育の全体計画の作成に当たっては，生徒や学校，地域の実態を考慮して，学校の道徳教育の重点目標を設定するとともに，道徳科の指導方針，第3章特別の教科道徳の第2に示す内容との関連を踏まえた各教科，総合的な学習の時間及び特別活動における指導の内容及び時期並びに家庭や地域社会との連携の方法を示すこと。

2　各学校においては，生徒の発達の段階や特性等を踏まえ，指導内容の重点化を図ること。その際，小学校における道徳教育の指導内容を更に発展させ，自立心や自律性を高め，規律ある生活をすること，生命を尊重する心や自らの弱さを克服して気高く生きようとする心を育てること，法やきまりの意義に関する理解を深めること，自らの将来の生き方を考え主体的に社会の形成に参画する意欲と態度を養うこと，伝統と文化を尊重し，それらを育んできた我が国と郷土を愛するとともに，他国を尊重すること，国際社会に生きる日本人としての自覚を身に付けることに留意すること。

3　学校や学級内の人間関係や環境を整えるとともに，職場体験活動やボランティア活動，自然体験活動，地域の行事への参加などの豊かな体験を充実すること。また，道徳教育の指導内容が，生徒の日常生活に生かされるようにすること。その際，いじめの防止や安全の確保等にも資することとなるよう留意すること。

4　学校の道徳教育の全体計画や道徳教育に関する諸活動などの情報を積極的に公表したり，道徳教育の充実のために家庭や地域の人々の積極的な参加や協力を得たりするなど，家庭や地域社会との共通理解を深め，相互の連携を図ること。

中学校学習指導要領　第2章　第3節　数学

● 第1　目　標

　数学的な見方・考え方を働かせ，数学的活動を通して，数学的に考える資質・能力を次のとおり育成することを目指す。
(1) 数量や図形などについての基礎的な概念や原理・法則などを理解するとともに，事象を数学化したり，数学的に解釈したり，数学的に表現・処理したりする技能を身に付けるようにする。
(2) 数学を活用して事象を論理的に考察する力，数量や図形などの性質を見いだし統合的・発展的に考察する力，数学的な表現を用いて事象を簡潔・明瞭・的確に表現する力を養う。
(3) 数学的活動の楽しさや数学のよさを実感して粘り強く考え，数学を生活や学習に生かそうとする態度，問題解決の過程を振り返って評価・改善しようとする態度を養う。

● 第2　各学年の目標及び内容

〔第1学年〕
1　目　標
(1) 正の数と負の数，文字を用いた式と一元一次方程式，平面図形と空間図形，比例と反比例，データの分布と確率などについての基礎的な概念や原理・法則などを理解するとともに，事象を数理的に捉えたり，数学的に解釈したり，数学的に表現・処理したりする技能を身に付けるようにする。
(2) 数の範囲を拡張し，数の性質や計算について考察したり，文字を用いて数量の関係や法則などを考察したりする力，図形の構成要素や構成の仕方に着目し，図形の性質や関係を直観的に捉え論理的に考察する力，数量の変化や対応に着目して関数関係を見いだし，その特徴を表，式，グラフなどで考察する力，データの分布に着目し，その傾向を読み取り批判的に考察して判断したり，不確定な事象の起こりやすさについて考察したりする力を養う。
(3) 数学的活動の楽しさや数学のよさに気付いて粘り強く考え，数学を生活や学習に生かそうとする態度，問題解決の過程を振り返って検討しようとする態度，多面的に捉え考えようとする態度を養う。

2　内　容
A　数と式
(1) 正の数と負の数について，数学的活動を通して，次の事項を身に付けることができるよう指導する。
　ア　次のような知識及び技能を身に付けること。
　　(ア) 正の数と負の数の必要性と意味を理解すること。
　　(イ) 正の数と負の数の四則計算をすること。
　　(ウ) 具体的な場面で正の数と負の数を用いて表したり処理したりすること。
　イ　次のような思考力，判断力，表現力等を身に付けること。
　　(ア) 算数で学習した数の四則計算と関連付けて，正の数と負の数の四則計算の方法を考察し表現すること。
　　(イ) 正の数と負の数を具体的な場面で活用すること。
(2) 文字を用いた式について，数学的活動を通して，次の事項を身に付けることができるよう指導する。

ア　次のような知識及び技能を身に付けること。
　　　(ア)　文字を用いることの必要性と意味を理解すること。
　　　(イ)　文字を用いた式における乗法と除法の表し方を知ること。
　　　(ウ)　簡単な一次式の加法と減法の計算をすること。
　　　(エ)　数量の関係や法則などを文字を用いた式に表すことができることを理解し，式を用いて表したり読み取ったりすること。
　　イ　次のような思考力，判断力，表現力等を身に付けること。
　　　(ア)　具体的な場面と関連付けて，一次式の加法と減法の計算の方法を考察し表現すること。
　(3)　一元一次方程式について，数学的活動を通して，次の事項を身に付けることができるよう指導する。
　　ア　次のような知識及び技能を身に付けること。
　　　(ア)　方程式の必要性と意味及び方程式の中の文字や解の意味を理解すること。
　　　(イ)　簡単な一元一次方程式を解くこと。
　　イ　次のような思考力，判断力，表現力等を身に付けること。
　　　(ア)　等式の性質を基にして，一元一次方程式を解く方法を考察し表現すること。
　　　(イ)　一元一次方程式を具体的な場面で活用すること。
〔用語・記号〕
　　自然数　素数　符号　絶対値　項　係数　移項　≦　≧

B　図　形
　(1)　平面図形について，数学的活動を通して，次の事項を身に付けることができるよう指導する。
　　ア　次のような知識及び技能を身に付けること。
　　　(ア)　角の二等分線，線分の垂直二等分線，垂線などの基本的な作図の方法を理解すること。
　　　(イ)　平行移動，対称移動及び回転移動について理解すること。
　　イ　次のような思考力，判断力，表現力等を身に付けること。
　　　(ア)　図形の性質に着目し，基本的な作図の方法を考察し表現すること。
　　　(イ)　図形の移動に着目し，二つの図形の関係について考察し表現すること。
　　　(ウ)　基本的な作図や図形の移動を具体的な場面で活用すること。
　(2)　空間図形について，数学的活動を通して，次の事項を身に付けることができるよう指導する。
　　ア　次のような知識及び技能を身に付けること。
　　　(ア)　空間における直線や平面の位置関係を知ること。
　　　(イ)　扇形の弧の長さと面積，基本的な柱体や錐体，球の表面積と体積を求めること。
　　イ　次のような思考力，判断力，表現力等を身に付けること。
　　　(ア)　空間図形を直線や平面図形の運動によって構成されるものと捉えたり，空間図形を平面上に表現して平面上の表現から空間図形の性質を見いだしたりすること。
　　　(イ)　立体図形の表面積や体積の求め方を考察し表現すること。
〔用語・記号〕
　　弧　弦　回転体　ねじれの位置　π　$/\!/$　$\perp$　$\angle$　$\triangle$

C　関　数
　(1)　比例，反比例について，数学的活動を通して，次の事項を身に付けることができるよう指導する。
　　ア　次のような知識及び技能を身に付けること。
　　　(ア)　関数関係の意味を理解すること。
　　　(イ)　比例，反比例について理解すること。
　　　(ウ)　座標の意味を理解すること。

　　　　(エ)　比例，反比例を表，式，グラフなどに表すこと。
　　イ　次のような思考力，判断力，表現力等を身に付けること。
　　　　(ア)　比例，反比例として捉えられる二つの数量について，表，式，グラフなどを用いて調べ，それらの変化や対応の特徴を見いだすこと。
　　　　(イ)　比例，反比例を用いて具体的な事象を捉え考察し表現すること。
〔用語・記号〕
　　関数　変数　変域

D　データの活用
　(1)　データの分布について，数学的活動を通して，次の事項を身に付けることができるよう指導する。
　　ア　次のような知識及び技能を身に付けること。
　　　　(ア)　ヒストグラムや相対度数などの必要性と意味を理解すること。
　　　　(イ)　コンピュータなどの情報手段を用いるなどしてデータを表やグラフに整理すること。
　　イ　次のような思考力，判断力，表現力等を身に付けること。
　　　　(ア)　目的に応じてデータを収集して分析し，そのデータの分布の傾向を読み取り，批判的に考察し判断すること。
　(2)　不確定な事象の起こりやすさについて，数学的活動を通して，次の事項を身に付けることができるよう指導する。
　　ア　次のような知識及び技能を身に付けること。
　　　　(ア)　多数の観察や多数回の試行によって得られる確率の必要性と意味を理解すること。
　　イ　次のような思考力，判断力，表現力等を身に付けること。
　　　　(ア)　多数の観察や多数回の試行の結果を基にして，不確定な事象の起こりやすさの傾向を読み取り表現すること。
〔用語・記号〕
　　範囲　累積度数

〔数学的活動〕
(1)　「A数と式」，「B図形」，「C関数」及び「Dデータの活用」の学習やそれらを相互に関連付けた学習において，次のような数学的活動に取り組むものとする。
　　ア　日常の事象を数理的に捉え，数学的に表現・処理し，問題を解決したり，解決の過程や結果を振り返って考察したりする活動
　　イ　数学の事象から問題を見いだし解決したり，解決の過程や結果を振り返って統合的・発展的に考察したりする活動
　　ウ　数学的な表現を用いて筋道立てて説明し伝え合う活動

3　内容の取扱い

(1)　内容の「A数と式」の(1)に関連して，自然数を素数の積として表すことを取り扱うものとする。
(2)　内容の「A数と式」の(1)のアとイの(ア)に関連して，数の集合と四則計算の可能性を取り扱うものとする。
(3)　内容の「A数と式」の(2)のアの(エ)に関連して，大小関係を不等式を用いて表すことを取り扱うものとする。
(4)　内容の「A数と式」の(3)のアの(イ)とイの(イ)に関連して，簡単な比例式を解くことを取り扱うものとする。
(5)　内容の「B図形」の(1)のイの(ウ)に関連して，円の接線はその接点を通る半径に垂直であることを取り扱うものとする。

(6) 内容の「B 図形」の(2)のイの(ア)については，見取図や展開図，投影図を取り扱うものとする。

〔第 2 学年〕
1 目 標
(1) 文字を用いた式と連立二元一次方程式，平面図形と数学的な推論，一次関数，データの分布と確率などについての基礎的な概念や原理・法則などを理解するとともに，事象を数学化したり，数学的に解釈したり，数学的に表現・処理したりする技能を身に付けるようにする。
(2) 文字を用いて数量の関係や法則などを考察する力，数学的な推論の過程に着目し，図形の性質や関係を論理的に考察し表現する力，関数関係に着目し，その特徴を表，式，グラフを相互に関連付けて考察する力，複数の集団のデータの分布に着目し，その傾向を比較して読み取り批判的に考察して判断したり，不確定な事象の起こりやすさについて考察したりする力を養う。
(3) 数学的活動の楽しさや数学のよさを実感して粘り強く考え，数学を生活や学習に生かそうとする態度，問題解決の過程を振り返って評価・改善しようとする態度，多様な考えを認め，よりよく問題解決しようとする態度を養う。

2 内 容
A 数と式
(1) 文字を用いた式について，数学的活動を通して，次の事項を身に付けることができるよう指導する。
　ア 次のような知識及び技能を身に付けること。
　　(ア) 簡単な整式の加法と減法及び単項式の乗法と除法の計算をすること。
　　(イ) 具体的な事象の中の数量の関係を文字を用いた式で表したり，式の意味を読み取ったりすること。
　　(ウ) 文字を用いた式で数量及び数量の関係を捉え説明できることを理解すること。
　　(エ) 目的に応じて，簡単な式を変形すること。
　イ 次のような思考力，判断力，表現力等を身に付けること。
　　(ア) 具体的な数の計算や既に学習した計算の方法と関連付けて，整式の加法と減法及び単項式の乗法と除法の計算の方法を考察し表現すること。
　　(イ) 文字を用いた式を具体的な場面で活用すること。
(2) 連立二元一次方程式について，数学的活動を通して，次の事項を身に付けることができるよう指導する。
　ア 次のような知識及び技能を身に付けること。
　　(ア) 二元一次方程式とその解の意味を理解すること。
　　(イ) 連立二元一次方程式の必要性と意味及びその解の意味を理解すること。
　　(ウ) 簡単な連立二元一次方程式を解くこと。
　イ 次のような思考力，判断力，表現力等を身に付けること。
　　(ア) 一元一次方程式と関連付けて，連立二元一次方程式を解く方法を考察し表現すること。
　　(イ) 連立二元一次方程式を具体的な場面で活用すること。
　〔用語・記号〕
　　同類項
B 図 形
(1) 基本的な平面図形の性質について，数学的活動を通して，次の事項を身に付けることができるよう指導する。
　ア 次のような知識及び技能を身に付けること。

(ｱ) 平行線や角の性質を理解すること。
(ｲ) 多角形の角についての性質が見いだせることを知ること。
イ 次のような思考力，判断力，表現力等を身に付けること。
(ｱ) 基本的な平面図形の性質を見いだし，平行線や角の性質を基にしてそれらを確かめ説明すること。
(2) 図形の合同について，数学的活動を通して，次の事項を身に付けることができるよう指導する。
ア 次のような知識及び技能を身に付けること。
(ｱ) 平面図形の合同の意味及び三角形の合同条件について理解すること。
(ｲ) 証明の必要性と意味及びその方法について理解すること。
イ 次のような思考力，判断力，表現力等を身に付けること。
(ｱ) 三角形の合同条件などを基にして三角形や平行四辺形の基本的な性質を論理的に確かめたり，証明を読んで新たな性質を見いだしたりすること。
(ｲ) 三角形や平行四辺形の基本的な性質などを具体的な場面で活用すること。

〔用語・記号〕

対頂角　内角　外角　定義　証明　逆　反例　≡

C　関　数
(1) 一次関数について，数学的活動を通して，次の事項を身に付けることができるよう指導する。
ア 次のような知識及び技能を身に付けること。
(ｱ) 一次関数について理解すること。
(ｲ) 事象の中には一次関数として捉えられるものがあることを知ること。
(ｳ) 二元一次方程式を関数を表す式とみること。
イ 次のような思考力，判断力，表現力等を身に付けること。
(ｱ) 一次関数として捉えられる二つの数量について，変化や対応の特徴を見いだし，表,式,グラフを相互に関連付けて考察し表現すること。
(ｲ) 一次関数を用いて具体的な事象を捉え考察し表現すること。

〔用語・記号〕

変化の割合　傾き

D　データの活用
(1) データの分布について，数学的活動を通して，次の事項を身に付けることができるよう指導する。
ア 次のような知識及び技能を身に付けること。
(ｱ) 四分位範囲や箱ひげ図の必要性と意味を理解すること。
(ｲ) コンピュータなどの情報手段を用いるなどしてデータを整理し箱ひげ図で表すこと。
イ 次のような思考力，判断力，表現力等を身に付けること。
(ｱ) 四分位範囲や箱ひげ図を用いてデータの分布の傾向を比較して読み取り，批判的に考察し判断すること。
(2) 不確定な事象の起こりやすさについて，数学的活動を通して，次の事項を身に付けることができるよう指導する。
ア 次のような知識及び技能を身に付けること。
(ｱ) 多数回の試行によって得られる確率と関連付けて，場合の数を基にして得られる確率の必要性と意味を理解すること。
(ｲ) 簡単な場合について確率を求めること。
イ 次のような思考力，判断力，表現力等を身に付けること。

(ｱ) 同様に確からしいことに着目し，場合の数を基にして得られる確率の求め方を考察し表現すること。
(ｲ) 確率を用いて不確定な事象を捉え考察し表現すること。

〔数学的活動〕
(1) 「A数と式」，「B図形」，「C関数」及び「Dデータの活用」の学習やそれらを相互に関連付けた学習において，次のような数学的活動に取り組むものとする。
　ア　日常の事象や社会の事象を数理的に捉え，数学的に表現・処理し，問題を解決したり，解決の過程や結果を振り返って考察したりする活動
　イ　数学の事象から見通しをもって問題を見いだし解決したり，解決の過程や結果を振り返って統合的・発展的に考察したりする活動
　ウ　数学的な表現を用いて論理的に説明し伝え合う活動

3　内容の取扱い
(1) 内容の「B図形」の(2)のイの(ｱ)に関連して，正方形，ひし形及び長方形が平行四辺形の特別な形であることを取り扱うものとする。

〔第3学年〕
1　目　標
(1) 数の平方根，多項式と二次方程式，図形の相似，円周角と中心角の関係，三平方の定理，関数 $y = ax^2$，標本調査などについての基礎的な概念や原理・法則などを理解するとともに，事象を数学化したり，数学的に解釈したり，数学的に表現・処理したりする技能を身に付けるようにする。
(2) 数の範囲に着目し，数の性質や計算について考察したり，文字を用いて数量の関係や法則などを考察したりする力，図形の構成要素の関係に着目し，図形の性質や計量について論理的に考察し表現する力，関数関係に着目し，その特徴を表，式，グラフを相互に関連付けて考察する力，標本と母集団の関係に着目し，母集団の傾向を推定し判断したり，調査の方法や結果を批判的に考察したりする力を養う。
(3) 数学的活動の楽しさや数学のよさを実感して粘り強く考え，数学を生活や学習に生かそうとする態度，問題解決の過程を振り返って評価・改善しようとする態度，多様な考えを認め，よりよく問題解決しようとする態度を養う。

2　内　容
A　数と式
(1) 正の数の平方根について，数学的活動を通して，次の事項を身に付けることができるよう指導する。
　ア　次のような知識及び技能を身に付けること。
　　(ｱ) 数の平方根の必要性と意味を理解すること。
　　(ｲ) 数の平方根を含む簡単な式の計算をすること。
　　(ｳ) 具体的な場面で数の平方根を用いて表したり処理したりすること。
　イ　次のような思考力，判断力，表現力等を身に付けること。
　　(ｱ) 既に学習した計算の方法と関連付けて，数の平方根を含む式の計算の方法を考察し表現すること。
　　(ｲ) 数の平方根を具体的な場面で活用すること。
(2) 簡単な多項式について，数学的活動を通して，次の事項を身に付けることができるよう指

導する。

　ア　次のような知識及び技能を身に付けること。
　　(ｱ)　単項式と多項式の乗法及び多項式を単項式で割る除法の計算をすること。
　　(ｲ)　簡単な一次式の乗法の計算及び次の公式を用いる簡単な式の展開や因数分解をすること。
$$(a + b)^2 = a^2 + 2ab + b^2$$
$$(a - b)^2 = a^2 - 2ab + b^2$$
$$(a + b)(a - b) = a^2 - b^2$$
$$(x + a)(x + b) = x^2 + (a + b)x + ab$$
　イ　次のような思考力，判断力，表現力等を身に付けること。
　　(ｱ)　既に学習した計算の方法と関連付けて，式の展開や因数分解をする方法を考察し表現すること。
　　(ｲ)　文字を用いた式で数量及び数量の関係を捉え説明すること。

(3)　二次方程式について，数学的活動を通して，次の事項を身に付けることができるよう指導する。

　ア　次のような知識及び技能を身に付けること。
　　(ｱ)　二次方程式の必要性と意味及びその解の意味を理解すること。
　　(ｲ)　因数分解したり平方の形に変形したりして二次方程式を解くこと。
　　(ｳ)　解の公式を知り，それを用いて二次方程式を解くこと。
　イ　次のような思考力，判断力，表現力等を身に付けること。
　　(ｱ)　因数分解や平方根の考えを基にして，二次方程式を解く方法を考察し表現すること。
　　(ｲ)　二次方程式を具体的な場面で活用すること。

〔用語・記号〕

　　根号　有理数　無理数　因数　$\sqrt{}$

B　図　形

(1)　図形の相似について，数学的活動を通して，次の事項を身に付けることができるよう指導する。

　ア　次のような知識及び技能を身に付けること。
　　(ｱ)　平面図形の相似の意味及び三角形の相似条件について理解すること。
　　(ｲ)　基本的な立体の相似の意味及び相似な図形の相似比と面積比や体積比との関係について理解すること。
　イ　次のような思考力，判断力，表現力等を身に付けること。
　　(ｱ)　三角形の相似条件などを基にして図形の基本的な性質を論理的に確かめること。
　　(ｲ)　平行線と線分の比についての性質を見いだし，それらを確かめること。
　　(ｳ)　相似な図形の性質を具体的な場面で活用すること。

(2)　円周角と中心角の関係について，数学的活動を通して，次の事項を身に付けることができるよう指導する。

　ア　次のような知識及び技能を身に付けること。
　　(ｱ)　円周角と中心角の関係の意味を理解し，それが証明できることを知ること。
　イ　次のような思考力，判断力，表現力等を身に付けること。
　　(ｱ)　円周角と中心角の関係を見いだすこと。
　　(ｲ)　円周角と中心角の関係を具体的な場面で活用すること。

(3)　三平方の定理について，数学的活動を通して，次の事項を身に付けることができるよう指導する。

　ア　次のような知識及び技能を身に付けること。

(ｱ) 三平方の定理の意味を理解し，それが証明できることを知ること。
イ 次のような思考力，判断力，表現力等を身に付けること。
(ｱ) 三平方の定理を見いだすこと。
(ｲ) 三平方の定理を具体的な場面で活用すること。

〔用語・記号〕
∽

C 関数

(1) 関数 $y = ax^2$ について，数学的活動を通して，次の事項を身に付けることができるよう指導する。

ア 次のような知識及び技能を身に付けること。
(ｱ) 関数 $y = ax^2$ について理解すること。
(ｲ) 事象の中には関数 $y = ax^2$ として捉えられるものがあることを知ること。
(ｳ) いろいろな事象の中に，関数関係があることを理解すること。

イ 次のような思考力，判断力，表現力等を身に付けること。
(ｱ) 関数 $y = ax^2$ として捉えられる二つの数量について，変化や対応の特徴を見いだし，表，式，グラフを相互に関連付けて考察し表現すること。
(ｲ) 関数 $y = ax^2$ を用いて具体的な事象を捉え考察し表現すること。

D データの活用

(1) 標本調査について，数学的活動を通して，次の事項を身に付けることができるよう指導する。

ア 次のような知識及び技能を身に付けること。
(ｱ) 標本調査の必要性と意味を理解すること。
(ｲ) コンピュータなどの情報手段を用いるなどして無作為に標本を取り出し，整理すること。

イ 次のような思考力，判断力，表現力等を身に付けること。
(ｱ) 標本調査の方法や結果を批判的に考察し表現すること。
(ｲ) 簡単な場合について標本調査を行い，母集団の傾向を推定し判断すること。

〔用語・記号〕
全数調査

〔数学的活動〕

(1) 「A数と式」，「B図形」，「C関数」及び「Dデータの活用」の学習やそれらを相互に関連付けた学習において，次のような数学的活動に取り組むものとする。

ア 日常の事象や社会の事象を数理的に捉え，数学的に表現・処理し，問題を解決したり，解決の過程や結果を振り返って考察したりする活動

イ 数学の事象から見通しをもって問題を見いだし解決したり，解決の過程や結果を振り返って統合的・発展的に考察したりする活動

ウ 数学的な表現を用いて論理的に説明し伝え合う活動

3 内容の取扱い

(1) 内容の「A数と式」の(1)などに関連して，誤差や近似値，$a \times 10^n$ の形の表現を取り扱うものとする。

(2) 内容の「A数と式」の(3)については，実数の解をもつ二次方程式を取り扱うものとする。

(3) 内容の「A数と式」の(3)のアの(ｲ)とイの(ｱ)については，$ax^2 = b$（a, b は有理数）の二次方程式及び $x^2 + px + q = 0$（p, q は整数）の二次方程式を取り扱うものとする。因数分解して解くことの指導においては，内容の「A数と式」の(2)のアの(ｲ)に示した公式を用いることができるものを中心に取り扱うものとする。また，平方の形に変形して解くことの指導におい

ては,xの係数が偶数であるものを中心に取り扱うものとする。
(4) 内容の「B図形」の(2)に関連して,円周角の定理の逆を取り扱うものとする。

第3 指導計画の作成と内容の取扱い

1 指導計画の作成に当たっては,次の事項に配慮するものとする。
  (1) 単元など内容や時間のまとまりを見通して,その中で育む資質・能力の育成に向けて,数学的活動を通して,生徒の主体的・対話的で深い学びの実現を図るようにすること。その際,数学的な見方・考え方を働かせながら,日常の事象や社会の事象を数理的に捉え,数学の問題を見いだし,問題を自立的,協働的に解決し,学習の過程を振り返り,概念を形成するなどの学習の充実を図ること。
  (2) 第2の各学年の目標の達成に支障のない範囲内で,当該学年の内容の一部を軽く取り扱い,それを後の学年で指導することができるものとすること。また,学年の目標を逸脱しない範囲内で,後の学年の内容の一部を加えて指導することもできるものとすること。
  (3) 生徒の学習を確実なものにするために,新たな内容を指導する際には,既に指導した関連する内容を意図的に再度取り上げ,学び直しの機会を設定することに配慮すること。
  (4) 障害のある生徒などについては,学習活動を行う場合に生じる困難さに応じた指導内容や指導方法の工夫を計画的,組織的に行うこと。
  (5) 第1章総則の第1の2の(2)に示す道徳教育の目標に基づき,道徳科などとの関連を考慮しながら,第3章特別の教科道徳の第2に示す内容について,数学科の特質に応じて適切な指導をすること。
2 第2の内容の取扱いについては,次の事項に配慮するものとする。
  (1) 思考力,判断力,表現力等を育成するため,各学年の内容の指導に当たっては,数学的な表現を用いて簡潔・明瞭・的確に表現したり,互いに自分の考えを表現し伝え合ったりするなどの機会を設けること。
  (2) 各領域の指導に当たっては,必要に応じ,そろばんや電卓,コンピュータ,情報通信ネットワークなどの情報手段を適切に活用し,学習の効果を高めること。
  (3) 各領域の指導に当たっては,具体物を操作して考えたり,データを収集して整理したりするなどの具体的な体験を伴う学習を充実すること。
  (4) 第2の各学年の内容に示す〔用語・記号〕は,当該学年で取り扱う内容の程度や範囲を明確にするために示したものであり,その指導に当たっては,各学年の内容と密接に関連させて取り上げること。
3 数学的活動の取組においては,次の事項に配慮するものとする。
  (1) 数学的活動を楽しめるようにするとともに,数学を学習することの意義や数学の必要性などを実感する機会を設けること。
  (2) 数学を活用して問題解決する方法を理解するとともに,自ら問題を見いだし,解決するための構想を立て,実践し,その過程や結果を評価・改善する機会を設けること。
  (3) 各領域の指導に当たっては,観察や操作,実験などの活動を通して,数量や図形などの性質を見いだしたり,発展させたりする機会を設けること。
  (4) 数学的活動の過程を振り返り,レポートにまとめ発表することなどを通して,その成果を共有する機会を設けること。
4 生徒の数学的活動への取組を促し思考力,判断力,表現力等の育成を図るため,各領域の内容を総合したり日常の事象や他教科等での学習に関連付けたりするなどして見いだした問題を解決する学習を課題学習と言い,この実施に当たっては各学年で指導計画に適切に位置付けるものとする。

小学校学習指導要領　第2章　第3節　算数

● 第1　目　標

　数学的な見方・考え方を働かせ，数学的活動を通して，数学的に考える資質・能力を次のとおり育成することを目指す。
　(1)　数量や図形などについての基礎的・基本的な概念や性質などを理解するとともに，日常の事象を数理的に処理する技能を身に付けるようにする。
　(2)　日常の事象を数理的に捉え見通しをもち筋道を立てて考察する力，基礎的・基本的な数量や図形の性質などを見いだし統合的・発展的に考察する力，数学的な表現を用いて事象を簡潔・明瞭・的確に表したり目的に応じて柔軟に表したりする力を養う。
　(3)　数学的活動の楽しさや数学のよさに気付き，学習を振り返ってよりよく問題解決しようとする態度，算数で学んだことを生活や学習に活用しようとする態度を養う。

● 第2　各学年の目標及び内容

〔第1学年〕
1　目　標
　(1)　数の概念とその表し方及び計算の意味を理解し，量，図形及び数量の関係についての理解の基礎となる経験を重ね，数量や図形についての感覚を豊かにするとともに，加法及び減法の計算をしたり，形を構成したり，身の回りにある量の大きさを比べたり，簡単な絵や図などに表したりすることなどについての技能を身に付けるようにする。
　(2)　ものの数に着目し，具体物や図などを用いて数の数え方や計算の仕方を考える力，ものの形に着目して特徴を捉えたり，具体的な操作を通して形の構成について考えたりする力，身の回りにあるものの特徴を量に着目して捉え，量の大きさの比べ方を考える力，データの個数に着目して身の回りの事象の特徴を捉える力などを養う。
　(3)　数量や図形に親しみ，算数で学んだことのよさや楽しさを感じながら学ぶ態度を養う。

2　内　容
A　数と計算
　(1)　数の構成と表し方に関わる数学的活動を通して，次の事項を身に付けることができるよう指導する。
　　ア　次のような知識及び技能を身に付けること。
　　　(ア)　ものとものとを対応させることによって，ものの個数を比べること。
　　　(イ)　個数や順番を正しく数えたり表したりすること。
　　　(ウ)　数の大小や順序を考えることによって，数の系列を作ったり，数直線の上に表したりすること。
　　　(エ)　一つの数をほかの数の和や差としてみるなど，ほかの数と関係付けてみること。
　　　(オ)　2位数の表し方について理解すること。
　　　(カ)　簡単な場合について，3位数の表し方を知ること。
　　　(キ)　数を，十を単位としてみること。
　　　(ク)　具体物をまとめて数えたり等分したりして整理し，表すこと。
　　イ　次のような思考力，判断力，表現力等を身に付けること。

(ア) 数のまとまりに着目し，数の大きさの比べ方や数え方を考え，それらを日常生活に生かすこと。
(2) 加法及び減法に関わる数学的活動を通して，次の事項を身に付けることができるよう指導する。
ア　次のような知識及び技能を身に付けること。
(ア) 加法及び減法の意味について理解し，それらが用いられる場合について知ること。
(イ) 加法及び減法が用いられる場面を式に表したり，式を読み取ったりすること。
(ウ) １位数と１位数との加法及びその逆の減法の計算が確実にできること。
(エ) 簡単な場合について，２位数などについても加法及び減法ができることを知ること。
イ　次のような思考力，判断力，表現力等を身に付けること。
(ア) 数量の関係に着目し，計算の意味や計算の仕方を考えたり，日常生活に生かしたりすること。

B　図形
(1) 身の回りにあるものの形に関わる数学的活動を通して，次の事項を身に付けることができるよう指導する。
ア　次のような知識及び技能を身に付けること。
(ア) ものの形を認め，形の特徴を知ること。
(イ) 具体物を用いて形を作ったり分解したりすること。
(ウ) 前後，左右，上下など方向や位置についての言葉を用いて，ものの位置を表すこと。
イ　次のような思考力，判断力，表現力等を身に付けること。
(ア) ものの形に着目し，身の回りにあるものの特徴を捉えたり，具体的な操作を通して形の構成について考えたりすること。

C　測定
(1) 身の回りのものの大きさに関わる数学的活動を通して，次の事項を身に付けることができるよう指導する。
ア　次のような知識及び技能を身に付けること。
(ア) 長さ，広さ，かさなどの量を，具体的な操作によって直接比べたり，他のものを用いて比べたりすること。
(イ) 身の回りにあるものの大きさを単位として，その幾つ分かで大きさを比べること。
イ　次のような思考力，判断力，表現力等を身に付けること。
(ア) 身の回りのものの特徴に着目し，量の大きさの比べ方を見いだすこと。
(2) 時刻に関わる数学的活動を通して，次の事項を身に付けることができるよう指導する。
ア　次のような知識及び技能を身に付けること。
(ア) 日常生活の中で時刻を読むこと。
イ　次のような思考力，判断力，表現力等を身に付けること。
(ア) 時刻の読み方を用いて，時刻と日常生活を関連付けること。

D　データの活用
(1) 数量の整理に関わる数学的活動を通して，次の事項を身に付けることができるよう指導する。
ア　次のような知識及び技能を身に付けること。
(ア) ものの個数について，簡単な絵や図などに表したり，それらを読み取ったりすること。
イ　次のような思考力，判断力，表現力等を身に付けること。
(ア) データの個数に着目し，身の回りの事象の特徴を捉えること。

〔数学的活動〕
(1) 内容の「A数と計算」,「B図形」,「C測定」及び「Dデータの活用」に示す学習については,次のような数学的活動に取り組むものとする。
　ア　身の回りの事象を観察したり,具体物を操作したりして,数量や形を見いだす活動
　イ　日常生活の問題を具体物などを用いて解決したり結果を確かめたりする活動
　ウ　算数の問題を具体物などを用いて解決したり結果を確かめたりする活動
　エ　問題解決の過程や結果を,具体物や図などを用いて表現する活動

〔用語・記号〕
　　一の位　十の位　＋　－　＝

〔第2学年〕
1　目　標
(1) 数の概念についての理解を深め,計算の意味と性質,基本的な図形の概念,量の概念,簡単な表とグラフなどについて理解し,数量や図形についての感覚を豊かにするとともに,加法,減法及び乗法の計算をしたり,図形を構成したり,長さやかさなどを測定したり,表やグラフに表したりすることなどについての技能を身に付けるようにする。
(2) 数とその表現や数量の関係に着目し,必要に応じて具体物や図などを用いて数の表し方や計算の仕方などを考察する力,平面図形の特徴を図形を構成する要素に着目して捉えたり,身の回りの事象を図形の性質から考察したりする力,身の回りにあるものの特徴を量に着目して捉え,量の単位を用いて的確に表現する力,身の回りの事象をデータの特徴に着目して捉え,簡潔に表現したり考察したりする力などを養う。
(3) 数量や図形に進んで関わり,数学的に表現・処理したことを振り返り,数理的な処理のよさに気付き生活や学習に活用しようとする態度を養う。

2　内　容
A　数と計算
(1) 数の構成と表し方に関わる数学的活動を通して,次の事項を身に付けることができるよう指導する。
　ア　次のような知識及び技能を身に付けること。
　　(ｱ)　同じ大きさの集まりにまとめて数えたり,分類して数えたりすること。
　　(ｲ)　4位数までについて,十進位取り記数法による数の表し方及び数の大小や順序について理解すること。
　　(ｳ)　数を十や百を単位としてみるなど,数の相対的な大きさについて理解すること。
　　(ｴ)　一つの数をほかの数の積としてみるなど,ほかの数と関係付けてみること。
　　(ｵ)　簡単な事柄を分類整理し,それを数を用いて表すこと。
　　(ｶ)　$\frac{1}{2}$,$\frac{1}{3}$など簡単な分数について知ること。
　イ　次のような思考力,判断力,表現力等を身に付けること。
　　(ｱ)　数のまとまりに着目し,大きな数の大きさの比べ方や数え方を考え,日常生活に生かすこと。
(2) 加法及び減法に関わる数学的活動を通して,次の事項を身に付けることができるよう指導する。
　ア　次のような知識及び技能を身に付けること。
　　(ｱ)　2位数の加法及びその逆の減法の計算が,1位数などについての基本的な計算を基にしてできることを理解し,それらの計算が確実にできること。また,それらの筆算の仕方に

ついて理解すること。
(イ) 簡単な場合について，3位数などの加法及び減法の計算の仕方を知ること。
(ウ) 加法及び減法に関して成り立つ性質について理解すること。
(エ) 加法と減法との相互関係について理解すること。
イ 次のような思考力，判断力，表現力等を身に付けること。
(ア) 数量の関係に着目し，計算の仕方を考えたり計算に関して成り立つ性質を見いだしたりするとともに，その性質を活用して，計算を工夫したり計算の確かめをしたりすること。
(3) 乗法に関わる数学的活動を通して，次の事項を身に付けることができるよう指導する。
ア 次のような知識及び技能を身に付けること。
(ア) 乗法の意味について理解し，それが用いられる場合について知ること。
(イ) 乗法が用いられる場面を式に表したり，式を読み取ったりすること。
(ウ) 乗法に関して成り立つ簡単な性質について理解すること。
(エ) 乗法九九について知り，1位数と1位数との乗法の計算が確実にできること。
(オ) 簡単な場合について，2位数と1位数との乗法の計算の仕方を知ること。
イ 次のような思考力，判断力，表現力等を身に付けること。
(ア) 数量の関係に着目し，計算の意味や計算の仕方を考えたり計算に関して成り立つ性質を見いだしたりするとともに，その性質を活用して，計算を工夫したり計算の確かめをしたりすること。
(イ) 数量の関係に着目し，計算を日常生活に生かすこと。

B 図形
(1) 図形に関わる数学的活動を通して，次の事項を身に付けることができるよう指導する。
ア 次のような知識及び技能を身に付けること。
(ア) 三角形，四角形について知ること。
(イ) 正方形，長方形，直角三角形について知ること。
(ウ) 正方形や長方形の面で構成される箱の形をしたものについて理解し，それらを構成したり分解したりすること。
イ 次のような思考力，判断力，表現力等を身に付けること。
(ア) 図形を構成する要素に着目し，構成の仕方を考えるとともに，身の回りのものの形を図形として捉えること。

C 測定
(1) 量の単位と測定に関わる数学的活動を通して，次の事項を身に付けることができるよう指導する。
ア 次のような知識及び技能を身に付けること。
(ア) 長さの単位（ミリメートル（mm），センチメートル（cm），メートル（m））及びかさの単位（ミリリットル（mL），デシリットル（dL），リットル（L））について知り，測定の意味を理解すること。
(イ) 長さ及びかさについて，およその見当を付け，単位を適切に選択して測定すること。
イ 次のような思考力，判断力，表現力等を身に付けること。
(ア) 身の回りのものの特徴に着目し，目的に応じた単位で量の大きさを的確に表現したり，比べたりすること。
(2) 時刻と時間に関わる数学的活動を通して，次の事項を身に付けることができるよう指導する。
ア 次のような知識及び技能を身に付けること。
(ア) 日，時，分について知り，それらの関係を理解すること。
イ 次のような思考力，判断力，表現力等を身に付けること。

　　　　(ｱ)　時間の単位に着目し，時刻や時間を日常生活に生かすこと。
D　データの活用
(1) データの分析に関わる数学的活動を通して，次の事項を身に付けることができるよう指導する。
　ア　次のような知識及び技能を身に付けること。
　　(ｱ)　身の回りにある数量を分類整理し，簡単な表やグラフを用いて表したり読み取ったりすること。
　イ　次のような思考力，判断力，表現力等を身に付けること。
　　(ｱ)　データを整理する観点に着目し，身の回りの事象について表やグラフを用いて考察すること。

〔数学的活動〕
(1) 内容の「A数と計算」，「B図形」，「C測定」及び「Dデータの活用」に示す学習については，次のような数学的活動に取り組むものとする。
　ア　身の回りの事象を観察したり，具体物を操作したりして，数量や図形に進んで関わる活動
　イ　日常の事象から見いだした算数の問題を，具体物，図，数，式などを用いて解決し，結果を確かめる活動
　ウ　算数の学習場面から見いだした算数の問題を，具体物，図，数，式などを用いて解決し，結果を確かめる活動
　エ　問題解決の過程や結果を，具体物，図，数，式などを用いて表現し伝え合う活動

〔用語・記号〕
　直線　直角　頂点　辺　面　単位　×　＞　＜

3　内容の取扱い

(1) 内容の「A数と計算」の(1)については，1万についても取り扱うものとする。
(2) 内容の「A数と計算」の(2)については，必要な場合には，(　)や□などを用いることができる。また，計算の結果の見積りについて配慮するものとする。
(3) 内容の「A数と計算」の(2)のアの(ｳ)については，交換法則や結合法則を取り扱うものとする。
(4) 内容の「A数と計算」の(3)のアの(ｳ)については，主に乗数が1ずつ増えるときの積の増え方や交換法則を取り扱うものとする。
(5) 内容の「B図形」の(1)のアの(ｲ)に関連して，正方形，長方形が身の回りで多く使われていることが分かるようにするとともに，敷き詰めるなどの操作的な活動を通して，平面の広がりについての基礎となる経験を豊かにするよう配慮するものとする。

〔第3学年〕

1　目　標

(1) 数の表し方，整数の計算の意味と性質，小数及び分数の意味と表し方，基本的な図形の概念，量の概念，棒グラフなどについて理解し，数量や図形についての感覚を豊かにするとともに，整数などの計算をしたり，図形を構成したり，長さや重さなどを測定したり，表やグラフに表したりすることなどについての技能を身に付けるようにする。
(2) 数とその表現や数量の関係に着目し，必要に応じて具体物や図などを用いて数の表し方や計算の仕方などを考察する力，平面図形の特徴を図形を構成する要素に着目して捉えたり，身の回りの事象を図形の性質から考察したりする力，身の回りにあるものの特徴を量に着目して捉え，量の単位を用いて的確に表現する力，身の回りの事象をデータの特徴に着目して捉え，簡潔に表現したり適切に判断したりする力などを養う。

(3) 数量や図形に進んで関わり，数学的に表現・処理したことを振り返り，数理的な処理のよさに気付き生活や学習に活用しようとする態度を養う。

2 内容

A 数と計算

(1) 整数の表し方に関わる数学的活動を通して，次の事項を身に付けることができるよう指導する。

 ア 次のような知識及び技能を身に付けること。
  (ア) 万の単位について知ること。
  (イ) 10倍，100倍，1000倍，$\frac{1}{10}$の大きさの数及びそれらの表し方について知ること。
  (ウ) 数の相対的な大きさについての理解を深めること。

 イ 次のような思考力，判断力，表現力等を身に付けること。
  (ア) 数のまとまりに着目し，大きな数の大きさの比べ方や表し方を考え，日常生活に生かすこと。

(2) 加法及び減法に関わる数学的活動を通して，次の事項を身に付けることができるよう指導する。

 ア 次のような知識及び技能を身に付けること。
  (ア) 3位数や4位数の加法及び減法の計算が，2位数などについての基本的な計算を基にしてできることを理解すること。また，それらの筆算の仕方について理解すること。
  (イ) 加法及び減法の計算が確実にでき，それらを適切に用いること。

 イ 次のような思考力，判断力，表現力等を身に付けること。
  (ア) 数量の関係に着目し，計算の仕方を考えたり計算に関して成り立つ性質を見いだしたりするとともに，その性質を活用して，計算を工夫したり計算の確かめをしたりすること。

(3) 乗法に関わる数学的活動を通して，次の事項を身に付けることができるよう指導する。

 ア 次のような知識及び技能を身に付けること。
  (ア) 2位数や3位数に1位数や2位数をかける乗法の計算が，乗法九九などの基本的な計算を基にしてできることを理解すること。また，その筆算の仕方について理解すること。
  (イ) 乗法の計算が確実にでき，それを適切に用いること。
  (ウ) 乗法に関して成り立つ性質について理解すること。

 イ 次のような思考力，判断力，表現力等を身に付けること。
  (ア) 数量の関係に着目し，計算の仕方を考えたり計算に関して成り立つ性質を見いだしたりするとともに，その性質を活用して，計算を工夫したり計算の確かめをしたりすること。

(4) 除法に関わる数学的活動を通して，次の事項を身に付けることができるよう指導する。

 ア 次のような知識及び技能を身に付けること。
  (ア) 除法の意味について理解し，それが用いられる場合について知ること。また，余りについて知ること。
  (イ) 除法が用いられる場面を式に表したり，式を読み取ったりすること。
  (ウ) 除法と乗法や減法との関係について理解すること。
  (エ) 除数と商が共に1位数である除法の計算が確実にできること。
  (オ) 簡単な場合について，除数が1位数で商が2位数の除法の計算の仕方を知ること。

 イ 次のような思考力，判断力，表現力等を身に付けること。
  (ア) 数量の関係に着目し，計算の意味や計算の仕方を考えたり，計算に関して成り立つ性質を見いだしたりするとともに，その性質を活用して，計算を工夫したり計算の確かめをしたりすること。

(イ)　数量の関係に着目し，計算を日常生活に生かすこと。
(5)　小数とその表し方に関わる数学的活動を通して，次の事項を身に付けることができるよう指導する。
　ア　次のような知識及び技能を身に付けること。
　　(ア)　端数部分の大きさを表すのに小数を用いることを知ること。また，小数の表し方及び$\frac{1}{10}$の位について知ること。
　　(イ)　$\frac{1}{10}$の位までの小数の加法及び減法の意味について理解し，それらの計算ができることを知ること。
　イ　次のような思考力，判断力，表現力等を身に付けること。
　　(ア)　数のまとまりに着目し，小数でも数の大きさを比べたり計算したりできるかどうかを考えるとともに，小数を日常生活に生かすこと。
(6)　分数とその表し方に関わる数学的活動を通して，次の事項を身に付けることができるよう指導する。
　ア　次のような知識及び技能を身に付けること。
　　(ア)　等分してできる部分の大きさや端数部分の大きさを表すのに分数を用いることを知ること。また，分数の表し方について知ること。
　　(イ)　分数が単位分数の幾つ分かで表すことができることを知ること。
　　(ウ)　簡単な場合について，分数の加法及び減法の意味について理解し，それらの計算ができることを知ること。
　イ　次のような思考力，判断力，表現力等を身に付けること。
　　(ア)　数のまとまりに着目し，分数でも数の大きさを比べたり計算したりできるかどうかを考えるとともに，分数を日常生活に生かすこと。
(7)　数量の関係を表す式に関わる数学的活動を通して，次の事項を身に付けることができるよう指導する。
　ア　次のような知識及び技能を身に付けること。
　　(ア)　数量の関係を表す式について理解するとともに，数量を□などを用いて表し，その関係を式に表したり，□などに数を当てはめて調べたりすること。
　イ　次のような思考力，判断力，表現力等を身に付けること。
　　(ア)　数量の関係に着目し，数量の関係を図や式を用いて簡潔に表したり，式と図を関連付けて式を読んだりすること。
(8)　そろばんを用いた数の表し方と計算に関わる数学的活動を通して，次の事項を身に付けることができるよう指導する。
　ア　次のような知識及び技能を身に付けること。
　　(ア)　そろばんによる数の表し方について知ること。
　　(イ)　簡単な加法及び減法の計算の仕方について知り，計算すること。
　イ　次のような思考力，判断力，表現力等を身に付けること。
　　(ア)　そろばんの仕組みに着目し，大きな数や小数の計算の仕方を考えること。
B　図形
(1)　図形に関わる数学的活動を通して，次の事項を身に付けることができるよう指導する。
　ア　次のような知識及び技能を身に付けること。
　　(ア)　二等辺三角形，正三角形などについて知り，作図などを通してそれらの関係に次第に着目すること。
　　(イ)　基本的な図形と関連して角について知ること。
　　(ウ)　円について，中心，半径，直径を知ること。また，円に関連して，球についても直径な

　　　　どを知ること。
　　イ　次のような思考力，判断力，表現力等を身に付けること。
　　　(ｱ)　図形を構成する要素に着目し，構成の仕方を考えるとともに，図形の性質を見いだし，身の回りのものの形を図形として捉えること。
C　測定
　(1)　量の単位と測定に関わる数学的活動を通して，次の事項を身に付けることができるよう指導する。
　　ア　次のような知識及び技能を身に付けること。
　　　(ｱ)　長さの単位（キロメートル（km））及び重さの単位（グラム（g），キログラム（kg））について知り，測定の意味を理解すること。
　　　(ｲ)　長さや重さについて，適切な単位で表したり，およその見当を付け計器を適切に選んで測定したりすること。
　　イ　次のような思考力，判断力，表現力等を身に付けること。
　　　(ｱ)　身の回りのものの特徴に着目し，単位の関係を統合的に考察すること。
　(2)　時刻と時間に関わる数学的活動を通して，次の事項を身に付けることができるよう指導する。
　　ア　次のような知識及び技能を身に付けること。
　　　(ｱ)　秒について知ること。
　　　(ｲ)　日常生活に必要な時刻や時間を求めること。
　　イ　次のような思考力，判断力，表現力等を身に付けること。
　　　(ｱ)　時間の単位に着目し，時刻や時間の求め方について考察し，日常生活に生かすこと。
D　データの活用
　(1)　データの分析に関わる数学的活動を通して，次の事項を身に付けることができるよう指導する。
　　ア　次のような知識及び技能を身に付けること。
　　　(ｱ)　日時の観点や場所の観点などからデータを分類整理し，表に表したり読んだりすること。
　　　(ｲ)　棒グラフの特徴やその用い方を理解すること。
　　イ　次のような思考力，判断力，表現力等を身に付けること。
　　　(ｱ)　データを整理する観点に着目し，身の回りの事象について表やグラフを用いて考察して，見いだしたことを表現すること。
〔数学的活動〕
　(1)　内容の「A数と計算」，「B図形」，「C測定」及び「Dデータの活用」に示す学習については，次のような数学的活動に取り組むものとする。
　　ア　身の回りの事象を観察したり，具体物を操作したりして，数量や図形に進んで関わる活動
　　イ　日常の事象から見いだした算数の問題を，具体物，図，数，式などを用いて解決し，結果を確かめる活動
　　ウ　算数の学習場面から見いだした算数の問題を，具体物，図，数，式などを用いて解決し，結果を確かめる活動
　　エ　問題解決の過程や結果を，具体物，図，数，式などを用いて表現し伝え合う活動
〔用語・記号〕
　　等号　不等号　小数点　$\frac{1}{10}$の位　数直線　分母　分子　÷

3　内容の取扱い

(1)　内容の「A数と計算」の(1)については，1億についても取り扱うものとする。
(2)　内容の「A数と計算」の(2)及び(3)については，簡単な計算は暗算でできるよう配慮する

ものとする。また,計算の結果の見積りについても触れるものとする。
(3) 内容の「A数と計算」の(3)については,乗数又は被乗数が0の場合の計算についても取り扱うものとする。
(4) 内容の「A数と計算」の(3)のアの(ウ)については,交換法則,結合法則,分配法則を取り扱うものとする。
(5) 内容の「A数と計算」の(5)及び(6)については,小数の0.1と分数の$\frac{1}{10}$などを数直線を用いて関連付けて取り扱うものとする。
(6) 内容の「B図形」の(1)の基本的な図形については,定規,コンパスなどを用いて,図形をかいたり確かめたりする活動を重視するとともに,三角形や円などを基にして模様をかくなどの具体的な活動を通して,図形のもつ美しさに関心をもたせるよう配慮するものとする。
(7) 内容の「C測定」の(1)については,重さの単位のトン(t)について触れるとともに,接頭語(キロ(k)やミリ(m))についても触れるものとする。
(8) 内容の「Dデータの活用」の(1)のアの(イ)については,最小目盛りが2,5又は20,50などの棒グラフや,複数の棒グラフを組み合わせたグラフなどにも触れるものとする。

〔第4学年〕
1 目標
(1) 小数及び分数の意味と表し方,四則の関係,平面図形と立体図形,面積,角の大きさ,折れ線グラフなどについて理解するとともに,整数,小数及び分数の計算をしたり,図形を構成したり,図形の面積や角の大きさを求めたり,表やグラフに表したりすることなどについての技能を身に付けるようにする。
(2) 数とその表現や数量の関係に着目し,目的に合った表現方法を用いて計算の仕方などを考察する力,図形を構成する要素及びそれらの位置関係に着目し,図形の性質や図形の計量について考察する力,伴って変わる二つの数量やそれらの関係に着目し,変化や対応の特徴を見いだして,二つの数量の関係を表や式を用いて考察する力,目的に応じてデータを収集し,データの特徴や傾向に着目して表やグラフに的確に表現し,それらを用いて問題解決したり,解決の過程や結果を多面的に捉え考察したりする力などを養う。
(3) 数学的に表現・処理したことを振り返り,多面的に捉え検討してよりよいものを求めて粘り強く考える態度,数学のよさに気付き学習したことを生活や学習に活用しようとする態度を養う。

2 内容
A 数と計算
(1) 整数の表し方に関わる数学的活動を通して,次の事項を身に付けることができるよう指導する。
　ア 次のような知識及び技能を身に付けること。
　　(ア) 億,兆の単位について知り,十進位取り記数法についての理解を深めること。
　イ 次のような思考力,判断力,表現力等を身に付けること。
　　(ア) 数のまとまりに着目し,大きな数の大きさの比べ方や表し方を統合的に捉えるとともに,それらを日常生活に生かすこと。
(2) 概数に関わる数学的活動を通して,次の事項を身に付けることができるよう指導する。
　ア 次のような知識及び技能を身に付けること。
　　(ア) 概数が用いられる場合について知ること。
　　(イ) 四捨五入について知ること。

付録4

(ｳ)　目的に応じて四則計算の結果の見積りをすること。
　　イ　次のような思考力，判断力，表現力等を身に付けること。
　　　(ｱ)　日常の事象における場面に着目し，目的に合った数の処理の仕方を考えるとともに，それを日常生活に生かすこと。
(3)　整数の除法に関わる数学的活動を通して，次の事項を身に付けることができるよう指導する。
　　ア　次のような知識及び技能を身に付けること。
　　　(ｱ)　除数が１位数や２位数で被除数が２位数や３位数の場合の計算が，基本的な計算を基にしてできることを理解すること。また，その筆算の仕方について理解すること。
　　　(ｲ)　除法の計算が確実にでき，それを適切に用いること。
　　　(ｳ)　除法について，次の関係を理解すること。
　　　　　（被除数）＝（除数）×（商）＋（余り）
　　　(ｴ)　除法に関して成り立つ性質について理解すること。
　　イ　次のような思考力，判断力，表現力等を身に付けること。
　　　(ｱ)　数量の関係に着目し，計算の仕方を考えたり計算に関して成り立つ性質を見いだしたりするとともに，その性質を活用して，計算を工夫したり計算の確かめをしたりすること。
(4)　小数とその計算に関わる数学的活動を通して，次の事項を身に付けることができるよう指導する。
　　ア　次のような知識及び技能を身に付けること。
　　　(ｱ)　ある量の何倍かを表すのに小数を用いることを知ること。
　　　(ｲ)　小数が整数と同じ仕組みで表されていることを知るとともに，数の相対的な大きさについての理解を深めること。
　　　(ｳ)　小数の加法及び減法の計算ができること。
　　　(ｴ)　乗数や除数が整数である場合の小数の乗法及び除法の計算ができること。
　　イ　次のような思考力，判断力，表現力等を身に付けること。
　　　(ｱ)　数の表し方の仕組みや数を構成する単位に着目し，計算の仕方を考えるとともに，それを日常生活に生かすこと。
(5)　分数とその加法及び減法に関わる数学的活動を通して，次の事項を身に付けることができるよう指導する。
　　ア　次のような知識及び技能を身に付けること。
　　　(ｱ)　簡単な場合について，大きさの等しい分数があることを知ること。
　　　(ｲ)　同分母の分数の加法及び減法の計算ができること。
　　イ　次のような思考力，判断力，表現力等を身に付けること。
　　　(ｱ)　数を構成する単位に着目し，大きさの等しい分数を探したり，計算の仕方を考えたりするとともに，それを日常生活に生かすこと。
(6)　数量の関係を表す式に関わる数学的活動を通して，次の事項を身に付けることができるよう指導する。
　　ア　次のような知識及び技能を身に付けること。
　　　(ｱ)　四則の混合した式や（　）を用いた式について理解し，正しく計算すること。
　　　(ｲ)　公式についての考え方を理解し，公式を用いること。
　　　(ｳ)　数量を□，△などを用いて表し，その関係を式に表したり，□，△などに数を当てはめて調べたりすること。
　　イ　次のような思考力，判断力，表現力等を身に付けること。
　　　(ｱ)　問題場面の数量の関係に着目し，数量の関係を簡潔に，また一般的に表現したり，式の意味を読み取ったりすること。

(7) 計算に関して成り立つ性質に関わる数学的活動を通して，次の事項を身に付けることができるよう指導する。
　ア　次のような知識及び技能を身に付けること。
　　(ア)　四則に関して成り立つ性質についての理解を深めること。
　イ　次のような思考力，判断力，表現力等を身に付けること。
　　(ア)　数量の関係に着目し，計算に関して成り立つ性質を用いて計算の仕方を考えること。
(8) そろばんを用いた数の表し方と計算に関わる数学的活動を通して，次の事項を身に付けることができるよう指導する。
　ア　次のような知識及び技能を身に付けること。
　　(ア)　加法及び減法の計算をすること。
　イ　次のような思考力，判断力，表現力等を身に付けること。
　　(ア)　そろばんの仕組みに着目し，大きな数や小数の計算の仕方を考えること。

B　図形
(1) 平面図形に関わる数学的活動を通して，次の事項を身に付けることができるよう指導する。
　ア　次のような知識及び技能を身に付けること。
　　(ア)　直線の平行や垂直の関係について理解すること。
　　(イ)　平行四辺形，ひし形，台形について知ること。
　イ　次のような思考力，判断力，表現力等を身に付けること。
　　(ア)　図形を構成する要素及びそれらの位置関係に着目し，構成の仕方を考察し図形の性質を見いだすとともに，その性質を基に既習の図形を捉え直すこと。
(2) 立体図形に関わる数学的活動を通して，次の事項を身に付けることができるよう指導する。
　ア　次のような知識及び技能を身に付けること。
　　(ア)　立方体，直方体について知ること。
　　(イ)　直方体に関連して，直線や平面の平行や垂直の関係について理解すること。
　　(ウ)　見取図，展開図について知ること。
　イ　次のような思考力，判断力，表現力等を身に付けること。
　　(ア)　図形を構成する要素及びそれらの位置関係に着目し，立体図形の平面上での表現や構成の仕方を考察し図形の性質を見いだすとともに，日常の事象を図形の性質から捉え直すこと。
(3) ものの位置に関わる数学的活動を通して，次の事項を身に付けることができるよう指導する。
　ア　次のような知識及び技能を身に付けること。
　　(ア)　ものの位置の表し方について理解すること。
　イ　次のような思考力，判断力，表現力等を身に付けること。
　　(ア)　平面や空間における位置を決める要素に着目し，その位置を数を用いて表現する方法を考察すること。
(4) 平面図形の面積に関わる数学的活動を通して，次の事項を身に付けることができるよう指導する。
　ア　次のような知識及び技能を身に付けること。
　　(ア)　面積の単位（平方センチメートル（cm^2），平方メートル（m^2），平方キロメートル（km^2））について知ること。
　　(イ)　正方形及び長方形の面積の計算による求め方について理解すること。
　イ　次のような思考力，判断力，表現力等を身に付けること。
　　(ア)　面積の単位や図形を構成する要素に着目し，図形の面積の求め方を考えるとともに，面積の単位とこれまでに学習した単位との関係を考察すること。

付録4

(5) 角の大きさに関わる数学的活動を通して，次の事項を身に付けることができるよう指導する。
　ア　次のような知識及び技能を身に付けること。
　　(ア) 角の大きさを回転の大きさとして捉えること。
　　(イ) 角の大きさの単位（度（°））について知り，角の大きさを測定すること。
　イ　次のような思考力，判断力，表現力等を身に付けること。
　　(ア) 図形の角の大きさに着目し，角の大きさを柔軟に表現したり，図形の考察に生かしたりすること。

C　変化と関係
(1) 伴って変わる二つの数量に関わる数学的活動を通して，次の事項を身に付けることができるよう指導する。
　ア　次のような知識及び技能を身に付けること。
　　(ア) 変化の様子を表や式，折れ線グラフを用いて表したり，変化の特徴を読み取ったりすること。
　イ　次のような思考力，判断力，表現力等を身に付けること。
　　(ア) 伴って変わる二つの数量を見いだして，それらの関係に着目し，表や式を用いて変化や対応の特徴を考察すること。
(2) 二つの数量の関係に関わる数学的活動を通して，次の事項を身に付けることができるよう指導する。
　ア　次のような知識及び技能を身に付けること。
　　(ア) 簡単な場合について，ある二つの数量の関係と別の二つの数量の関係とを比べる場合に割合を用いる場合があることを知ること。
　イ　次のような思考力，判断力，表現力等を身に付けること。
　　(ア) 日常の事象における数量の関係に着目し，図や式などを用いて，ある二つの数量の関係と別の二つの数量の関係との比べ方を考察すること。

D　データの活用
(1) データの収集とその分析に関わる数学的活動を通して，次の事項を身に付けることができるよう指導する。
　ア　次のような知識及び技能を身に付けること。
　　(ア) データを二つの観点から分類整理する方法を知ること。
　　(イ) 折れ線グラフの特徴とその用い方を理解すること。
　イ　次のような思考力，判断力，表現力等を身に付けること。
　　(ア) 目的に応じてデータを集めて分類整理し，データの特徴や傾向に着目し，問題を解決するために適切なグラフを選択して判断し，その結論について考察すること。

〔数学的活動〕
(1) 内容の「A数と計算」，「B図形」，「C変化と関係」及び「Dデータの活用」に示す学習については，次のような数学的活動に取り組むものとする。
　ア　日常の事象から算数の問題を見いだして解決し，結果を確かめたり，日常生活等に生かしたりする活動
　イ　算数の学習場面から算数の問題を見いだして解決し，結果を確かめたり，発展的に考察したりする活動
　ウ　問題解決の過程や結果を，図や式などを用いて数学的に表現し伝え合う活動

〔用語・記号〕
　　和　差　積　商　以上　以下　未満　真分数　仮分数　帯分数　平行　垂直　対角線　平面

3　内容の取扱い

(1) 内容の「A数と計算」の(1)については，大きな数を表す際に，3桁ごとに区切りを用いる場合があることに触れるものとする。

(2) 内容の「A数と計算」の(2)のアの(ウ)及び(3)については，簡単な計算は暗算でできるよう配慮するものとする。また，暗算を筆算や見積りに生かすよう配慮するものとする。

(3) 内容の「A数と計算」の(3)については，第1学年から第4学年までに示す整数の計算の能力を定着させ，それを用いる能力を伸ばすことに配慮するものとする。

(4) 内容の「A数と計算」の(3)のアの(エ)については，除数及び被除数に同じ数をかけても，同じ数で割っても商は変わらないという性質などを取り扱うものとする。

(5) 内容の「A数と計算」の(4)のアの(エ)については，整数を整数で割って商が小数になる場合も含めるものとする。

(6) 内容の「A数と計算」の(7)のアの(ア)については，交換法則，結合法則，分配法則を扱うものとする。

(7) 内容の「B図形」の(1)については，平行四辺形，ひし形，台形で平面を敷き詰めるなどの操作的な活動を重視するよう配慮するものとする。

(8) 内容の「B図形」の(4)のアの(ア)については，アール（a），ヘクタール（ha）の単位についても触れるものとする。

(9) 内容の「Dデータの活用」の(1)のアの(ア)については，資料を調べるときに，落ちや重なりがないようにすることを取り扱うものとする。

(10) 内容の「Dデータの活用」の(1)のアの(イ)については，複数系列のグラフや組み合わせたグラフにも触れるものとする。

〔第5学年〕

1　目　標

(1) 整数の性質，分数の意味，小数と分数の計算の意味，面積の公式，図形の意味と性質，図形の体積，速さ，割合，帯グラフなどについて理解するとともに，小数や分数の計算をしたり，図形の性質を調べたり，図形の面積や体積を求めたり，表やグラフに表したりすることなどについての技能を身に付けるようにする。

(2) 数とその表現や計算の意味に着目し，目的に合った表現方法を用いて数の性質や計算の仕方などを考察する力，図形を構成する要素や図形間の関係などに着目し，図形の性質や図形の計量について考察する力，伴って変わる二つの数量やそれらの関係に着目し，変化や対応の特徴を見いだして，二つの数量の関係を表や式を用いて考察する力，目的に応じてデータを収集し，データの特徴や傾向に着目して表やグラフに的確に表現し，それらを用いて問題解決したり，解決の過程や結果を多面的に捉え考察したりする力などを養う。

(3) 数学的に表現・処理したことを振り返り，多面的に捉え検討してよりよいものを求めて粘り強く考える態度，数学のよさに気付き学習したことを生活や学習に活用しようとする態度を養う。

2　内　容

A　数と計算

(1) 整数の性質及び整数の構成に関わる数学的活動を通して，次の事項を身に付けることができるよう指導する。

　ア　次のような知識及び技能を身に付けること。

　　(ア) 整数は，観点を決めると偶数と奇数に類別されることを知ること。

付録4

(イ) 約数，倍数について知ること。
イ 次のような思考力，判断力，表現力等を身に付けること。
(ア) 乗法及び除法に着目し，観点を決めて整数を類別する仕方を考えたり，数の構成について考察したりするとともに，日常生活に生かすこと。

(2) 整数及び小数の表し方に関わる数学的活動を通して，次の事項を身に付けることができるよう指導する。
ア 次のような知識及び技能を身に付けること。
(ア) ある数の10倍，100倍，1000倍，$\frac{1}{10}$，$\frac{1}{100}$ などの大きさの数を，小数点の位置を移してつくること。
イ 次のような思考力，判断力，表現力等を身に付けること。
(ア) 数の表し方の仕組みに着目し，数の相対的な大きさを考察し，計算などに有効に生かすこと。

(3) 小数の乗法及び除法に関わる数学的活動を通して，次の事項を身に付けることができるよう指導する。
ア 次のような知識及び技能を身に付けること。
(ア) 乗数や除数が小数である場合の小数の乗法及び除法の意味について理解すること。
(イ) 小数の乗法及び除法の計算ができること。また，余りの大きさについて理解すること。
(ウ) 小数の乗法及び除法についても整数の場合と同じ関係や法則が成り立つことを理解すること。
イ 次のような思考力，判断力，表現力等を身に付けること。
(ア) 乗法及び除法の意味に着目し，乗数や除数が小数である場合まで数の範囲を広げて乗法及び除法の意味を捉え直すとともに，それらの計算の仕方を考えたり，それらを日常生活に生かしたりすること。

(4) 分数に関わる数学的活動を通して，次の事項を身に付けることができるよう指導する。
ア 次のような知識及び技能を身に付けること。
(ア) 整数及び小数を分数の形に直したり，分数を小数で表したりすること。
(イ) 整数の除法の結果は，分数を用いると常に一つの数として表すことができることを理解すること。
(ウ) 一つの分数の分子及び分母に同じ数を乗除してできる分数は，元の分数と同じ大きさを表すことを理解すること。
(エ) 分数の相等及び大小について知り，大小を比べること。
イ 次のような思考力，判断力，表現力等を身に付けること。
(ア) 数を構成する単位に着目し，数の相等及び大小関係について考察すること。
(イ) 分数の表現に着目し，除法の結果の表し方を振り返り，分数の意味をまとめること。

(5) 分数の加法及び減法に関わる数学的活動を通して，次の事項を身に付けることができるよう指導する。
ア 次のような知識及び技能を身に付けること。
(ア) 異分母の分数の加法及び減法の計算ができること。
イ 次のような思考力，判断力，表現力等を身に付けること。
(ア) 分数の意味や表現に着目し，計算の仕方を考えること。

(6) 数量の関係を表す式に関わる数学的活動を通して，次の事項を身に付けることができるよう指導する。
ア 次のような知識及び技能を身に付けること。
(ア) 数量の関係を表す式についての理解を深めること。

イ　次のような思考力，判断力，表現力等を身に付けること。
　　　(ア)　二つの数量の対応や変わり方に着目し，簡単な式で表されている関係について考察すること。
B　図形
　(1)　平面図形に関わる数学的活動を通して，次の事項を身に付けることができるよう指導する。
　　ア　次のような知識及び技能を身に付けること。
　　　(ア)　図形の形や大きさが決まる要素について理解するとともに，図形の合同について理解すること。
　　　(イ)　三角形や四角形など多角形についての簡単な性質を理解すること。
　　　(ウ)　円と関連させて正多角形の基本的な性質を知ること。
　　　(エ)　円周率の意味について理解し，それを用いること。
　　イ　次のような思考力，判断力，表現力等を身に付けること。
　　　(ア)　図形を構成する要素及び図形間の関係に着目し，構成の仕方を考察したり，図形の性質を見いだし，その性質を筋道を立てて考え説明したりすること。
　(2)　立体図形に関わる数学的活動を通して，次の事項を身に付けることができるよう指導する。
　　ア　次のような知識及び技能を身に付けること。
　　　(ア)　基本的な角柱や円柱について知ること。
　　イ　次のような思考力，判断力，表現力等を身に付けること。
　　　(ア)　図形を構成する要素に着目し，図形の性質を見いだすとともに，その性質を基に既習の図形を捉え直すこと。
　(3)　平面図形の面積に関わる数学的活動を通して，次の事項を身に付けることができるよう指導する。
　　ア　次のような知識及び技能を身に付けること。
　　　(ア)　三角形，平行四辺形，ひし形，台形の面積の計算による求め方について理解すること。
　　イ　次のような思考力，判断力，表現力等を身に付けること。
　　　(ア)　図形を構成する要素などに着目して，基本図形の面積の求め方を見いだすとともに，その表現を振り返り，簡潔かつ的確な表現に高め，公式として導くこと。
　(4)　立体図形の体積に関わる数学的活動を通して，次の事項を身に付けることができるよう指導する。
　　ア　次のような知識及び技能を身に付けること。
　　　(ア)　体積の単位（立方センチメートル（cm^3），立方メートル（m^3））について知ること。
　　　(イ)　立方体及び直方体の体積の計算による求め方について理解すること。
　　イ　次のような思考力，判断力，表現力等を身に付けること。
　　　(ア)　体積の単位や図形を構成する要素に着目し，図形の体積の求め方を考えるとともに，体積の単位とこれまでに学習した単位との関係を考察すること。
C　変化と関係
　(1)　伴って変わる二つの数量に関わる数学的活動を通して，次の事項を身に付けることができるよう指導する。
　　ア　次のような知識及び技能を身に付けること。
　　　(ア)　簡単な場合について，比例の関係があることを知ること。
　　イ　次のような思考力，判断力，表現力等を身に付けること。
　　　(ア)　伴って変わる二つの数量を見いだして，それらの関係に着目し，表や式を用いて変化や対応の特徴を考察すること。
　(2)　異種の二つの量の割合として捉えられる数量に関わる数学的活動を通して，次の事項を身に

付録4

付けることができるよう指導する。
　　ア　次のような知識及び技能を身に付けること。
　　　(ア)　速さなど単位量当たりの大きさの意味及び表し方について理解し，それを求めること。
　　イ　次のような思考力，判断力，表現力等を身に付けること。
　　　(ア)　異種の二つの量の割合として捉えられる数量の関係に着目し，目的に応じて大きさを比べたり表現したりする方法を考察し，それらを日常生活に生かすこと。
　(3)　二つの数量の関係に関わる数学的活動を通して，次の事項を身に付けることができるよう指導する。
　　ア　次のような知識及び技能を身に付けること。
　　　(ア)　ある二つの数量の関係と別の二つの数量の関係とを比べる場合に割合を用いる場合があることを理解すること。
　　　(イ)　百分率を用いた表し方を理解し，割合などを求めること。
　　イ　次のような思考力，判断力，表現力等を身に付けること。
　　　(ア)　日常の事象における数量の関係に着目し，図や式などを用いて，ある二つの数量の関係と別の二つの数量の関係との比べ方を考察し，それを日常生活に生かすこと。
D　データの活用
　(1)　データの収集とその分析に関わる数学的活動を通して，次の事項を身に付けることができるよう指導する。
　　ア　次のような知識及び技能を身に付けること。
　　　(ア)　円グラフや帯グラフの特徴とそれらの用い方を理解すること。
　　　(イ)　データの収集や適切な手法の選択など統計的な問題解決の方法を知ること。
　　イ　次のような思考力，判断力，表現力等を身に付けること。
　　　(ア)　目的に応じてデータを集めて分類整理し，データの特徴や傾向に着目し，問題を解決するために適切なグラフを選択して判断し，その結論について多面的に捉え考察すること。
　(2)　測定した結果を平均する方法に関わる数学的活動を通して，次の事項を身に付けることができるよう指導する。
　　ア　次のような知識及び技能を身に付けること。
　　　(ア)　平均の意味について理解すること。
　　イ　次のような思考力，判断力，表現力等を身に付けること。
　　　(ア)　概括的に捉えることに着目し，測定した結果を平均する方法について考察し，それを学習や日常生活に生かすこと。

〔数学的活動〕
　(1)　内容の「A数と計算」，「B図形」，「C変化と関係」及び「Dデータの活用」に示す学習については，次のような数学的活動に取り組むものとする。
　　ア　日常の事象から算数の問題を見いだして解決し，結果を確かめたり，日常生活等に生かしたりする活動
　　イ　算数の学習場面から算数の問題を見いだして解決し，結果を確かめたり，発展的に考察したりする活動
　　ウ　問題解決の過程や結果を，図や式などを用いて数学的に表現し伝え合う活動

〔用語・記号〕
　最大公約数　最小公倍数　通分　約分　底面　側面　比例　％

3　内容の取扱い
　(1)　内容の「A数と計算」の(1)のアの(イ)については，最大公約数や最小公倍数を形式的に求め

ることに偏ることなく，具体的な場面に即して取り扱うものとする。
(2) 内容の「B図形」の(1)については，平面を合同な図形で敷き詰めるなどの操作的な活動を重視するよう配慮するものとする。
(3) 内容の「B図形」の(1)のア㈹については，円周率は3.14を用いるものとする。
(4) 内容の「C変化と関係」の(3)のア㈶については，歩合の表し方について触れるものとする。
(5) 内容の「Dデータの活用」の(1)については，複数の帯グラフを比べることにも触れるものとする。

〔第6学年〕
1 目 標
(1) 分数の計算の意味，文字を用いた式，図形の意味，図形の体積，比例，度数分布を表す表などについて理解するとともに，分数の計算をしたり，図形を構成したり，図形の面積や体積を求めたり，表やグラフに表したりすることなどについての技能を身に付けるようにする。
(2) 数とその表現や計算の意味に着目し，発展的に考察して問題を見いだすとともに，目的に応じて多様な表現方法を用いながら数の表し方や計算の仕方などを考察する力，図形を構成する要素や図形間の関係などに着目し，図形の性質や図形の計量について考察する力，伴って変わる二つの数量やそれらの関係に着目し，変化や対応の特徴を見いだして，二つの数量の関係を表や式，グラフを用いて考察する力，身の回りの事象から設定した問題について，目的に応じてデータを収集し，データの特徴や傾向に着目して適切な手法を選択して分析を行い，それらを用いて問題解決したり，解決の過程や結果を批判的に考察したりする力などを養う。
(3) 数学的に表現・処理したことを振り返り，多面的に捉え検討してよりよいものを求めて粘り強く考える態度，数学のよさに気付き学習したことを生活や学習に活用しようとする態度を養う。

2 内 容
A 数と計算
(1) 分数の乗法及び除法に関わる数学的活動を通して，次の事項を身に付けることができるよう指導する。
ア 次のような知識及び技能を身に付けること。
㈠ 乗数や除数が整数や分数である場合も含めて，分数の乗法及び除法の意味について理解すること。
㈡ 分数の乗法及び除法の計算ができること。
㈢ 分数の乗法及び除法についても，整数の場合と同じ関係や法則が成り立つことを理解すること。
イ 次のような思考力，判断力，表現力等を身に付けること。
㈠ 数の意味と表現，計算について成り立つ性質に着目し，計算の仕方を多面的に捉え考えること。
(2) 数量の関係を表す式に関わる数学的活動を通して，次の事項を身に付けることができるよう指導する。
ア 次のような知識及び技能を身に付けること。
㈠ 数量を表す言葉や□，△などの代わりに，a, xなどの文字を用いて式に表したり，文字に数を当てはめて調べたりすること。
イ 次のような思考力，判断力，表現力等を身に付けること。
㈠ 問題場面の数量の関係に着目し，数量の関係を簡潔かつ一般的に表現したり，式の意味

を読み取ったりすること。
- B　図形
  - (1) 平面図形に関わる数学的活動を通して，次の事項を身に付けることができるよう指導する。
    - ア　次のような知識及び技能を身に付けること。
      - (ア) 縮図や拡大図について理解すること。
      - (イ) 対称な図形について理解すること。
    - イ　次のような思考力，判断力，表現力等を身に付けること。
      - (ア) 図形を構成する要素及び図形間の関係に着目し，構成の仕方を考察したり図形の性質を見いだしたりするとともに，その性質を基に既習の図形を捉え直したり日常生活に生かしたりすること。
  - (2) 身の回りにある形の概形やおよその面積などに関わる数学的活動を通して，次の事項を身に付けることができるよう指導する。
    - ア　次のような知識及び技能を身に付けること。
      - (ア) 身の回りにある形について，その概形を捉え，およその面積などを求めること。
    - イ　次のような思考力，判断力，表現力等を身に付けること。
      - (ア) 図形を構成する要素や性質に着目し，筋道を立てて面積などの求め方を考え，それを日常生活に生かすこと。
  - (3) 平面図形の面積に関わる数学的活動を通して，次の事項を身に付けることができるよう指導する。
    - ア　次のような知識及び技能を身に付けること。
      - (ア) 円の面積の計算による求め方について理解すること。
    - イ　次のような思考力，判断力，表現力等を身に付けること。
      - (ア) 図形を構成する要素などに着目し，基本図形の面積の求め方を見いだすとともに，その表現を振り返り，簡潔かつ的確な表現に高め，公式として導くこと。
  - (4) 立体図形の体積に関わる数学的活動を通して，次の事項を身に付けることができるよう指導する。
    - ア　次のような知識及び技能を身に付けること。
      - (ア) 基本的な角柱及び円柱の体積の計算による求め方について理解すること。
    - イ　次のような思考力，判断力，表現力等を身に付けること。
      - (ア) 図形を構成する要素に着目し，基本図形の体積の求め方を見いだすとともに，その表現を振り返り，簡潔かつ的確な表現に高め，公式として導くこと。
- C　変化と関係
  - (1) 伴って変わる二つの数量に関わる数学的活動を通して，次の事項を身に付けることができるよう指導する。
    - ア　次のような知識及び技能を身に付けること。
      - (ア) 比例の関係の意味や性質を理解すること。
      - (イ) 比例の関係を用いた問題解決の方法について知ること。
      - (ウ) 反比例の関係について知ること。
    - イ　次のような思考力，判断力，表現力等を身に付けること。
      - (ア) 伴って変わる二つの数量を見いだして，それらの関係に着目し，目的に応じて表や式，グラフを用いてそれらの関係を表現して，変化や対応の特徴を見いだすとともに，それらを日常生活に生かすこと。
  - (2) 二つの数量の関係に関わる数学的活動を通して，次の事項を身に付けることができるよう指導する。

ア　次のような知識及び技能を身に付けること。
　　　(ｱ)　比の意味や表し方を理解し，数量の関係を比で表したり，等しい比をつくったりすること。
　　イ　次のような思考力，判断力，表現力等を身に付けること。
　　　(ｱ)　日常の事象における数量の関係に着目し，図や式などを用いて数量の関係の比べ方を考察し，それを日常生活に生かすこと。
　D　データの活用
　(1)　データの収集とその分析に関わる数学的活動を通して，次の事項を身に付けることができるよう指導する。
　　ア　次のような知識及び技能を身に付けること。
　　　(ｱ)　代表値の意味や求め方を理解すること。
　　　(ｲ)　度数分布を表す表やグラフの特徴及びそれらの用い方を理解すること。
　　　(ｳ)　目的に応じてデータを収集したり適切な手法を選択したりするなど，統計的な問題解決の方法を知ること。
　　イ　次のような思考力，判断力，表現力等を身に付けること。
　　　(ｱ)　目的に応じてデータを集めて分類整理し，データの特徴や傾向に着目し，代表値などを用いて問題の結論について判断するとともに，その妥当性について批判的に考察すること。
　(2)　起こり得る場合に関わる数学的活動を通して，次の事項を身に付けることができるよう指導する。
　　ア　次のような知識及び技能を身に付けること。
　　　(ｱ)　起こり得る場合を順序よく整理するための図や表などの用い方を知ること。
　　イ　次のような思考力，判断力，表現力等を身に付けること。
　　　(ｱ)　事象の特徴に着目し，順序よく整理する観点を決めて，落ちや重なりなく調べる方法を考察すること。

〔数学的活動〕
　(1)　内容の「A数と計算」，「B図形」，「C変化と関係」及び「Dデータの活用」に示す学習については，次のような数学的活動に取り組むものとする。
　　ア　日常の事象を数理的に捉え問題を見いだして解決し，解決過程を振り返り，結果や方法を改善したり，日常生活等に生かしたりする活動
　　イ　算数の学習場面から算数の問題を見いだして解決し，解決過程を振り返り統合的・発展的に考察する活動
　　ウ　問題解決の過程や結果を，目的に応じて図や式などを用いて数学的に表現し伝え合う活動

〔用語・記号〕
　　線対称　点対称　対称の軸　対称の中心　比の値　ドットプロット　平均値　中央値　最頻値　階級　：

3　内容の取扱い

(1)　内容の「A数と計算」の(1)については，逆数を用いて除法を乗法の計算としてみることや，整数や小数の乗法や除法を分数の場合の計算にまとめることも取り扱うものとする。
(2)　内容の「A数と計算」の(1)については，第3学年から第6学年までに示す小数や分数の計算の能力を定着させ，それらを用いる能力を伸ばすことに配慮するものとする。
(3)　内容の「B図形」の(3)のアの(ｱ)については，円周率は3.14を用いるものとする。

第3　指導計画の作成と内容の取扱い

1　指導計画の作成に当たっては，次の事項に配慮するものとする。
  (1)　単元など内容や時間のまとまりを見通して，その中で育む資質・能力の育成に向けて，数学的活動を通して，児童の主体的・対話的で深い学びの実現を図るようにすること。その際，数学的な見方・考え方を働かせながら，日常の事象を数理的に捉え，算数の問題を見いだし，問題を自立的，協働的に解決し，学習の過程を振り返り，概念を形成するなどの学習の充実を図ること。
  (2)　第2の各学年の内容は，次の学年以降においても必要に応じて継続して指導すること。数量や図形についての基礎的な能力の習熟や維持を図るため，適宜練習の機会を設けて計画的に指導すること。なお，その際，第1章総則の第2の3の(2)のウの(イ)に掲げる指導を行う場合には，当該指導のねらいを明確にするとともに，単元など内容や時間のまとまりを見通して資質・能力が偏りなく育成されるよう計画的に指導すること。また，学年間の指導内容を円滑に接続させるため，適切な反復による学習指導を進めるようにすること。
  (3)　第2の各学年の内容の「A数と計算」，「B図形」，「C測定」，「C変化と関係」及び「Dデータの活用」の間の指導の関連を図ること。
  (4)　低学年においては，第1章総則の第2の4の(1)を踏まえ，他教科等との関連を積極的に図り，指導の効果を高めるようにするとともに，幼稚園教育要領等に示す幼児期の終わりまでに育ってほしい姿との関連を考慮すること。特に，小学校入学当初においては，生活科を中心とした合科的・関連的な指導や，弾力的な時間割の設定を行うなどの工夫をすること。
  (5)　障害のある児童などについては，学習活動を行う場合に生じる困難さに応じた指導内容や指導方法の工夫を計画的，組織的に行うこと。
  (6)　第1章総則の第1の2の(2)に示す道徳教育の目標に基づき，道徳科などとの関連を考慮しながら，第3章特別の教科道徳の第2に示す内容について，算数科の特質に応じて適切な指導をすること。
2　第2の内容の取扱いについては，次の事項に配慮するものとする。
  (1)　思考力，判断力，表現力等を育成するため，各学年の内容の指導に当たっては，具体物，図，言葉，数，式，表，グラフなどを用いて考えたり，説明したり，互いに自分の考えを表現し伝え合ったり，学び合ったり，高め合ったりするなどの学習活動を積極的に取り入れるようにすること。
  (2)　数量や図形についての感覚を豊かにしたり，表やグラフを用いて表現する力を高めたりするなどのため，必要な場面においてコンピュータなどを適切に活用すること。また，第1章総則の第3の1の(3)のイに掲げるプログラミングを体験しながら論理的思考力を身に付けるための学習活動を行う場合には，児童の負担に配慮しつつ，例えば第2の各学年の内容の〔第5学年〕の「B図形」の(1)における正多角形の作図を行う学習に関連して，正確な繰り返し作業を行う必要があり，更に一部を変えることでいろいろな正多角形を同様に考えることができる場面などで取り扱うこと。
  (3)　各領域の指導に当たっては，具体物を操作したり，日常の事象を観察したり，児童にとって身近な算数の問題を解決したりするなどの具体的な体験を伴う学習を通して，数量や図形について実感を伴った理解をしたり，算数を学ぶ意義を実感したりする機会を設けること。
  (4)　第2の各学年の内容に示す〔用語・記号〕は，当該学年で取り上げる内容の程度や範囲を明確にするために示したものであり，その指導に当たっては，各学年の内容と密接に関連させて取り上げるようにし，それらを用いて表したり考えたりすることのよさが分かるようにするこ

と。
- (5) 数量や図形についての豊かな感覚を育てるとともに，およその大きさや形を捉え，それらに基づいて適切に判断したり，能率的な処理の仕方を考え出したりすることができるようにすること。
- (6) 筆算による計算の技能を確実に身に付けることを重視するとともに，目的に応じて計算の結果の見積りをして，計算の仕方や結果について適切に判断できるようにすること。また，低学年の「A数と計算」の指導に当たっては，そろばんや具体物などの教具を適宜用いて，数と計算についての意味の理解を深めるよう留意すること。

3 数学的活動の取組においては，次の事項に配慮するものとする。
- (1) 数学的活動は，基礎的・基本的な知識及び技能を確実に身に付けたり，思考力，判断力，表現力等を高めたり，算数を学ぶことの楽しさや意義を実感したりするために，重要な役割を果たすものであることから，各学年の内容の「A数と計算」，「B図形」，「C測定」，「C変化と関係」及び「Dデータの活用」に示す事項については，数学的活動を通して指導するようにすること。
- (2) 数学的活動を楽しめるようにする機会を設けること。
- (3) 算数の問題を解決する方法を理解するとともに，自ら問題を見いだし，解決するための構想を立て，実践し，その結果を評価・改善する機会を設けること。
- (4) 具体物，図，数，式，表，グラフ相互の関連を図る機会を設けること。
- (5) 友達と考えを伝え合うことで学び合ったり，学習の過程と成果を振り返り，よりよく問題解決できたことを実感したりする機会を設けること。

付録4

中学校学習指導要領　第3章　特別の教科　道徳

● 第1　目標

第1章総則の第1の2の(2)に示す道徳教育の目標に基づき，よりよく生きるための基盤となる道徳性を養うため，道徳的諸価値についての理解を基に，自己を見つめ，物事を広い視野から多面的・多角的に考え，人間としての生き方についての考えを深める学習を通して，道徳的な判断力，心情，実践意欲と態度を育てる。

● 第2　内容

学校の教育活動全体を通じて行う道徳教育の要である道徳科においては，以下に示す項目について扱う。

A　主として自分自身に関すること

［自主，自律，自由と責任］
　自律の精神を重んじ，自主的に考え，判断し，誠実に実行してその結果に責任をもつこと。

［節度，節制］
　望ましい生活習慣を身に付け，心身の健康の増進を図り，節度を守り節制に心掛け，安全で調和のある生活をすること。

［向上心，個性の伸長］
　自己を見つめ，自己の向上を図るとともに，個性を伸ばして充実した生き方を追求すること。

［希望と勇気，克己と強い意志］
　より高い目標を設定し，その達成を目指し，希望と勇気をもち，困難や失敗を乗り越えて着実にやり遂げること。

［真理の探究，創造］
　真実を大切にし，真理を探究して新しいものを生み出そうと努めること。

B　主として人との関わりに関すること

［思いやり，感謝］
　思いやりの心をもって人と接するとともに，家族などの支えや多くの人々の善意により日々の生活や現在の自分があることに感謝し，進んでそれに応え，人間愛の精神を深めること。

［礼儀］
　礼儀の意義を理解し，時と場に応じた適切な言動をとること。

［友情，信頼］
　友情の尊さを理解して心から信頼できる友達をもち，互いに励まし合い，高め合うとともに，異性についての理解を深め，悩みや葛藤も経験しながら人間関係を深めていくこと。

［相互理解，寛容］
　自分の考えや意見を相手に伝えるとともに，それぞれの個性や立場を尊重し，いろいろなものの見方や考え方があることを理解し，寛容の心をもって謙虚に他に学び，自らを高めていくこと。

C　主として集団や社会との関わりに関すること

［遵法精神，公徳心］
　法やきまりの意義を理解し，それらを進んで守るとともに，そのよりよい在り方について考え，自他の権利を大切にし，義務を果たして，規律ある安定した社会の実現に努めること。

[公正，公平，社会正義]
　正義と公正さを重んじ，誰に対しても公平に接し，差別や偏見のない社会の実現に努めること。
[社会参画，公共の精神]
　社会参画の意識と社会連帯の自覚を高め，公共の精神をもってよりよい社会の実現に努めること。
[勤労]
　勤労の尊さや意義を理解し，将来の生き方について考えを深め，勤労を通じて社会に貢献すること。
[家族愛，家庭生活の充実]
　父母，祖父母を敬愛し，家族の一員としての自覚をもって充実した家庭生活を築くこと。
[よりよい学校生活，集団生活の充実]
　教師や学校の人々を敬愛し，学級や学校の一員としての自覚をもち，協力し合ってよりよい校風をつくるとともに，様々な集団の意義や集団の中での自分の役割と責任を自覚して集団生活の充実に努めること。
[郷土の伝統と文化の尊重，郷土を愛する態度]
　郷土の伝統と文化を大切にし，社会に尽くした先人や高齢者に尊敬の念を深め，地域社会の一員としての自覚をもって郷土を愛し，進んで郷土の発展に努めること。
[我が国の伝統と文化の尊重，国を愛する態度]
　優れた伝統の継承と新しい文化の創造に貢献するとともに，日本人としての自覚をもって国を愛し，国家及び社会の形成者として，その発展に努めること。
[国際理解，国際貢献]
　世界の中の日本人としての自覚をもち，他国を尊重し，国際的視野に立って，世界の平和と人類の発展に寄与すること。

D　主として生命や自然，崇高なものとの関わりに関すること
[生命の尊さ]
　生命の尊さについて，その連続性や有限性なども含めて理解し，かけがえのない生命を尊重すること。
[自然愛護]
　自然の崇高さを知り，自然環境を大切にすることの意義を理解し，進んで自然の愛護に努めること。
[感動，畏敬の念]
　美しいものや気高いものに感動する心をもち，人間の力を超えたものに対する畏敬の念を深めること。
[よりよく生きる喜び]
　人間には自らの弱さや醜さを克服する強さや気高く生きようとする心があることを理解し，人間として生きることに喜びを見いだすこと。

● 第3　指導計画の作成と内容の取扱い

1　各学校においては，道徳教育の全体計画に基づき，各教科，総合的な学習の時間及び特別活動との関連を考慮しながら，道徳科の年間指導計画を作成するものとする。なお，作成に当たっては，第2に示す内容項目について，各学年において全て取り上げることとする。その際，生徒や学校の実態に応じ，3学年間を見通した重点的な指導や内容項目間の関連を密にした指導，一つの内容項目を複数の時間で扱う指導を取り入れるなどの工夫を行うものとする。
2　第2の内容の指導に当たっては，次の事項に配慮するものとする。

(1) 学級担任の教師が行うことを原則とするが,校長や教頭などの参加,他の教師との協力的な指導などについて工夫し,道徳教育推進教師を中心とした指導体制を充実すること。
(2) 道徳科が学校の教育活動全体を通じて行う道徳教育の要としての役割を果たすことができるよう,計画的・発展的な指導を行うこと。特に,各教科,総合的な学習の時間及び特別活動における道徳教育としては取り扱う機会が十分でない内容項目に関わる指導を補うことや,生徒や学校の実態等を踏まえて指導をより一層深めること,内容項目の相互の関連を捉え直したり発展させたりすることに留意すること。
(3) 生徒が自ら道徳性を養う中で,自らを振り返って成長を実感したり,これからの課題や目標を見付けたりすることができるよう工夫すること。その際,道徳性を養うことの意義について,生徒自らが考え,理解し,主体的に学習に取り組むことができるようにすること。また,発達の段階を考慮し,人間としての弱さを認めながら,それを乗り越えてよりよく生きようとすることのよさについて,教師が生徒と共に考える姿勢を大切にすること。
(4) 生徒が多様な感じ方や考え方に接する中で,考えを深め,判断し,表現する力などを育むことができるよう,自分の考えを基に討論したり書いたりするなどの言語活動を充実すること。その際,様々な価値観について多面的・多角的な視点から振り返って考える機会を設けるとともに,生徒が多様な見方や考え方に接しながら,更に新しい見方や考え方を生み出していくことができるよう留意すること。
(5) 生徒の発達の段階や特性等を考慮し,指導のねらいに即して,問題解決的な学習,道徳的行為に関する体験的な学習等を適切に取り入れるなど,指導方法を工夫すること。その際,それらの活動を通じて学んだ内容の意義などについて考えることができるようにすること。また,特別活動等における多様な実践活動や体験活動も道徳科の授業に生かすようにすること。
(6) 生徒の発達の段階や特性等を考慮し,第2に示す内容との関連を踏まえつつ,情報モラルに関する指導を充実すること。また,例えば,科学技術の発展と生命倫理との関係や社会の持続可能な発展などの現代的な課題の取扱いにも留意し,身近な社会的課題を自分との関係において考え,その解決に向けて取り組もうとする意欲や態度を育てるよう努めること。なお,多様な見方や考え方のできる事柄について,特定の見方や考え方に偏った指導を行うことのないようにすること。
(7) 道徳科の授業を公開したり,授業の実施や地域教材の開発や活用などに家庭や地域の人々,各分野の専門家等の積極的な参加や協力を得たりするなど,家庭や地域社会との共通理解を深め,相互の連携を図ること。
3 教材については,次の事項に留意するものとする。
(1) 生徒の発達の段階や特性,地域の実情等を考慮し,多様な教材の活用に努めること。特に,生命の尊厳,社会参画,自然,伝統と文化,先人の伝記,スポーツ,情報化への対応等の現代的な課題などを題材とし,生徒が問題意識をもって多面的・多角的に考えたり,感動を覚えたりするような充実した教材の開発や活用を行うこと。
(2) 教材については,教育基本法や学校教育法その他の法令に従い,次の観点に照らし適切と判断されるものであること。
 ア 生徒の発達の段階に即し,ねらいを達成するのにふさわしいものであること。
 イ 人間尊重の精神にかなうものであって,悩みや葛藤等の心の揺れ,人間関係の理解等の課題も含め,生徒が深く考えることができ,人間としてよりよく生きる喜びや勇気を与えられるものであること。
 ウ 多様な見方や考え方のできる事柄を取り扱う場合には,特定の見方や考え方に偏った取扱いがなされていないものであること。
4 生徒の学習状況や道徳性に係る成長の様子を継続的に把握し,指導に生かすよう努める必要がある。ただし,数値などによる評価は行わないものとする。

付録5

「道徳の内容」の学年段階・学校段階の一覧表

		小学校第1学年及び第2学年（19）	小学校第3学年及び第4学年（20）
A	主として自分自身に関すること		
	善悪の判断，自律，自由と責任	（1）よいことと悪いこととの区別をし，よいと思うことを進んで行うこと。	（1）正しいと判断したことは，自信をもって行うこと。
	正直，誠実	（2）うそをついたりごまかしをしたりしないで，素直に伸び伸びと生活すること。	（2）過ちは素直に改め，正直に明るい心で生活すること。
	節度，節制	（3）健康や安全に気を付け，物や金銭を大切にし，身の回りを整え，わがままをしないで，規則正しい生活をすること。	（3）自分でできることは自分でやり，安全に気を付け，よく考えて行動し，節度のある生活をすること。
	個性の伸長	（4）自分の特徴に気付くこと。	（4）自分の特徴に気付き，長所を伸ばすこと。
	希望と勇気，努力と強い意志	（5）自分のやるべき勉強や仕事をしっかりと行うこと。	（5）自分でやろうと決めた目標に向かって，強い意志をもち，粘り強くやり抜くこと。
	真理の探究		
B	主として人との関わりに関すること		
	親切，思いやり	（6）身近にいる人に温かい心で接し，親切にすること。	（6）相手のことを思いやり，進んで親切にすること。
	感謝	（7）家族など日頃世話になっている人々に感謝すること。	（7）家族など生活を支えてくれている人々や現在の生活を築いてくれた高齢者に，尊敬と感謝の気持ちをもって接すること。
	礼儀	（8）気持ちのよい挨拶，言葉遣い，動作などに心掛けて，明るく接すること。	（8）礼儀の大切さを知り，誰に対しても真心をもって接すること。
	友情，信頼	（9）友達と仲よくし，助け合うこと。	（9）友達と互いに理解し，信頼し，助け合うこと。
	相互理解，寛容		（10）自分の考えや意見を相手に伝えるとともに，相手のことを理解し，自分と異なる意見も大切にすること。
C	主として集団や社会との関わりに関すること		
	規則の尊重	（10）約束やきまりを守り，みんなが使う物を大切にすること。	（11）約束や社会のきまりの意義を理解し，それらを守ること。
	公正，公平，社会正義	（11）自分の好き嫌いにとらわれないで接すること。	（12）誰に対しても分け隔てをせず，公正，公平な態度で接すること。
	勤労，公共の精神	（12）働くことのよさを知り，みんなのために働くこと。	（13）働くことの大切さを知り，進んでみんなのために働くこと。
	家族愛，家庭生活の充実	（13）父母，祖父母を敬愛し，進んで家の手伝いなどをして，家族の役に立つこと。	（14）父母，祖父母を敬愛し，家族みんなで協力し合って楽しい家庭をつくること。
	よりよい学校生活，集団生活の充実	（14）先生を敬愛し，学校の人々に親しんで，学級や学校の生活を楽しくすること。	（15）先生や学校の人々を敬愛し，みんなで協力し合って楽しい学級や学校をつくること。
	伝統と文化の尊重，国や郷土を愛する態度	（15）我が国や郷土の文化と生活に親しみ，愛着をもつこと。	（16）我が国や郷土の伝統と文化を大切にし，国や郷土を愛する心をもつこと。
	国際理解，国際親善	（16）他国の人々や文化に親しむこと。	（17）他国の人々や文化に親しみ，関心をもつこと。
D	主として生命や自然，崇高なものとの関わりに関すること		
	生命の尊さ	（17）生きることのすばらしさを知り，生命を大切にすること。	（18）生命の尊さを知り，生命あるものを大切にすること。
	自然愛護	（18）身近な自然に親しみ，動植物に優しい心で接すること。	（19）自然のすばらしさや不思議さを感じ取り，自然や動植物を大切にすること。
	感動，畏敬の念	（19）美しいものに触れ，すがすがしい心をもつこと。	（20）美しいものや気高いものに感動する心をもつこと。
	よりよく生きる喜び		

付録6

小学校第5学年及び第6学年（22）	中学校（22）	
（1） 自由を大切にし，自律的に判断し，責任のある行動をすること。 （2） 誠実に，明るい心で生活すること。	（1） 自律の精神を重んじ，自主的に考え，判断し，誠実に実行してその結果に責任をもつこと。	自主，自律，自由と責任
（3） 安全に気を付けることや，生活習慣の大切さについて理解し，自分の生活を見直し，節度を守り節制に心掛けること。	（2） 望ましい生活習慣を身に付け，心身の健康の増進を図り，節度を守り節制に心掛け，安全で調和のある生活をすること。	節度，節制
（4） 自分の特徴を知って，短所を改め長所を伸ばすこと。	（3） 自己を見つめ，自己の向上を図るとともに，個性を伸ばして充実した生き方を追求すること。	向上心，個性の伸長
（5） より高い目標を立て，希望と勇気をもち，困難があってもくじけずに努力して物事をやり抜くこと。	（4） より高い目標を設定し，その達成を目指し，希望と勇気をもち，困難や失敗を乗り越えて着実にやり遂げること。	希望と勇気， 克己と強い意志
（6） 真理を大切にし，物事を探究しようとする心をもつこと。	（5） 真実を大切にし，真理を探究して新しいものを生み出そうと努めること。	真理の探究，創造
（7） 誰に対しても思いやりの心をもち，相手の立場に立って親切にすること。 （8） 日々の生活が家族や過去からの多くの人々の支え合いや助け合いで成り立っていることに感謝し，それに応えること。	（6） 思いやりの心をもって人と接するとともに，家族などの支えや多くの人々の善意により日々の生活や現在の自分があることに感謝し，進んでそれに応え，人間愛の精神を深めること。	思いやり，感謝
（9） 時と場をわきまえて，礼儀正しく真心をもって接すること。	（7） 礼儀の意義を理解し，時と場に応じた適切な言動をとること。	礼儀
（10） 友達と互いに信頼し，学び合って友情を深め，異性についても理解しながら，人間関係を築いていくこと。	（8） 友情の尊さを理解して心から信頼できる友達をもち，互いに励まし合い，高め合うとともに，異性についての理解を深め，悩みや葛藤も経験しながら人間関係を深めていくこと。	友情，信頼
（11） 自分の考えや意見を相手に伝えるとともに，謙虚な心をもち，広い心で自分と異なる意見や立場を尊重すること。	（9） 自分の考えや意見を相手に伝えるとともに，それぞれの個性や立場を尊重し，いろいろなものの見方や考え方があることを理解し，寛容の心をもって謙虚に他に学び，自らを高めていくこと。	相互理解，寛容
（12） 法やきまりの意義を理解した上で進んでそれらを守り，自他の権利を大切にし，義務を果たすこと。	（10） 法やきまりの意義を理解し，それらを進んで守るとともに，そのよりよい在り方について考え，自他の権利を大切にし，義務を果たして，規律ある安定した社会の実現に努めること。	遵法精神，公徳心
（13） 誰に対しても差別をすることや偏見をもつことなく，公正，公平な態度で接し，正義の実現に努めること。	（11） 正義と公正さを重んじ，誰に対しても公平に接し，差別や偏見のない社会の実現に努めること。	公正，公平，社会正義
（14） 働くことや社会に奉仕することの充実感を味わうとともに，その意義を理解し，公共のために役に立つことをすること。	（12） 社会参画の意識と社会連帯の自覚を高め，公共の精神をもってよりよい社会の実現に努めること。	社会参画，公共の精神
	（13） 勤労の尊さや意義を理解し，将来の生き方について考えを深め，勤労を通じて社会に貢献すること。	勤労
（15） 父母，祖父母を敬愛し，家族の幸せを求めて，進んで役に立つことをすること。	（14） 父母，祖父母を敬愛し，家族の一員としての自覚をもって充実した家庭生活を築くこと。	家族愛，家庭生活の充実
（16） 先生や学校の人々を敬愛し，みんなで協力し合ってよりよい学級や学校をつくるとともに，様々な集団の中での自分の役割を自覚して集団生活の充実に努めること。	（15） 教師や学校の人々を敬愛し，学級や学校の一員としての自覚をもち，協力し合ってよりよい校風をつくるとともに，様々な集団の意義や集団の中での自分の役割と責任を自覚して集団生活の充実に努めること。	よりよい学校生活， 集団生活の充実
（17） 我が国や郷土の伝統と文化を大切にし，先人の努力を知り，国や郷土を愛する心をもつこと。	（16） 郷土の伝統と文化を大切にし，社会に尽くした先人や高齢者に尊敬の念を深め，地域社会の一員としての自覚をもって郷土を愛し，進んで郷土の発展に努めること。	郷土の伝統と文化の 尊重，郷土を愛する態度
	（17） 優れた伝統の継承と新しい文化の創造に貢献するとともに，日本人としての自覚をもって国を愛し，国家及び社会の形成者として，その発展に努めること。	我が国の伝統と文化の 尊重，国を愛する態度
（18） 他国の人々や文化について理解し，日本人としての自覚をもって国際親善に努めること。	（18） 世界の中の日本人としての自覚をもち，他国を尊重し，国際的視野に立って，世界の平和と人類の発展に寄与すること。	国際理解， 国際貢献
（19） 生命が多くの生命のつながりの中にあるかけがえのないものであることを理解し，生命を尊重すること。	（19） 生命の尊さについて，その連続性や有限性なども含めて理解し，かけがえのない生命を尊重すること。	生命の尊さ
（20） 自然の偉大さを知り，自然環境を大切にすること。	（20） 自然の崇高さを知り，自然環境を大切にすることの意義を理解し，進んで自然の愛護に努めること。	自然愛護
（21） 美しいものや気高いものに感動する心や人間の力を超えたものに対する畏敬の念をもつこと。	（21） 美しいものや気高いものに感動する心をもち，人間の力を超えたものに対する畏敬の念を深めること。	感動，畏敬の念
（22） よりよく生きようとする人間の強さや気高さを理解し，人間として生きる喜びを感じること。	（22） 人間には自らの弱さや醜さを克服する強さや気高く生きようとする心があることを理解し，人間として生きることに喜びを見いだすこと。	よりよく生きる喜び

学習指導要領等の改善に係る検討に必要な専門的作業等協力者（五十音順）

(職名は平成 29 年 6 月現在)

板 垣 章 子	千葉県千葉市立柏台小学校長
	（前千葉県千葉市教育センター指導主事）
大 谷 　 実	金沢大学大学院教授
大 田 　 誠	山口県山口市立鴻南中学校教諭
島 尾 裕 介	鳴門教育大学附属中学校教諭
清 水 宏 幸	山梨大学准教授
鈴 木 　 誠	東京学芸大学附属世田谷中学校教諭
高 橋 資 明	茨城県大洗町立南小学校長
	（前茨城県大洗町教育委員会指導室長）
田 代 雅 規	東京都中野区立緑野中学校長
戸 谷 圭 子	株式会社マーケティング・エクセレンス
	マネージング・ディレクター
中 村 弥 生	近畿大学准教授
藤 井 良 宜	宮崎大学副学長・教授
藤 原 大 樹	お茶の水女子大学附属中学校教諭
宮 﨑 樹 夫	信州大学教授
山 口 昭 子	栃木県さくら市立南小学校教頭
	（前栃木県高根沢町立北高根沢中学校教諭）
山 口 武 志	鹿児島大学教授

なお，文部科学省においては，次の者が本書の編集に当たった。

合 田 哲 雄	初等中等教育局教育課程課長
平 野 　 誠	大臣官房教育改革調整官
金 城 太 一	初等中等教育局教育課程課課長補佐
岡 村 勝 文	初等中等教育局教育課程課専門官
水 谷 尚 人	初等中等教育局教育課程課教科調査官

中学校学習指導要領(平成29年告示)解説　数学編

MEXT 1-1719

平成 30 年 3 月 30 日	初版発行
平成 30 年 4 月 10 日	二版発行
令和 3 年 8 月 10 日	三版発行

著作権所有　　　　　文部科学省

発　行　者　　　　　大阪市住吉区南住吉4-7-5
　　　　　　　　　　日本文教出版株式会社
　　　　　　　　　　代表者　佐々木秀樹

印　刷　者　　　　　広島県呉市広白石1-2-34
　　　　　　　　　　株式会社　ユニックス

発　行　所　　　　　大阪市住吉区南住吉4-7-5
　　　　　　　　　　日本文教出版株式会社
　　　　　　　　　　電話　06-6692-1261

定価　229円(本体208円＋税10％)